Avis de nos lectrices

« Le partage de Mathilde Blancal est une vraie bouffée d'oxygène si, vous aussi, vous avez une tendance à poser un regard très critique sur votre corps, à avoir une obsession pour la nourriture mêlée à de la culpabilité ou si vous souffrez de troubles du comportement alimentaire.
Son témoignage est décomplexant, bienveillant et plein d'humour. Il se lit comme on pourrait dévorer cette part de moelleux au chocolat qui nous fait de l'œil.
Son parcours personnel dans cette lutte contre les troubles alimentaires (TCA) est une aide sincère pour nous éviter un bon lot de difficultés, mais c'est surtout une belle opportunité pour nous réconcilier avec notre corps et notre assiette.
Au-delà du plaisir de la lecture, Mathilde nous invite également à réfléchir à propos de nos comportements par le biais de nombreuses questions. Elle nous propose ainsi une introspection pour envisager un processus de guérison ou du moins un tête-à-tête honnête avec soi-même.
À lire de toute urgence pour se foutre (enfin) la paix et VIVRE comme on le mérite, dans la joie et sans restriction ! »

Nikita, du compte Instagram @rdv.avec.moimaime

« À mi-chemin entre le récit autobiographique et le livre de développement personnel, Mathilde Blancal nous partage son parcours dans lequel de nombreuses femmes (et quelques hommes) pourront – malheureusement – se retrouver.
Avec humour, intelligence, bienveillance et philosophie, l'autrice nous livre des outils-clé pour transformer notre relation au corps et à la nourriture, afin de retrouver légèreté et joie de vivre. Ses tribulations, pleines d'espoir, permettront, j'en suis certaine, à beaucoup de personnes de cheminer vers une vie où manger n'est plus synonyme de souffrance, bien au contraire. »

Alice Greetham, du compte Instagram @auvertaveclili,
coach bien-être et autrice

« Un récit qui s'inscrit très bien dans la collection #sansfiltre car l'autrice ne nous cache rien de son parcours. Une lecture qui se fait comme celle d'un journal intime et qui témoigne du quotidien de Mathilde ainsi que de son "ogre intérieur". Au fil des pages, nous prenons conscience de la perversité des TCA et du fait que manger n'est pas un simple geste mais une lutte pour certains.
L'autrice nous donne des clés de compréhension basées sur sa propre expérience et sur les pistes qu'elle a pu glaner au fil de ses quatorze années de souffrance.
Un témoignage fort, bouleversant mais plein d'espoir, qui nous rappelle que notre vie doit être pilotée par le plaisir, l'acceptation de soi et le lâcher-prise face aux diktats de notre société (notamment le diktat de la minceur).
Merci Mathilde pour cette prise de conscience ! »

Sylvie, du compte Instagram @sylfalectures

« Authentique, déculpabilisant, drôle et émouvant : voici les mots qui résument le magnifique témoignage que nous livre Mathilde Blancal sur son rapport à la nourriture et à son corps. Et si, comme elle, nous décidions enfin de nous laisser vivre en paix ? Et si nous accordions du temps à notre corps et à ses messages ?
Nous pouvons changer de regard sur notre façon de nous alimenter, réapprendre à manger, nous respecter et honorer nos sensations en mangeant ce qui nous fait plaisir. Mathilde nous en offre toutes les clés, et ce, de manière très fluide et naturelle.
Une livre qui vient déconstruire nos croyances alimentaires, qui fait tomber le voile des apparences pour s'accepter et s'aimer pleinement tels que nous sommes, car oui, nous sommes uniques et beaux ! Et nous n'avons que faire des régimes ! »

Julie, du compte Instagram @les_lectures_du_petit_fruit

« Alerte pépite ! C'est simple, c'est exactement le témoignage que j'aurais aimé avoir entre les mains au moment où j'ai décidé de perdre quelques kilos, adolescente. Une véritable bouffée d'air frais et d'authenticité afin de se lâcher la grappe sur nos complexes liés au poids. Et waouh, qu'est-ce que cela fait du bien !

Au fil des pages, laissez-vous porter par la plume de Mathilde Blancal qui nous relate son parcours pour rentrer dans ce fameux "jean taille 34". Hilarant et touchant, son autrice nous invite à la réflexion et nous délivre de précieux conseils pour faire la paix avec notre corps et s'accepter tels que nous sommes.

C'est un livre qui permet d'engager, en douceur, un processus de guérison pour croquer la vie à pleines dents ! De la bienveillance, du positif, du vrai, je n'ai qu'un mot : foncez ! »

Élodie, du compte Instagram @cocoon_vibes

« L'autrice nous livre un témoignage authentique sur son expérience de quatorze années d'errance liées aux troubles du comportement alimentaire. Elle s'exprime sur ses terribles souffrances mentale et physique ainsi que sur son obsession (presque malsaine) du corps. Elle partage également toutes les dérives qu'elle a connues : sport à outrance, multitude de régimes… dans le seul et l'unique but de maigrir.

J'ai trouvé ces révélations poignantes, et capitales à transmettre à toutes les personnes qui peuvent être victime des TCA. Ce témoignage est essentiel dans un monde où la pression des autres et la société nous imposent leur propre représentation de la beauté.

C'est avec humour et émotion que Mathilde nous partage son chemin vers la reconstruction et la résilience. »

Mandy, du compte Instagram @delices_de_lecture

« Ce livre est un témoignage touchant et poignant sur les troubles du comportement alimentaire, mais écrit avec beaucoup d'humour également ! L'autrice raconte avec du recul sa descente aux Enfers... mais surtout, comment elle s'en est sortie. C'est ce que je retiens de cette lecture : de l'espoir, de la détermination, du courage et des pistes de réflexion, que l'on soit concerné ou que l'on connaisse quelqu'un concerné par les TCA. Je crois que l'on connait tous quelqu'un à qui offrir cet ouvrage pour lui permettre d'avancer, de se sentir compris ou de lui dire qu'on est là pour l'aider ! Le discours est déculpabilisant, le ton sincère... On a envie d'aller boire un café avec l'autrice pour discuter et partager sa joie de vivre ! »

Priscilla, du compte Instagram @force.verte.lit

« Quel livre étonnant ! Mais surtout, quel livre à l'écho si puissant. Je crois qu'il m'a donné envie de sourire, de pleurer...
Que l'on soit concerné, de près ou de loin, ce partage de vie, avec toute sa souffrance et sa résilience, ne peut que nous questionner. Vit-on avec des troubles, a-t-on quelqu'un autour de nous qui les subit et que l'on pourrait aider ?
Qu'est-ce que cela fait du bien d'avoir des conseils qui paraissent réalisables, d'avoir des conseils qui ne soient ni culpabilisants ni réducteurs ! Cela n'empêche pas d'exprimer la dureté de la réalité des troubles alimentaires, la difficulté à se sortir de tout cela, mais les petites touches d'humour de l'autrice font du bien, et surtout, la douceur de ses mots, du regard finalement porté sur elle-même et sur son corps fait du bien. Tout simplement.
Ce livre, je crois qu'il m'a surtout redonné de l'espoir. Merci pour cela. »

Aurélie, du compte Instagram @misss_lilie

MATHILDE BLANCAL

CONFIDENCES D'UNE EX-ACCRO DES RÉGIMES

POUR VOUS ÉVITER LES MÊMES PÉRIPÉTIES

#sans filtre
des Éditions Jouvence

Dans la même collection aux Éditions Jouvence

*Achète-toi toi-même ces p*tains de fleurs*, Tara Schuster

*Écris tes p*tains de pages du matin*, Tara Schuster

Tu veux vraiment t'installer à la campagne ?!, Aurélie Delahaye

PTDR : Pour une Thérapie Du Rire, Julie Mamou-Mani

Ça ne se fait pas d'en parler, Dr Yael Adler

Les Chroniques de Double-Clic, Jean-Louis Dufloux

Ça va merveilleusement bien, Ruby Elliot

Ça va aller !, Daisy

Comment ça va aujourd'hui ?, Amandine Issaverdens et Hippolyte Maurel

Périménopower, Katarina Wilk

Éditions Jouvence
France : BP 90107 – 74161 Saint-Julien-en-Genevois Cedex
Suisse : Route de Florissant, 97 – 1206 Genève
Site Internet : **www.editions-jouvence.com**
E-mail : info@editions-jouvence.com

Catalogue gratuit sur simple demande.

ISBN : 978-2-88953-574-3

Couverture : François Lamidon
Mise en pages intérieure : SIR

S'arrêter de manger,
c'est comme s'arrêter de respirer :
on ne peut le faire qu'un certain temps.

SOMMAIRE

PARTIE 2
COMMENT APPRIVOISER SON OGRE INTÉRIEUR SANS RISQUER DE SE FAIRE MANGER ?

PARTIE 3
COMMENT TRANSFORMER SON OGRE INTÉRIEUR EN UNE *QUEEN* MAJESTUEUSE ?

AVANT-PROPOS

Chère lectrice, cher lecteur,

Ce livre est fait pour vous !

Vous qui pensez qu'être mince vous rendra plus heureux. Vous qui rêvez souvent de rentrer dans une taille de pantalon qui n'est pas la vôtre. Vous qui désirez manger simplement sans vous soucier des calories ou des conséquences que cela pourrait avoir sur votre apparence. Sans aucune culpabilité. Vous qui souhaitez peut-être vous libérer des régimes. Vous qui ne voulez plus que le sport soit une punition. Vous qui souhaitez mettre fin à l'obsession alimentaire et à la préoccupation constante de votre corps. Vous qui n'avez probablement pas conscience que votre comportement alimentaire est obsessionnel et qui pensez sincèrement « gérer » vos repas.

Si c'est bien vous, vous êtes au bon endroit. Et, avant de poursuivre, je peux vous dire que manger librement de tout et sans culpabiliser est « réellement » possible. Non, ce ne sera pas grâce à un énième régime à base de jus de céleri, de blanc de poulet et de footing à jeun tous les matins. D'ailleurs, qui aime vraiment le jus de céleri ici ? J'ai beaucoup mieux à vous proposer : la vie, avec des crêpes au chocolat et des danses de la joie. Et vous voulez que je vous confie le plus beau dans tout cela ? C'est que ça fonctionne ! Mais laissez-moi vous présenter le livre que vous tenez entre les mains.

Nous allons vivre ensemble un moment de partage où nous ferons tomber le voile des apparences. Je me livrerai dans toute ma fragilité et ma sincérité, à travers l'histoire de mon combat contre l'obsession de la nourriture. Et, bien sûr, je vous montrerai comment j'ai pu guérir et me sortir des interminables cycles de restriction et de privation dans lesquels j'étais plongée.

Ce témoignage pourra vous mener à questionner votre rapport à l'alimentation et la perception que vous avez de votre corps et de vous-même en tant qu'individu formidable. Ce récit pourra ainsi vous servir de miroir et de point de départ dans un processus de guérison. Car oui, guérir son rapport à la nourriture est possible. Vous n'êtes pas condamné à vivre indéfiniment dans cette prison dont les murs de souffrance vous gâchent l'existence. J'ai réussi à m'en sortir après m'être perdue pendant plus de dix ans dans un dédale alimentaire cauchemardesque. Vous aussi, vous pouvez retrouver un rapport sain et simple à la nourriture, à votre corps et à vous-même. À quoi cela tient-il concrètement ? À manger des chips en toute impunité, sans culpabiliser, mais sans non plus prendre des kilos à n'en plus finir !

Peut-être croyez-vous aujourd'hui avoir tout essayé. Peut-être vous sentez-vous désespéré puisque chacune de vos tentatives pour vous extirper des griffes de l'obsession alimentaire n'a fait que vous enfoncer un peu plus dans de sombres travers. Laissez-moi vous dire une chose : si vous n'avez jamais réussi à vous en sortir définitivement, c'est probablement parce que vous avez toujours abordé le problème de la même manière. À chaque reprise. Je le sais car je l'ai vécu et je suis passée par les mêmes erreurs. À partir du moment où j'ai envisagé une approche différente, les impasses dans lesquelles je pensais me trouver se sont ouvertes sur de nouveaux chemins. C'est donc en adoptant une réflexion, mais aussi des actions radicalement différentes que vous arriverez à sortir de vos problèmes alimentaires.

Ce livre se veut avant tout pratique. Vous trouverez ainsi tout au long du récit des encadrés qui vous inciteront à questionner vos comportements et votre passé. Des exercices pratiques viendront compléter ces réflexions afin de vous proposer un vrai plan d'action ! À travers le récit de mon aventure, je vous accompagnerai dans cette vaste opération de la reconquête de soi au-delà de la nourriture. Pas à pas, vous retrouverez votre équilibre et, bientôt, vous ne paniquerez plus devant une assiette. Trop beau pour être vrai ? Vous ne croyez pas si bien dire : en réalité, c'est juste magnifique !

À présent, laissez-vous porter…

INTRODUCTION

Je vais vous raconter mon histoire. Cette dernière aurait tout aussi bien pu être la vôtre. Elle commence à l'île de la Réunion avec une jeune fille de 13 ans plutôt ordinaire traversant l'adolescence et son lot de réjouissances – j'ai nommé les hormones qui dansent la zumba dans le corps, la découverte de soi et l'apprentissage de la vie. C'est beaucoup pour un si jeune âge, mais nous sommes tous passés par là, n'est-ce pas ? Cette période riche en émotions a vu naître une jeune femme ayant du mal à se comprendre et à se trouver. Ajoutez à cela un manque de communication flagrant, certains conditionnements familiaux ainsi que des pressions sociales diverses, et vous aurez la recette idéale d'une instabilité émotionnelle. Instabilité qui donne lieu à des comportements pas si ordinaires et normaux que cela.

Êtes-vous bien installé ? Nous allons plonger ensemble dans une aventure tourmentée (parfois), sincère (toujours), drôle (je l'espère !) et qui, cerise sur le gâteau à la crème, se termine bien. Parce qu'aujourd'hui, je suis une femme accomplie, heureuse (c'est bien moi qui emploie ce mot, oui oui !) et qui n'a absolument aucun problème avec son assiette ! C'est bien simple, lorsque j'ai enfin compris quel était le chemin pour me sortir de l'obsession alimentaire, j'ai perdu 8 kilos. Et ma vie a considérablement changé.

Mais revenons au début de l'histoire et laissez-moi vous présenter cette jeune fille simple (en apparence), qui n'a pas vécu de traumatisme «grave», dont les parents ont été aimants, et qui réussissait bien à l'école. Pourtant, cette jeune fille est tombée trop facilement dans les troubles du comportement alimentaire (TCA). Pour vous brosser un portrait des plus fidèles, je vais lui laisser la parole...

***

Aussi loin que je me souvienne, je me suis toujours trouvée grosse. Ou plutôt, mon poids a été une préoccupation constante depuis l'adolescence. Je n'ai jamais accepté que mon corps se rebelle sous l'effet des hormones, que mes hanches s'élargissent, que mes bras se remplissent, que ma poitrine se forme et que mon ventre se dessine. Ce nouveau corps qui s'affirmait de jour en jour me semblait étranger, comme si lui et moi n'étions plus la même personne. Je le traitais donc comme une chose extérieure, une chose indisciplinée dont le seul but était de me contraindre. Complètement séparée de mon enveloppe charnelle, je vivais avec le sentiment d'une grande injustice: celle de ce corps qui m'empêchait d'être moi-même; celle d'une apparence physique qui me complexait au point où j'en venais à me détester.

Toutefois, je ne pouvais pas rester sans rien faire. J'ai refusé l'impuissance qui semblait se dessiner autour de ma chair et j'ai décidé d'agir en menant un plan d'attaque précis. Contre la graisse, contre les plis de la peau, contre moi-même : sus à l'ennemi ! Avec mes formes féminines, aucun accord de paix n'était envisageable. C'est ainsi que j'ai mené une guerre sans merci à mon corps pendant les quatorze années qui ont suivi.

Des régimes au tapis de sport en passant par les poudres magiques (c'est à regret que je vous avoue qu'elles n'ont ab-so-lu-ment aucun pouvoir magique !), j'ai à peu près TOUT essayé pour perdre du poids. Je me suis lancée à « corps perdu » dans cette vaste reconquête de mon apparence physique, prenant chaque nouvelle solution comme LA voie à suivre, jusqu'à épuisement. Cela a duré des années, et j'ai réalisé à quel point je m'étais perdue lorsque, complètement emmêlée dans mes propres chaînes, je n'ai plus su ni quoi faire ni comment faire pour que ma vie ne tourne plus autour de la nourriture. Mes comportements alimentaires étaient devenus obsessionnels et ma vie s'était transformée en une véritable addiction : addiction à la nourriture, addiction au sport, addiction à ma balance, addiction à mon reflet dans le miroir. Je ne m'alimentais pas pendant une journée, je vidais des paquets de gâteaux la suivante. Je mettais un point d'honneur à surveiller mes repas et à manger le plus sainement possible, tout en faisant des crises de boulimie sur des aliments industriels. Et croyez-moi, quand on est terrorisée devant une orange (oui, vous avez bien lu) et qu'on se lève chaque matin en se demandant ce qu'on a le droit de manger selon les prévisions d'un planning alimentaire Excel, c'est un peu la galère pour vivre sa vie « normalement ».

Je ne savais ni si je devais ou pouvais manger, et encore moins « ce que j'avais le droit » de mettre dans mon assiette. Le temps passait, et bizarrement, mon poids augmentait. Plus j'essayais de redresser la barre et de sauver le navire, plus je me précipitais dans les sombres profondeurs de cet océan déchaîné. Je ne comprenais pas que la tempête n'était autre que moi-même et que la lutte acharnée que je menais ne faisait que m'enfoncer un peu plus dans les troubles alimentaires.

Finalement, c'est à force de passer mes soirées à ouvrir et refermer le réfrigérateur cinquante fois en l'espace de dix minutes sans me résoudre à une quelconque action, terrorisée par mes pots de yaourt avec 0 % (j'en étais venue à craindre et à suspecter tous les aliments qui pouvaient exister sur terre !), que j'ai compris que mon approche pour maigrir, puis pour me sortir de l'obsession alimentaire, n'était probablement pas la bonne. Je n'avais pas les bons outils. Certes, j'avais mis toute mon énergie dans ce régime perpétuel, mais je faisais fausse route. Depuis le départ.

Sans vouloir spoiler la fin de l'histoire (mais je le fais quand même), j'ai survécu, et plutôt bien même ! Après toutes ces années d'errance et tant d'échecs essuyés, je suis enfin fière de pouvoir dire que oui, il est possible de guérir définitivement des troubles du comportement alimentaire, et ce en mangeant ce qui nous fait réellement envie. Oui aussi, ma vie ne se résume plus à des listes et des calculs infinis dictant ma conduite à tenir devant la nourriture et l'activité physique que je dois réaliser pour rentrer dans une taille 34. Oui enfin, je ne passe plus mes journées à me regarder sous tous les angles en culpabilisant d'être moi. Tout simplement moi. Et franchement, si j'ai réussi, pourquoi pas vous ?

PARTIE 1

COMMENT VIVRE AVEC UN OGRE INTÉRIEUR ?

Le jour où j'ai réalisé que je ne ferais plus jamais une taille XS

On parle souvent de la fameuse « crise d'adolescence ». Mais moi, j'étais juste une ado bien élevée, sans souci, brillante à l'école, avec des parents gentils et aimants. Je ne me suis jamais disputée avec eux, ma famille était soudée comme jamais. Je n'ai jamais fugué, volé ou fumé des joints en cachette. Somme toute, j'étais tout à fait banale. Non, ce n'est pas moi qui ai fait une crise d'adolescence, c'est mon corps qui a fait sa crise en poussant dans tous les sens, le vilain. Mais je crois que je n'étais pas tout à fait prête pour ça.

Tout a commencé à l'âge de 13 ans. Je voyais que des changements se faisaient « sur » mon corps. Je n'ai pas compris que c'était mon corps lui-même qui changeait. Je pensais que des éléments venaient se greffer, et ce surplus (de formes, de peau, de poitrine) m'apparaissait comme une véritable agression. Ce n'était pas moi, mais un vilain fléau qui m'enveloppait et me modifiait, contre mon gré. Ainsi, tout comme on combat une infection ou un virus, j'ai voulu me débarrasser de ce corps étranger, « mon corps », pour enfin me sentir bien.

Constatant que mes habits taille 11 ans ne m'allaient plus et que j'avais des « trucs » minuscules qui poussaient sur mon torse, je me disais que quelque chose ne tournait pas rond. Je m'enfermais alors dans la salle de bains et je m'observais sous tous les angles. Cette inspection minutieuse, digne d'un contrôle de commissaire aux comptes, était devenue quotidienne depuis que les changements avaient commencé au niveau de mon corps. Tous les jours, je passais des heures à me regarder. N'allez pas croire que j'étais contente de ce que je voyais et qu'il y avait là une quelconque fierté personnelle à voir une jeune femme s'épanouir. Je crois que je ressentais plutôt un sentiment assez confus qui me mettait mal à l'aise. J'expérimentais alors, sans m'en rendre compte, les bases du dégoût de moi-même. Oui, je sais, c'est très dramatique et digne d'une ado en pleine crise de « je suis moooooche », mais à cette époque, je n'arrivais pas à me détacher de ce sentiment malaisant. Et puis quand on ouvre trop grand la porte à ce fameux « je ne vaux rien », il a une fâcheuse tendance à vouloir prendre toute la place !

Je regardais TOUT : l'arrondi de mes bras, la chair entre mes cuisses qui parfois se touchaient, la peau sous mon menton qui semblait perturber l'harmonie de mon visage, mais surtout mon ventre. Je le scrutais pendant des heures, en variant l'angle de quelques degrés pour être bien sûre d'avoir une représentation réelle en trois dimensions de ce morceau de corps qui, apparemment, était mien. Je ne comprenais pas pourquoi, au niveau du nombril, j'avais une bosse. Une boursouflure, une butte de chair molle, une montagne de gras. L'Everest à côté, c'était une miette de pain sans gluten, c'est pour dire. « Ce n'est pas possible, cette chose ne peut pas être moi. » Je la pinçais fort, pour être certaine de bien voir. Oui, cette graisse était bien « à moi ». Elle « était » bien moi. Stupeur. Horreur. Liquéfaction. J'ai voulu me peser, par curiosité : 54 kilos pour 1,56 mètre.

J'ai réessayé, en rentrant le ventre, même en soulevant les orteils ! Rien à faire, la balance ne voulait pas me donner raison.

Les chiffres m'ont anéantie, et le mot est peu faible pour décrire cette angoisse subite qui m'a engloutie. Comment avais-je pu tomber aussi bas ? Comment avais-je pu me laisser aller à ce point ? Moi qui pesais moins de 50 kilos il y a si peu de temps ! Des larmes sont venues me chatouiller les yeux, comme pour se moquer de ma faiblesse. Ce jour-là, je me suis sentie minable et j'ai détesté le reflet que me renvoyait le miroir. De honte, je voulais disparaître. Je méprisais cette personne qui osait s'afficher aussi grosse et moche. Dans ma tête, je ne pouvais pas, moi, être grosse et belle ; ou être mince et moche. C'était impossible, car la grosseur de mon corps signifiait nécessairement sa laideur et inversement. Avec le recul, je me félicite d'une telle logique imparable, je devrais sans doute la breveter, vous ne croyez pas ? Je me rends compte aujourd'hui que j'étais parfaitement « normale » physiquement, j'étais même mince. Le problème ne venait pas de mon corps, mais de ma tête. Je l'ai compris bien des années plus tard (sinon ce n'est pas drôle !), mais n'avançons pas trop dans notre histoire.

J'ai donc commencé à « faire attention » à ce que je mangeais pour perdre ces quelques kilos de trop, pas grand-chose, juste deux ou trois. Je croyais naïvement que ce serait facile, que dans un mois je n'y penserais même plus et que je retournerais à la vie très normale d'adolescente. Je n'imaginais pas que je mettrais plus de dix ans pour réussir ce fichu régime. Comme on dit : « Si j'aurais su, j'aurais pas venu[1] ! » En outre, contrôler son alimentation quand on est en pleine croissance et que les hormones ont quartier libre dans notre organisme n'a pas été la meilleure des idées. C'est très certainement la pire que j'aie pu avoir. Comme nous le verrons, l'erreur que j'ai faite ce jour-là m'a emmenée assez loin… Mais rassurez-vous, je suis parfaitement heureuse de ma vie aujourd'hui et je suis en très bonne santé, merci ! Si je vous dévoile ce parcours du combattant, ce n'est pas pour qu'on pleure sur mon pauvre sort (même si, parfois, je dois bien avouer que c'est agréable, alors vous pouvez un peu pleurer et me plaindre, cela me fera plaisir !), mais bien pour vous montrer tout le chemin qu'on peut parcourir et toutes les solutions qui existent à des problèmes apparemment insolubles. Bref, ce n'est que du positif !

Pour faire attention à ce qui était dans mon assiette, j'ai opté pour la logique « du bon et du mauvais », qui a rapidement été secondée par celle du « tout ou rien », elle-même cousine de la philosophie du « foutu pour foutu ». Sans doute vous sont-elles familières, car, dans la grande épopée de la perte de poids, je ne connais PERSONNE qui n'ait jamais été confronté à ces réflexions. Vous savez, le fameux « J'ai mangé une tranche de pain ce midi alors que je m'étais juré de ne pas en prendre (Enfer ! Malheur ! Je suis misérable !) » qui devient « Puisque j'ai mangé UNE tranche de pain (et que j'ai déjà TOUT loupé avec mon UNIQUE tranche de pain), je peux bien vider un paquet de chips, terminer une tablette de chocolat et dévorer les bonbons que j'ai dans les placards». Sommes-nous excessifs dans ces moments-là? Bien sûr que non!

À la maison, sous le toit de mes parents, on mangeait plus ou moins normalement. C'est-à-dire de tout: des pâtes aux haricots verts en passant par des steaks hachés surgelés, du fromage, des fruits frais et quelques biscuits. Il n'y a jamais eu de soda ni de bonbons à la maison, sauf pour les grandes occasions. Les gâteaux d'anniversaire étaient toujours faits par ma mère, qui ne respectait jamais les recettes. Nous avions donc droit à des semelles de 3 centimètres d'épaisseur qui parfois étaient divines, mais parfois immangeables. Sans rancune, chère mère, la pâtisserie n'est juste pas pour toi! Nous faisions des soirées crêpes pour notre plus grand bonheur et nous avions plutôt bon appétit. Mon père, ma mère, ma sœur et moi mangions de tout et nous étions une famille de «minces». Du moins jusqu'au jour où je me suis décrétée grosse. Rien que ce mot me donnait des frissons. Vous ne trouvez pas que les sonorités sont rudes?

Pour mettre en application ma résolution de perdre du poids, j'ai donc commencé par dresser une liste des aliments bons pour maigrir et des aliments à éviter. Cette liste a été faite sur la base de mes croyances alimentaires, de quelques principes entendus dans les publicités et, surtout, d'une volonté de bien faire car j'étais très studieuse. Le problème, c'est qu'à 13 ans, on ne connaît RIEN de la diététique ni de l'équilibre alimentaire.

Pour moi, à cette époque, la catégorie d'aliments qui étaient responsables de mon mal-être se résumait aux aliments gras. Et c'était d'ailleurs la philosophie des années 1990 et 2000. Le souci, c'est qu'éviter le gras a trop vite laissé place à éradiquer le gras. Toutefois, je pensais que le gras se limitait au beurre, à l'huile et au gras « visible ». Fini le beurre sur les tartines, la vinaigrette était désormais à part. Si je mangeais un gratin ou une pizza et qu'il y avait de l'huile qui suintait, je prenais une serviette et j'épongeais le gras. Oui, je tapotais mon plat pour en enlever l'excédent et je pensais que c'était réglé. C'était souvent compliqué, car ladite serviette se collait à l'aliment en question et ça faisait de la bouillie. Je râlais car manger de la serviette, même si ce n'est pas trop calorique, ce n'est pas la grande éclate. Après quelques mois de pratique, j'arrivais à ne plus déchirer ma serviette et je faisais ce geste avec presque chaque aliment qui se trouvait dans mon assiette. À cette époque, je ne savais pas que ce gras sortait du fromage, ou du moins je pensais que s'il avait suinté, c'est que l'aliment était devenu en quelque sorte « sain ». Je me donnais donc le feu vert. Ha, ha, ha ! La bonne blague ! Quelle naïveté, c'en est presque attendrissant ! Ne m'en veuillez pas, ma culture nutritionnelle était à ses débuts. Je mangeais donc inconsciemment du gras. Le jour où j'ai découvert l'existence des lipides, je vous laisse imaginer à quel point je suis tombée de haut. (Aïe !)

Après quelques semaines de chasse au gras, je ne constatais aucun résultat visible sur ma boule de graisse au ventre. Dommage, cela semblait si simple de perdre du poids en épongeant ses pizzas ! Je me suis pesée, et mon humiliation a atteint un sommet lorsque les chiffres 5 et 6 se sont affichés sur l'écran. Je me suis pesée une deuxième, puis une troisième fois. En rentrant le ventre encore une fois, et sans respirer. En déplaçant mon corps sur l'arrière de la balance, là où elle ne me verrait pas (sait-on jamais). Rien à faire, le terrible verdict était tombé : j'avais grossi, j'avais échoué.

Je ne sais pas quelle était la pire des interprétations. L'une (grossir) me déchirait de l'extérieur, l'autre (échouer) me déchirait de l'intérieur. Le feu de la honte m'est monté aux joues. « Je suis une incapable. Même perdre un kilo, je n'y arrive pas. » (Oui, souvent je parlais comme si ma vie était une tragédie grecque, mais c'était le cas !). Je me suis longuement observée. J'ai alors déclaré ouverte la guerre contre moi-même, contre les kilos et contre l'ennemi numéro un : mon corps.

Si vous lisez ce livre, c'est probablement parce que, vous aussi, vous vous sentez concerné par la problématique du poids, du corps et de ce qu'il y a dans votre assiette. Ou encore parce que vous avez peut-être dans votre entourage une personne dont le rapport à l'alimentation n'est pas simple. Je vous propose, tout au long du récit, de réfléchir à votre situation. Peut-être que certains éléments de ma vie vous semblent familiers, peut-être pas. L'important est de comprendre les mécanismes qui entrent en jeu dans la relation que vous entretenez avec votre propre corps.

Face à ces pistes de réflexion, faites preuve d'honnêteté et de douceur envers vous-même. Il est toujours plus facile de le conseiller que de l'appliquer réellement, mais tentez de ne pas vous juger pendant ce processus.

Des questions pourront ne pas faire écho en vous, d'autres pourront peut-être vous éclairer. Si vous vous rendez compte que certaines questions ou certaines réponses vous mettent mal à l'aise, peut-être pouvez-vous songer à approfondir ces notions. De même, si vous tenez à aider un proche qui a perdu le fil de son alimentation, vous pouvez vous inspirer de ces questions pour ouvrir le débat avec lui.

Et vous ?

- Quel regard portez-vous sur vous-même ?
- La perception de votre apparence physique affecte-elle votre perception globale en tant qu'individu ?
- Utilisez-vous une balance ? Si oui, à quelle fréquence ? Comment vous sentez-vous avant et après chaque pesée ?
- Quels « conseils » diététiques appliquez-vous à votre assiette ? Le faites-vous par envie ou par contrainte ? Par exemple, on peut arrêter le gluten pour sa santé, mais on peut également arrêter les féculents par contrainte pour perdre du poids (l'histoire de ma vie).
- Donnez-vous des valeurs à certains comportements alimentaires, comme se sentir héroïque de résister à une pâtisserie ?
- Est-ce que manger vous terrifie ?

Ma première fois face à la cuvette des toilettes

> *AVERTISSEMENT*
> ***Les actions décrites dans ce chapitre ont été réalisées par des cascadeurs professionnels, ne tentez en aucun cas de les reproduire à la maison. Merci !***

Je ne sais plus exactement comment je suis arrivée à me faire vomir. Concrètement, je le sais, il suffit de s'enfoncer un ou deux doigts dans la gorge, le plus profond possible, de trifouiller un peu au fond, là où ce n'est pas très agréable, et ça sort. Navrée pour ce moment poétique. Non, je me demande plutôt ce qui m'a amené à essayer. Car la première fois que je me suis fait vomir, c'était, malheureusement, pour voir ce que cela faisait et si ça fonctionnait réellement. Vous savez, un peu comme la légende de tremper un doigt d'une personne endormie dans un verre d'eau et qui provoque… Enfin, vous voyez ! Je devais avoir à peine 15 ans. J'avais mangé un pain au lait avec des pépites de chocolat. C'est tout de même étrange, car avec tout ce que j'ai pu manger et vomir dans ma vie, et dont je n'ai (heureusement) aucun souvenir, je me souviens précisément de ce que j'avais mangé ce jour-là.

C'était le goûter, et je l'avais pris avec ma famille. Je me suis ensuite levée de table pour m'enfermer dans la salle de bains qui disposait aussi de toilettes. J'étais curieuse. « Est-ce que cela va fonctionner ? Ce que l'on dit à propos de ce geste est-il bien vrai ? Est-il possible de se faire vomir volontairement ? » Moi qui pensais que c'était un acte réflexe en cas d'indigestion ou de maladie, je n'avais pas vraiment tort. Je ne sais pas qui avait bien pu me renseigner sur la possibilité de se faire vomir volontairement ni d'où je sortais cette triste vérité. Toujours est-il que je voulais essayer moi aussi, juste une fois, pour voir ce qui se passerait. En écrivant cela, j'ai envie de crier « STOP ! » à cette jeune fille et de lui dire d'aller plutôt rejoindre sa famille, même si les blagues de son père sont nulles et qu'elle les connaît par cœur ; j'ai envie de l'inviter à être une ado normale, à passer son après-midi avec sa meilleure amie en parlant du plus beau garçon de l'école et à jouer à Snake sur le portable de sa grande sœur qu'elle aura volé en cachette (*big up* aux années 1990 et à tous ceux qui se reconnaîtront !). Bref, je lui dirais d'avoir une vie normale ! Mais désolée, on est un peu plus dans le pathos. Si j'avais été une adolescente « normale », je n'aurais pas eu d'histoire à vous raconter non plus, et cela aurait été bien dommage, car je suis très heureuse de pouvoir partager ce récit avec vous aujourd'hui.

J'ai donc plongé deux doigts au plus profond de ma gorge et j'ai attendu. Rien. C'est bizarre. J'ai recommencé et j'ai émis une sorte de râle. Je me suis dit que j'étais sur la bonne voie et que, si je continuais, j'allais sans doute « réussir ». Réussir… Après quelques tentatives, de la salive plein les mains, j'ai opté pour aller gratter vers ma glotte, là où c'est vraiment désagréable. Et j'ai finalement obtenu ce que je voulais. Qu'on se le dise, les troubles du comportement alimentaire, ce n'est pas très glamour, mais vous n'aurez pas souvent ce genre de description à lire. Je tenais à vous raconter cette première fois, car elle a été déterminante dans ma « carrière » d'anorexique/boulimique, mais nous ne passerons pas notre temps la tête dans la cuvette, rassurez-vous !

J'ai contemplé le reste de pain au lait flottant sous forme de purée dans la cuvette. J'étais... perplexe. Cela me semblait complètement fou que l'on puisse faire cela avec son corps. Je ne me sentais pas mal, j'étais presque soulagée d'un poids, plus légère. En me relevant, je suis tombée face à mon reflet dans le miroir. J'avais de petits bouts de pain humide et de la salive qui coulaient sur mon menton. Mon nez aussi coulait, et mes yeux étaient injectés de sang et de larmes. Je n'avais pas pleuré. Ces larmes n'étaient que la réaction normale de mon corps à la pression exercée pour faire remonter le contenu de l'estomac dans la bouche. Merci la science !

Je me suis rincé les mains, le visage et j'ai entrepris de me laver les dents, comme une fille normale, bien élevée. Je suis sortie de la salle de bains et j'ai rejoint tout le monde, comme si de rien n'était. Car je croyais que cet acte était anodin et que ma curiosité avait été assouvie. C'est tout de même improbable que ma première fois face à une cuvette de toilettes ait davantage été un acte de curiosité (assez morbide il est vrai) que le fruit d'une volonté de ne pas grossir. À l'époque, je ne savais pas ce que je faisais. Le lien entre se faire vomir et ne pas prendre de poids n'était pas encore établi dans ma tête. Cet épisode a donc été unique. Ce fut la seule fois de ma vie où je me fis vomir volontairement, juste « comme ça » (oui, j'en ai des idées étranges de « juste pour voir », ne m'en tenez pas rigueur !). Je n'ai d'ailleurs pas réitéré ce geste avant plusieurs mois, voire une année.

Entre temps, j'ai continué à m'observer, à épier les moindres centimètres de ma peau. Je me connaissais par cœur mais éprouvais le besoin de vérifier si tout était comme je l'avais laissé la dernière fois. Mes yeux étaient avides de ce corps si étranger. Cet examen malsain devenait obsessionnel. Le regard que je portais sur mon physique a été de plus en plus violent avec les années. Quand je me voyais, je percevais uniquement mes défauts, mes irrégularités, mes faiblesses. Je me suis vue avec une méchanceté que jamais je ne pourrais éprouver envers quiconque dans ma vie. Mais là, c'était différent, c'était moi, alors je pouvais bien être une teigne. N'est-ce pas ?

Mes cheveux secs et fourchus ? « C'est parce que la racine elle-même est de mauvaise qualité » (enfer et damnation !). Mes cuisses plutôt bombées ? « C'est parce que je suis incapable de résister à un troisième biscuit et que je n'ai aucune volonté » (musique déchirante en fond sonore). Mes bras qui pendent ? « C'est parce que je suis mal faite et je devrais les cacher » (ou les couper ?). Mes mollets trop gros ? « C'est parce que je suis une grosse vache qui a beau essayer de perdre du poids et de faire du sport, je ne trompe personne » (je vais reprendre une demi-pomme à 50 calories pour la peine, puisque tout est fichu). Mais le pire de tout, c'était mon ventre. Je le maltraitais, le malaxais, tentais de lisser la petite bosse qui était devenue le mont Everest junior. Je rêvais de ventre plat et de cuisses fines, comme les dames qui posent sur les affiches dans la rue, moi qui étais tout en formes, avais le ventre dessiné et surtout qui avais à peine 15 ans ! Et à force de me dire que j'étais grosse, je n'ai plus réussi à me percevoir autrement.

Alors je me maudissais, je m'humiliais et je me jurais de changer. Plus je me haïssais, plus je me nourrissais de désespoir, dans mon cœur mais aussi dans mon assiette. Non pas que j'aie commencé à beaucoup manger, au contraire. Mes assiettes avaient le goût et la forme du « bonjour tristesse ». Les portions se réduisaient peu à peu. J'ai commencé à lire des « conseils » sur Internet et dans les magazines féminins. Note et conseil d'amie : ne jamais, ô grand jamais, demander à Google comment perdre du poids, vous n'allez trouver que des réponses improbables, comme faire des cures de jus de radis pendant cinq ans pour perdre un kilo, ou bien on va vous vendre des capsules minceur pleines de « vitamines » ou de « rien » que vous paierez une fortune. Épargnez votre énergie, votre temps et votre argent et laissez tomber Internet. Laissez tomber votre régime tout court, déjà vous vous sentirez plus léger ! Et si vraiment vous voulez perdre 10 kilos en une nuit, coupez-vous une jambe. JE PLAISANTE, NE FAITES PAS ÇA !

Ces conseils glanés çà et là, je les appliquais religieusement. La vaisselle est devenue plus petite, car j'avais lu quelque part que remplir une assiette plus petite donnait l'illusion de manger davantage qu'une portion identique servie dans une assiette plus grande. J'avais aussi lu qu'il fallait manger moins. J'ai donc opté pour le combo gagnant :

manger des portions dignes d'une dinette, avec une fourchette miniature ! Quelle vie formidable !

Bien sûr, j'avais faim. Tout le temps. Je ne pensais qu'à la nourriture, à mon ventre, à ma graisse et à ma condition misérable et honteuse de grosse. Je suis devenue malade de la nourriture à force de mettre toute mon énergie à essayer de combattre un instinct naturel, celui de se nourrir. Pour moi, manger, c'était perdre. C'était être faible. Enfin, tout dépendait de ce que je mangeais. Si je me comportais « bien », je me sentais forte et mince, mais si je ne réussissais pas à respecter les exigences que je m'étais imposées, j'étais la pire des moins que rien. Une journée réussie était une journée où je pliais mon corps à la famine : ne pas manger beaucoup, pas de gras, pas de pain, ne pas grignoter entre les « repas ». Une journée avec de la salade sans sauce, des brocolis vapeur et une tranche de jambon dégraissé. Bref, une journée où je ne vivais pas.

À force de m'affamer et d'organiser mes journées, donc ma vie, autour de la nourriture, mon cerveau a fait un court-circuit. Constamment tiraillée entre le besoin de manger (J'AI FAIM BON SANG, DONNEZ-MOI QUELQUE CHOSE, PAR PITIÉ !) et les restrictions mentales et physiques (TU N'ES QU'UN GROS TAS, TU NE DOIS PAS MANGER !), ma tête n'a plus réussi à faire la part des choses et à suivre la cadence. J'ai perdu le contrôle et j'ai mangé là où je comptais jeûner. La culpabilité que je ressentais lorsque je mangeais était vraiment terrible, moi qui voulais ne plus jamais manger de toute ma vie, ou juste deux pommes dans la journée !

En outre, je vivais sous le toit de mes parents, alors je ne pouvais pas échapper aux repas. Au sens propre comme au sens figuré, j'étais dans l'incapacité physique de résister à ma faim et dans l'impossibilité morale de ne pas participer à ces moments familiaux. Puis je me suis rappelé que quelque temps auparavant, j'avais réussi à vomir toute seule. La solution était donc là. Et c'est ainsi que j'ai compris le lien puissant qui pouvait unir le geste de m'alimenter et le fait de me purger pour effacer toute trace de la honte que j'étais devenue. Je sais, ça craint…

Quand j'ai un peu trop pris au sérieux les cours de cuisses-abdos-fessiers

À la maison, je sauvais plus ou moins les apparences en disant que je voulais faire « un peu » attention. Bien que je n'aie aucun problème apparent de poids, mes parents m'ont encouragée dans ma démarche. Sans doute voulaient-ils que je me sente mieux dans mon corps grâce au sport ou à une cuisine plus légère ; ils n'ont très probablement pas perçu la pente dangereuse que j'étais en train de dévaler. J'avais beau harceler ma mère pour qu'elle trouve une fille qui ait la même corpulence que moi dans la rue (puisque j'étais incapable de me figurer à quel monstre de gras je pouvais bien ressembler), ces signes n'ont pas été pris au sérieux.

Pour un de mes anniversaires, ma mère m'a offert un abonnement à une salle de sport. Elle pensait que cela m'aiderait à accepter la jeune femme que je devenais, et puis le sport, c'est sain comme passe-temps, non ? De toute manière, tout le monde savait que j'aimais bien le sport ! Vous verrez pourquoi je me suis découvert cette passion ! J'allais donc suer aux cours de cuisses-abdos-fessiers, dans l'espoir de voir mes cuisses s'affiner, si je les faisais travailler. Grave erreur. Faire du sport ne fait PAS maigrir. Désolée de devoir vous le dire de manière aussi directe, mais vous vous fourrez le doigt dans l'œil (aïe !) si vous croyez que faire quinze squats permettra d'éliminer la raclette que vous venez de manger. Certes, on brûle des calories parce qu'on s'active et que notre corps chauffe. Mais pratiquer le renforcement musculaire ne rend pas mince, au contraire. Les muscles vont prendre un joli galbe, mais ils ne vont certainement pas être plus petits. Ils auront même tendance à grossir. C'est encore une des leçons que j'ai apprises trop tard. En outre, faire du sport ouvre l'appétit (et c'est parfaitement normal : le corps puise dans ses réserves, il faut ainsi les reconstituer après !). On mange donc plus lorsqu'on est sportif que lorsqu'on passe ses journées dans son canapé. Et puis, sincèrement, qui a envie de passer son vendredi après-midi à faire des « cuisses-abdos-fessiers » ? Peut-on me donner le nom de la personne qui a inventé ce formidable et passionnant passe-temps ? Juste, pourquoi ?

En plus de la salle, j'allais de temps à autre pratiquer une activité physique qui me faisait horreur et que vous ne connaissez probablement que trop bien : le jogging. Rien que ce mot, c'est terrible. Jog-ging. Est-ce que cela vous donne réellement envie de mettre un short, des baskets et un petit bandeau anti-transpiration sur le poignet, de faire des montées de genoux pour vous échauffer et partir en petites foulées ? Et puis dites-moi aussi ce que vous faites de vos bras dans ces moments-là ! C'est vrai, je n'ai jamais su où les mettre ni comment rester digne avec mes petits poings fermés qui se balancent en cadence contre mon corps, style « ne vous souciez pas de moi je fais mon petit jogging du dimanche matin » !

Je ne comprenais pas comment on pouvait apprécier de traîner son corps ainsi. La bouche ouverte, le cœur battant un rythme digne d'une soirée techno, les jambes lourdes, je faisais ainsi le tour du village. Je me disais que c'était bien, que je perdais du poids en courant. C'est d'ailleurs pour cette unique raison (et la seule que je trouvais à la pratique de la course à pied) que j'ai continué à courir pendant des années. DES ANNÉES. À chaque fois, et je ne vais pas vous mentir, c'était la torture d'y aller. Je détestais cela. Je ne me sentais même pas forcément bien en rentrant, mais j'avais le sentiment du devoir accompli, celui d'avoir perdu quelques grammes. Cela ne fait-il pas écho en vous ?

Un jour, parmi mes recherches sur Internet, j'ai regardé quels sports brûlaient le plus de calories. En tête de liste, il y avait la corde à sauter. Alors je me suis mise à sauter. En portant des pulls parce que je pensais perdre plus de poids en transpirant davantage, alors qu'en réalité je ne faisais que me déshydrater. Malheureusement, la transpiration n'est pas du gras fondu. Je faisais une quinzaine de minutes de corde (et c'est LONG, croyez-moi), n'y trouvant absolument aucun intérêt, et j'enchaînais avec des abdos type *crunch*. Je ne parle malheureusement pas des céréales pour le petit-déjeuner, mais d'un type d'exercice de renforcement musculaire. Bien sûr, je ne m'échauffais jamais et je cherchais toujours à faire l'exercice le plus rapidement possible, comme pour le footing, pour brûler le maximum de calories et, supposément, perdre plus de poids. Avec le recul, il semble évident que je n'ai jamais pu prendre plaisir à de telles activités. Et le pire, c'étaient les courbatures du lendemain. Petit conseil d'amie : quand on a passé l'âge de faire de la corde à sauter, mieux vaut la laisser prendre la poussière dans le garage !

C'est assez bizarre, mais j'ai commencé à développer une certaine forme de complaisance à me forcer et à avoir mal. J'aimais sentir mon corps me supplier d'arrêter. J'aimais me faire du mal (tout en faisant mal les exercices), car j'avais le sentiment étrange que cette douleur correspondait à ma faiblesse. En travaillant ainsi, dans la souffrance, j'avais l'impression de combattre ma petitesse. J'avais des pensées atroces envers moi-même, telles que : « Tu n'y arriveras jamais. Tes cuisses se touchent parce que tu es incapable de perdre du poids. Ma pauvre ! Tu es tellement nulle que tu n'arrives pas à courir plus vite. Tu es complètement engoncée dans ce corps. Regarde, quand tu fais des abdos tu vois bien que ça déborde de partout » et ainsi de suite. Je devais certainement me faire payer mon insatisfaction de moi-même. Je me culpabilisais de tout et trouvais un certain plaisir à m'humilier et me détester de la sorte. Non, vraiment, c'était très sain comme mode de vie ! Mais, bonne nouvelle, j'ai arrêté tout ce cirque et je ne m'autorise plus à me traiter de la sorte. Je préfère désormais les fameuses céréales du petit-déjeuner aux exercices pour avoir le «*six pack*»!

Cette satisfaction dans l'autodestruction m'a menée assez loin. J'ai réussi à gravir ainsi plusieurs montagnes de plus de 6000 mètres d'altitude, couru des semi-marathons, fait un nombre incalculable de pompes, réalisé les programmes de fitness les plus durs qui existent, «nourrie» par la seule haine de moi-même et de mon corps. Ces pensées pas très sympas que je ressassais dans ma tête me faisaient mettre un pied devant l'autre. Et j'avançais malgré tout, malgré moi.

Malheureusement, je ne peux pas dire aujourd'hui que c'était la meilleure stratégie pour arriver au sommet des Andes. Bien au contraire, une spirale sans fin – et «avec faim» – s'est mise en place. Sans fin car on ne touche jamais le fond du dégoût de soi. On peut toujours creuser encore plus profond. Même si cela fait mal, même si cela nous torture. Puis, ce comportement devient une habitude et enfin, on ne sait plus comment faire sans. Je me demande si l'être humain n'a pas non plus une certaine propension à aimer se faire du mal et à s'autoflageller. Reconnaissons-le, nous sommes assez forts pour nous apitoyer sur notre sort et nous détester («Mais oui regarde, je suis énorme, là il y a un pli de chair quand je me penche en avant! Je ne vaux rien!»), mais là n'est pas la question.

« Le sport pour le sport » est devenu ma nouvelle religion. Le but était de bouger un maximum dans tous les sens pour brûler le maximum de calories et donc perdre le maximum de kilos. Cela fait beaucoup de « maximum » à la suite, mais c'était le but : tout était extrême. Je partais tôt le matin à vélo faire quelques bornes, avec ma corde à sauter dans le sac à dos pour cumuler les activités ; j'allais courir à jeun jusqu'à avoir la tête qui tourne. En discothèque, je m'épuisais sur la piste de danse jusqu'au bout de la nuit même si je ne voulais pas danser et que la musique était nulle. Une fois, j'ai presque obligé (bon d'accord, j'ai « carrément » forcé) un malheureux innocent à danser avec moi jusqu'à la fermeture de la piste de danse. Il a beau eu lancer des appels de détresse à ses potes pour venir le sauver de cette possédée qui ne s'arrêtait même pas pour boire un verre d'eau (je le sais parce qu'on est venu me le raconter plus tard, honte sur moi), je le tirais par la main et l'entraînais dans un rock endiablé. Pour être encore plus honnête, ce n'était pas tout à fait un rock, car je ne sais pas le danser, cela ressemblait plutôt à un cours de fitness niveau avancé avec des squats et des *jumping jacks*, mais le rock ça sonne mieux non ?

Petit à petit, le sport a pris une place centrale dans ma vie. Je pense que j'ai poussé le vice un peu trop loin le jour où, vers 18 ans, je me suis moi-même inscrite à une salle de fitness. LA VRAIE « FAUSSE » BONNE IDÉE. Les horaires d'ouverture allaient du petit matin avec les cours de RPM à une heure avancée de la nuit avec les modules de *Body Attack* (pour une explication plus précise, je vous renvoie à l'encadré page 44). Le seul moment où je ne pouvais pas aller transpirer, c'était entre 1 heure et 5 heures du matin. En soi, c'était donc une plage horaire assez large qui s'offrait à moi, et cela me convenait parfaitement le jour où j'ai signé le contrat d'engagement.

Pour les profanes, je vais tenter d'expliquer le principe des disciplines sportives évoquées précédemment. Ce sont des cours collectifs proposés dans presque tous les clubs de gym actuels.

Le RPM consiste à s'enfermer dans une salle très sombre qui pue la transpiration et la climatisation, à tel point que l'on se demande même si ce n'est pas la ventilation qui rejette un air transpiré. Bref, là n'est pas le débat. Il s'agit d'enfourcher un vélo d'appartement dans sa version moderne (il faut bien justifier le prix de l'abonnement à la salle). Un coach vêtu d'un cycliste avec des flammes sur la cuisse hurle sur vous pendant une heure pour que vous pédaliez toujours plus vite, mais comme de toute façon la musique est bien trop assourdissante, vous n'entendez rien à ses ordres et vous vous contentez de ne pas succomber à une crise d'épilepsie.

Concernant le *Body Attack*, il s'agit de l'art de boxer dans le vide à l'aide de vos pieds, de vos poings, de vos coudes, de vos genoux ou de toute autre partie de votre corps qui vous passe par la tête. Tout cela sur un rythme endiablé, bien sûr. Ici aussi, un coach au biceps tatoué et huilé viendra vous pousser à bout avec ses hurlements. Ce cours a l'avantage de vous défouler puisque vous pouvez visualiser n'importe qui et le boxer dans votre imagination.

Eh oui, il faut s'inscrire « volontairement » à ces cours. Aussi fou que cela puisse paraître, les gens y vont par choix et par envie. Cerise sur le gâteau, c'est horriblement cher.

Je me revois, naïve, avec des étoiles plein les yeux en observant « toutes » ces machines, « tous » ces gens sportifs, « tous » ces cours proposés, et même les œufs durs sans sel et sans jaune de la cafétéria de la salle. Oui, ils vendaient des œufs durs et ils demandaient aux clients : « avec ou sans le jaune ? », car le jaune d'œuf contient beaucoup de lipides (donc du gras). Tout cela existe vraiment, je ne l'invente pas. C'est notre société.

Je dois reconnaître que, par la suite, ces horaires de fermeture sont devenus une contrainte, car ils représentaient une privation d'activité physique à mes yeux. J'étais le genre à faire la fermeture de la salle de sport (vous savez, ces gens insupportables qui arrivent cinq minutes avant la fin et qu'il faut jeter dehors ?) et à regretter de ne pas pouvoir aller courir sur mon tapis de course auto-attitré en pleine nuit. À force d'y passer mes journées, j'avais en effet « mon » tapis, et gare à celui ou celle qui osait le prendre ! Si mon « précieux » était occupé, je me mettais sur le tapis d'à côté, je respirais très fort pour « déranger » la personne (j'ai un doute quant à l'efficacité de cette technique, car qui fait attention à la respiration de ses voisins ?) et je jetais mille éclairs avec mon regard, dans l'espoir de faire fuir l'intrus ou de le griller sur place. Bref, si vous m'aviez croisée à ce moment-là et que vous m'aviez vue, vous vous seriez sans doute dit que j'étais bizarre et qu'il fallait peut-être appeler une ambulance !

Petit à petit, je suis allée m'entraîner tous les deux jours. Je m'inscrivais à TOUS les cours proposés, par curiosité, pour tester. J'ai donc fait de la Zumba, du *Body Pump*, des cours de Pilates, du renforcement musculaire, du yoga, du vélo et beaucoup de tapis de course. J'étais enchantée par cette expérience : j'aimais mettre ma tenue et me dire que j'allais me « défoncer » au sport, que je sortirais achevée de ce lieu, mais plus légère. Puis, j'ai sélectionné les cours les plus physiques, les plus exigeants, et je me suis tenue à ce programme. Je terminais même ma séance par une vingtaine de minutes dans le sauna mis à disposition par la salle. Histoire de bien suer. Par moments, j'étais tellement fatiguée quand je fermais la porte du club de fitness derrière moi que je me demandais comment j'allais rentrer chez moi, alors que j'habitais à cinq minutes à pied. Un soir, je me suis même dit que j'allais appeler un taxi. Une sportive qui rentre chez elle en taxi, c'est le comble, non ?

Puis, je suis allée à la salle de sport tous les jours. J'enchaînais deux à trois cours à la suite. Après le RPM de 5 heures du matin, j'allais au cours de renforcement musculaire, puis au cours de Pilates. Et si je jugeais que j'avais encore du gras à perdre, je faisais vingt minutes de tapis de course. Ma vie, c'était la salle de sport. Je ne voulais plus que courir sur un tapis ou soulever des poids. Il va sans dire que je m'alimentais peu : je surfais constamment sur la vague de l'épuisement, sans jamais franchir le point de non-retour. Alors oui, il y a eu quelques avertissements, mais rien qui ne m'ait définitivement arrêtée. Je me souviens d'un soir où je me suis allongée sur le sol tout collant de la salle de muscu que je fréquentais. Je sais, c'est archi-sale, et je ne préfère pas trop imaginer toutes les bactéries et autres miasmes humains qui ont profité de l'occasion pour me sauter dessus. Mais c'était soit ça, soit je m'évanouissais complètement. J'ai commencé par ne plus entendre ma musique de gangster qui aboyait dans mes écouteurs, puis j'ai vu de petits points noirs tout autour de la machine à tractions, et c'est seulement à ce moment-là que je me suis dit que j'étais probablement en train de perdre connaissance. Je me suis dignement allongée par terre, telle une princesse Disney, au milieu de tous ces gens *fit* et « instagrammables », et j'ai mobilisé mes dernières réserves de glucides pour articuler un « je vais bien, ne vous inquiétez pas » tout à fait crédible. Une petite cure de claques et un verre d'eau sucré à 20 calories plus tard (MON DIEU, IL VA FALLOIR LES BRÛLER), je suis rentrée chez moi, vaincue.

Mes moments de relaxation dans le sauna se sont eux aussi rapidement transformés en cure d'amincissement : j'enveloppais mon buste et mon ventre dans du film plastique de cuisine, bien serré, puisque, paraît-il, cela faisait fondre la graisse. Je le savais, car je l'avais lu quelque part dans les méandres d'Internet (certainement sur la page 2 de Google, celle où personne ne va jamais !). Et puis, je n'étais pas la seule à le faire dans ce sauna ! D'autres femmes s'enroulaient aussi les bras et le ventre dans du cellophane pour espérer maigrir ! Dites-vous même qu'au moment où vous lisez ces lignes, il y a probablement sur cette planète une femme dans un sauna, enroulée dans du cellophane, qui espère faire fondre sa graisse. J'ai une pensée émue pour cette personne, je voudrais la serrer dans mes bras et lui dire de venir prendre un thé à la maison pour qu'on en parle, parce que ce n'est vraiment pas la bonne manière de traiter son corps.

À défaut de ma graisse, je pense plutôt que ce sont mes neurones qui ont pris un coup de chaud à cette période. C'est aussi à ce moment-là que mes règles ont disparu. J'ai mis ça sur le compte du stress de ma vie, sans vraiment y porter attention. Avec le recul, il apparaît clairement que j'avais épuisé mon corps et qu'il avait activé le mode «survie». J'ai mis environ deux ans à retrouver mes menstruations et il m'a fallu attendre encore une petite année pour retrouver un cycle régulier. Bref, trois ans de vide biologique ont marqué mon corps à cause de cette hyperactivité.

Il faut dire que c'était une période de grande solitude dans ma vie, car si je fréquentais aussi assidûment la salle, c'est parce que je n'avais personne à voir et rien d'autre à faire de mon temps libre. Les rares fois où des copines me proposaient de les rejoindre en ville, je déclinais car j'avais justement mon cours de RPM à cette heure-là (vous savez, le cours dans la pièce sombre d'où l'on ressort épileptique et sourd?). La spirale infernale était déjà enclenchée. Même si j'essayais de ne pas aller à la salle de sport, car le repos a du bon et que j'étais exténuée, je n'y arrivais simplement pas. J'avais le même état d'esprit qu'avec la nourriture: je culpabilisais de ne pas faire du sport. Je DEVAIS y aller, au risque d'être une moins que rien.

L'addiction au sport est un vice dans lequel on peut rapidement sombrer si on est fragile dans sa tête et que l'on aborde l'activité physique de la mauvaise manière. Pour moi, elle est le revers des troubles du comportement alimentaire.

J'ai abordé la salle de sport comme un moyen de perdre du poids, mais, peu à peu, elle est devenue une fin en soi (ou une « faim » en soi ?). Je ne pouvais plus dormir si je n'avais pas pratiqué d'activité physique dans la journée. Par activité physique j'entends un rythme cardiaque au-dessus de 180 battements par minute, des muscles tétanisés par l'effort et un état de semi-conscience. Et quand bien même j'avais accumulé trois cours de sport dans la journée, ce n'était jamais suffisant. Il m'en fallait plus. Je n'arrivais tout simplement PAS à m'arrêter de tirer sur ce rameur. Je me disais : « Allez Mathilde, c'est bon maintenant, tu en as fait assez, tu as tiré déjà 5 kilomètres de câble (à quoi cela sert-il, ne me le demandez pas !), maintenant rentre chez toi. » Et pourtant, une autre voix me disait : « allez, encore 500 mètres », « allez encore quinze minutes », et ainsi de suite. Je ne sais plus vraiment si je faisais tout cela par addiction au sport, par addiction à la souffrance dans l'effort poussé à l'extrême ou par addiction à la nourriture. Toujours est-il que je prenais mes baskets et sortais dans la nuit, seule, à 2 heures du matin, pour courir les 10 kilomètres qui me séparaient de la minceur et du bonheur. Mais tout comme l'oasis recule à mesure que l'on s'en approche, je traversais mon désert intérieur sans jamais atteindre mon but.

À cette triste période, je me rongeais l'esprit sur les heures passées à transpirer tout autant que je songeais à tout ce que je ne pouvais pas manger. Et le pire dans tout ça, c'est que JE N'AVAIS PAS PERDU UN GRAMME. La *loose* ultime, n'est-ce pas ? Je n'ai eu aucune reconnaissance de mon corps pour tous les efforts fournis ! Au contraire, l'aiguille de ma balance ne faisait que monter. Ma vie était devenue une liste bien triste des aliments ingurgités, des calories brûlées et des poids soulevés sur des machines. Je consignais tout dans des carnets, tentant d'évaluer ma « progression », mais pour autant, je n'étais jamais satisfaite par aucune de mes actions. Carnet de sport, carnet alimentaire, carnet d'objectifs à atteindre… Tout était désigné, cadré, bien délimité. Les titres en rouge, les mesures à prendre soulignées en noir. Je pensais que tout cet archivage de mon hyperactivité me permettrait d'avoir les idées claires, qui sont la base de tout succès, c'est bien connu. Mais la réalité n'a rien d'un carnet fait de pages noircies de plannings rigides et d'ordres impersonnels. La vie est bien plus flexible, intéressante et riche que la succession du shaker protéiné de 10 heures du matin et du cours de CrossFit® du jeudi soir. Vous ne trouvez pas ?

Et vous ?

- Pensez-vous que le sport fait maigrir ?
- Quel est le « poids » de vos habitudes ?
- Sacrifiez-vous votre vie (sociale, personnelle, professionnelle) pour satisfaire une habitude devenue malsaine ?
- Que ce soit en matière de sport ou d'alimentation, pensez-vous pouvoir tenir le rythme que vous vous êtes imposé jusqu'à la fin de votre vie ?

- Aimez-vous réellement l'activité physique que vous pratiquez ?
- Avez-vous recours à des systèmes de « réparation », de purge, lorsque vous mangez ? Vous êtes-vous déjà fait « payer » d'avoir (trop) mangé ?
- Êtes-vous attaché au contrôle dans votre vie ?

Faites-vous la différence entre manger trop et « penser » que vous mangez trop ?

Selon la légende, la salade sans sauce ferait maigrir

Au début, c'était presque facile de se tenir à ce régime drastique à base de courgettes à l'eau. Mais au fur et à mesure du temps, je ne tenais plus qu'une semaine, puis seulement quatre jours, puis une seule journée, pour enfin perdre tout contrôle et tomber dans la terrible spirale des troubles du comportement alimentaire. Car il est vraiment très facile de glisser dans ce travers lorsque l'on commence à se surveiller et à modifier son rapport à la nourriture. La retenue que l'on s'impose en régime a vite fait de devenir une privation qui « pèse » sur nous et qui affame le corps et l'esprit. Pour tenir face à cette restriction physique (je ne mange plus tel aliment / je ne mange plus tout court) et cognitive (il ne faut pas manger / c'est mal de manger telle chose / je suis une personne faible si je n'arrive pas à contrôler ma prise alimentaire), le seul moyen que notre cerveau et notre estomac aient trouvé, c'est la compulsion. Bienvenue dans mon monde merveilleux que j'ai nommé le « monde des pas bisounours » ! En vedette ce soir : moi et mon ventre qui allons vous jouer des scènes légères, drôles et pleines de bon sens ! Les troubles du comportement alimentaire, c'est tellement chouette (applaudissements).

On appelle aussi les troubles du comportement alimentaire *binge eating disorder* en anglais : on pourrait le traduire par une frénésie de l'excès. Ne vous est-il jamais arrivé de ne pas manger un dessert – dont votre cerveau réclame ne serait-ce qu'un petit bout – parce que, justement, vous faisiez attention, et de « réellement » vous forcer à ne pas répondre à cet appel de votre ventre qui le trouve pourtant appétissant ? Comment vous sentez-vous après ? Peut-être que, sur le moment, vous vous sentez héroïque d'avoir résisté à la tentation. Je vous imagine déjà, les cheveux au vent, en train de refuser la dégustation gratuite de petits fours dans votre supermarché[2] sur l'air de *Eye of the Tiger* : TIN, TIN TIN TIN, TIN TIN TIN, TIN TIN TIIIIINNNNN. Mais après une heure, trois heures ou le lendemain ? Ne vous êtes-vous jamais jeté sur un autre aliment pour compenser ? Parce que vous n'aviez pas eu le plaisir que votre corps ET votre esprit vous demandaient, n'êtes-vous pas déjà tombé dans un paquet de biscuits ? Vous en avez probablement mangé à l'excès. Alors que sur le moment, quand vous en aviez vraiment envie (et peut-être besoin ?), un simple morceau aurait suffi.

Rappelons que le comportement alimentaire est complexe, puisqu'il dépend du cerveau et de nos représentations. Il combine des données physiologiques (déglutition, messages nerveux et hormonaux, digestion par les sucs gastriques) à une recherche de plaisir qui prend en compte tout le contexte de la prise alimentaire (en famille, un repas qui vous fait envie par sa couleur, son odeur, dans un bel endroit). Aussi, lorsque vous salivez devant un aliment, vous faites appel à votre corps biologique, mais aussi à votre perception « morale ». Ne dit-on pas que l'on ne digère pas un événement ? Ou que quelque chose nous reste en travers de la gorge ? Mais revenons à nos restrictions et prenons un exemple. Vous mangez dehors et le serveur arrive pour prendre votre commande. Aïe, le stress. Vous avez repéré la pizza quatre fromages ou encore le filet mignon avec sa sauce au poivre. Mais vous vous entendez dire : « La salade fraîcheur s'il vous plaît », parce que vous tenez à rentrer dans une taille de jean qui vous semble parfaite. Vous pouvez même ajouter « avec la sauce à part », parce que vous avez lu que le mal absolu dans les régimes, ce sont les sauces, souvent trop grasses. Et qui dit gras, dit ennemi de la taille fine.

On vous apporte une salade sans sauce avec quelques bouts d'ananas et trois morceaux de poulet bien sec. Miam ! Vous savez que pour mincir il faut manger de la protéine, car elle tiendrait mieux au corps. Votre cerveau, qui a pris la décision de cette commande malgré lui, se sent roulé. Il avait déjà imaginé la belle pizza pleine de fromage fondu ou encore le bout de pain que vous auriez trempé dans la fameuse sauce au poivre. Votre estomac, lui, ne fait pas la différence pour le moment, tant qu'il reçoit à manger. Mais voilà, l'assiette est vide, vous vous êtes retenu de ne pas vider la corbeille de pain (parce que si c'est pour finir le pain, cela ne sert À RIEN de manger une salade sans sauce), et pourtant vous avez faim. Lorsque le serveur vous propose la carte des desserts, c'est encore un dilemme. Vous avez terriblement envie de ce fondant au chocolat avec sa crème anglaise et le *cheese cake* aux fruits rouges vous fait de l'œil. À nouveau, une voix sortie de nulle part commande pour vous une salade de fruits et un café sans sucre (parce que si c'est pour manger du sucre avec le café, ça ne sert À RIEN d'avoir mastiqué un pauvre morceau de poulet et une feuille de salade sans sauce juste avant).

On vous sert donc ladite salade de fruits (un repas composé de salades, quelle chance!) et vous la picorez en songeant à toutes ces photos de femmes et d'hommes minces qui mangent leur salade en étant hilares. Vous vous demandez quelle joie ils peuvent trouver dans la consommation de salade sans sauce, mais vous allez jusqu'à penser que le bonheur viendra avec le temps et que, bientôt, vous aussi vous ferez partie de ce cercle d'initiés qui mangent leur salade en riant.

Mais laissez-moi vous dire une chose: si ces gens rient devant leur salade, c'est parce que c'est UNE BLAGUE. Une mascarade. Déjà, ces femmes ne mangent pas cette salade, et si ça se trouve, elles ne mangent même pas tout court. Ou si elles la mangent, elles font la même tête que vous. Attention, je ne dis pas que les salades ne sont pas bonnes et que l'on ne devrait pas en manger. J'adore moi-même faire mes propres salades avec plein d'ingrédients comme du fromage, de la sauce et du pain. Je souhaite juste montrer que choisir une salade pour les mauvaises raisons (c'est-à-dire parce que c'est théoriquement « mieux » pour perdre du poids, mais pas parce que l'on a « vraiment » choisi de manger une salade qui nous fait « envie ») conduit à la frustration. Mais nous en reparlerons.

Pour le moment, revenons à votre repas. Vous avez mangé votre dessert et vous avalez votre café en vitesse avant de retourner au travail. Vous sortez de table et vous vous sentez certainement léger (et quelqu'un a dit un jour que pour mincir il fallait terminer le repas en ayant légèrement faim). Vous, ou plutôt votre cerveau est satisfait de vous parce que vous avez pris les bonnes décisions. Celles qui vont vous emmener sur l'autoroute de la minceur, de la gloire et de l'épanouissement personnel. Vous vous voyez triomphant dans votre jean taille « improbable », sûr de vous, attirant les regards et les compliments. Cela vous donne l'énergie suffisante pour retourner au bureau. Mais voilà, vers 16 heures, vous vous surprenez à penser à ce fondant au chocolat que vous n'avez pas commandé. Vous vous demandez s'il regrette votre indifférence et vous culpabilisez de l'avoir abandonné, lui, le petit fondant tout mignon qui ne demandait qu'à être mangé. Et puis vous avez faim. Vraiment faim. Votre estomac se tord dans tous les sens, et vous avez envie, non, « besoin » de manger. Pas de panique ! La pomme dans votre sac est là pour combler ce petit creux (qui est en fait un véritable trou béant, mais vous faites semblant de ne pas le savoir). Parce que c'est bien connu, la pomme est l'amie des régimes (tout comme l'est sa cousine la salade). Vous la mangez en rêvant de vous noyer dans de la crème anglaise.

Le soir, lorsque vous rentrez chez vous à 19 heures, la faim est toujours présente. Pire que jamais. Deux options s'offrent à vous : ou bien vous dévalisez le réfrigérateur, tous les placards de la maison et la cave à vin pour noyer votre chagrin d'avoir été si « faible » de donner à manger à un corps qui criait famine, ou bien vous aviez prévu le coup et vous mangez votre Tupperware d'épinards sans crème et votre poisson vapeur. Et ainsi de suite. POUR LE RESTANT DE VOS JOURS (musique dramatique). Dans tous les cas, soyons honnêtes, comment vous sentez-vous ?

Avec cet exemple, je souhaitais vous montrer à quel point vous vous battez contre vous-même, à chaque instant, en vous privant. Cette situation est source de souffrance ainsi que de torture mentale. Et c'est ce danger-là qui est le plus grave. Se restreindre physiquement et mentalement ne conduit qu'à de mauvaises choses. Car si vous pouvez vous plier à une certaine rigueur pendant un temps (qui reste très court à l'échelle d'une vie), le cerveau n'est pas fait pour cela et le corps est bien plus intelligent que vous ne le pensez. Il parviendra toujours à ses fins et à sa faim pour répondre à ses besoins vitaux. Quand il y a dictature, il y a rébellion, à un moment ou à un autre. Ne soyez pas votre propre tyran, car le corps contre lequel vous livrez bataille est VOTRE corps. C'est VOUS. Alors si vous voulez brûler des champs, terroriser des peuples et asseoir votre pouvoir sur un territoire, ayez en tête que ce sont vos cellules, vos organes – qui font toujours le maximum pour vous, pour que vous fonctionniez au mieux – que vous allez attaquer. Vraiment, ne soyez pas votre propre tyran, ce n'est pas cool.

Chute libre au pays des laxatifs

À la suite de ça, tout a continué à se précipiter. J'ai dû quitter la maison familiale ainsi que mon île paradisiaque pour aller faire mes études à Paris, 11 000 kilomètres plus loin. J'ai laissé derrière moi mon écrin de nature brute et sauvage, un soleil qui brillait toute l'année, les poissons aux mille couleurs de l'océan Indien et les épices exotiques pour me retrouver seule, dans une rame de métro surchargée, au milieu de la grisaille parisienne. Tout me semblait fade et sans saveur. Moi qui pourtant rêvais d'aller étudier dans la capitale française, avec ses beaux bâtiments, ses musées et sa tour Eiffel. Quelle naïveté ! Oui, il y a bien la tour Eiffel à Paris, mais il y a surtout ce béton tout autour qui vous engloutit. Bref, je ne suis absolument pas citadine, comme vous aurez pu le constater. Désolée pour mes amis lecteurs parisiens, mais reconnaissez que la transition île de la Réunion-Paris à 18 ans, c'est un peu raide, non ?

J'ai atterri dans un foyer de jeunes filles tenu par des bonnes sœurs. Les horaires de sortie étaient stricts, et nous étions tenues à un rythme de type carcéral. Du genre ma sœur n'avait pas le droit de monter dans ma chambre quand elle me rendait visite. MA PROPRE SŒUR. Ne me demandez pas pourquoi, je n'ai toujours pas compris la raison !

Si je devais décrire cet endroit, je dirais qu'il était digne des *Misérables*. Douches sur le palier souillées, silence imposé et repas gris. Littéralement gris. On nous servait une viande en sauce, et je ne sais pas par quelle magie la cuisinière la faisait toujours de couleur grisâtre. Je mangeais cette chose visqueuse et triste, semblable au temps parisien, presque tous les soirs. En une année de réfectoire, j'ai pu expérimenter toutes les nuances de gris, mais sans l'érotisme de M. Grey. Dommage ! Me faire vomir devenait plus compliqué, car si mes parents n'y voyaient que du feu à la maison – ou plutôt ne « voulaient » rien voir –, ici je partageais les sanitaires avec d'autres pensionnaires, et leur état ne donnait pas vraiment envie de plonger la tête à l'intérieur. C'est vrai, les toilettes des filles sont toujours pires que les vestiaires des hommes (même s'ils ont joué au rugby avant et qu'ils enlèvent leurs chaussettes pleines de transpiration !).

Malheureuse et déracinée, j'ai mangé un peu plus et bougé un peu moins. J'ai pris quelques kilos, rien de bien méchant, mais à l'époque je ne pouvais plus me voir. La douche était devenue une torture. Je ne supportais pas de me voir telle que j'étais. Ou telle que je me voyais, je ne savais plus bien faire la différence. Ma chair me dégoûtait. Mon être tout entier me répugnait. Me retrouver nue face à moi-même me donnait envie de me lacérer le corps, de planter mes ongles dans ma peau jusqu'à ce que la chair à vif me supplie d'arrêter. Sympa, n'est-ce pas ?

Alors, souvent, je prenais ma douche en moins d'une minute. Tant pis pour la température de l'eau, tant pis pour les cheveux qui bouchent la douche. Le maître mot était efficacité. J'utilisais un gant de crin pour me lacérer la peau, espérant faire partir un peu de moi avec l'eau. Je n'ai d'ailleurs jamais compris comment on pouvait apprécier se laver avec un gant de crin. C'est vrai : ça gratte, ça pique, ça fait mal. À la limite, pour brosser un cheval. Mais se frotter le ventre, le dos, les bras avec cette matière, c'est comme se sécher avec du papier de verre. Remarquez, c'est efficace, il y a une belle peau neuve en dessous. Toujours est-il que cette course contre la montre pour ne pas me voir était assez écologique. Mais malgré ma rapidité, cela ne suffisait pas à me cacher de moi-même. J'étais là. Je savais.

Je savais que ma peau dégoulinait autour de mon nombril, que mes mollets difformes ne faisaient que grossir, que mes bras pendaient lamentablement et que mes hanches débordaient de mes pantalons. Je savais que j'avais mangé huit biscuits et demi. Je savais que j'avais aussi vomi une fois dans la journée. Et je savais enfin que mes bourrelets ne disparaîtraient pas avec le gant de crin, malgré mon application. Alors, pour que cette épreuve de la douche soit la moins pénible possible, j'ai appris à me laver dans le noir. En fermant les yeux, je refusais à ma vue la contemplation de ma chair grasse et molle (note au lecteur : je n'étais effectivement pas grasse et molle, mais ma chère et tendre tête avait décrété cela, impossible de me voir autrement !). Il ne me restait plus que le toucher, que je ne pouvais malheureusement pas enlever. D'où le gant de crin qui mettait une barrière entre ma main et mon corps, entre la perception sensorielle de ma personne et ma peau, entre moi et moi. Je ne le savais pas, mais j'ai appris à cette époque-là qu'il était possible de pleurer les yeux complètement fermés. Je m'étais en effet toujours demandé comment faisaient les aveugles pour pleurer (dans ma tête, les aveugles avaient les yeux fermés). J'en étais venue à la conclusion que c'était très dangereux pour eux de se laisser aller à leur chagrin car ils pourraient se noyer dans leurs propres larmes. Pour une mort dramatique, c'en est une ! Eh bien, non, on peut tout à fait pleurer les yeux clos. Et je m'y employais très largement. Je ressortais de cette épreuve de la douche complètement vidée, lavée par mes larmes et par un chagrin qui me collait toujours à la peau.

Il fallait aller vite pour ne pas me voir, alors je mettais l'eau à fond et je me jetais sous un jet encore glacé. Puis, le ponçage de ma peau terminé, je repassais sous l'eau pour me purger de mes cellules et de mon gras. L'eau avait eu le temps de chauffer, alors je m'ébouillantais. Non, vraiment, un pur moment de bien-être et de détente. Mais comme je ne voulais pas que ce moment « Spa et Harmonie » s'éternise, je serrais encore un peu plus les dents et c'était déjà terminé.

À force de pleurer, d'être humiliée par ma chair rebelle et de subir des températures d'eau improbables en plein hiver, j'en ai eu assez de tout ce cirque et j'ai réduit le nombre de douches. Pour ne pas être confrontée à ce qui était un vrai problème, il valait mieux l'éviter. On appelle cela la technique de l'autruche : très efficace à court terme, mais complètement stérile pour la résolution de problèmes. Je faisais alors ma toilette au-dessus de l'évier, vite fait sous les bras et c'était bon. Je mettais de l'eau partout, râlais parce qu'après j'avais les pieds trempés et que cela faisait des traces sur le parquet, me mouillais le pantalon, mais au moins j'étais propre. Et je ne voyais plus le « monstre » que j'étais devenue.

Mon estime personnelle n'a cessé de chuter. J'ai acheté de nouveaux habits pour dissimuler mon mètre soixante et mes 63 kilos (vous voyez, rien de grave, tout était dans ma tête!). J'ai enveloppé mon ventre de bandages, avec l'espoir que si je ne le voyais plus, il n'existerait plus, LOL. Plus je serrais les bandes autour de ma taille, plus je me faisais du mal, dans ma tête. Je me disais que, peut-être, cela rendrait mon ventre moins difforme, que le fait de le contenir me rendrait plus mince pour les autres (et que peut-être on m'aimerait plus ?).

À la fin de l'année, le bilan a été, aux yeux de mes proches, formidable: j'avais obtenu de brillants résultats universitaires, les professeurs ne tarissaient pas d'éloges à mon égard et les portes des grandes écoles m'étaient toutes ouvertes. Oui, je sais, ma couverture de petite fille modèle était infaillible. Personnellement, ce que je retiens de ces douze interminables mois, c'est l'anéantissement de mon enfant intérieur. Bon, d'accord, le mot est peut-être un peu fort, et il faut bien grandir un jour (syndrome de Peter Pan laisse-moi tranquille!), mais c'était tout de même super dur. Je me suis tellement sentie humiliée par mon corps que j'en ai perdu la joie de vivre. J'ai fait le choix de rentrer chez mes parents et de ne pas poursuivre cette prétendue autoroute du succès qui s'offrait à moi. J'aurais dû le faire bien avant, mais je ne savais pas encore faire la différence entre la persévérance et l'obstination. C'est cependant une leçon que j'ai apprise grâce à cette épreuve, gardons le positif en tête! En effet, dans la vie, il faut savoir renoncer, car l'entêtement dans des voies douloureuses et des sources de souffrance ne vous mènera nulle part. Concrètement, qu'est-ce que cela signifie ? Oui, par exemple, pour persévérer dans le chant ou dans la danse si cela vous rend heureux, non à l'autodestruction.

À mon retour sur mon île chérie, j'ai sauté à pieds joints et de tout cœur dans l'anorexie. Avant d'aller plus loin, j'ai tout de suite envie de casser les clichés et autres idées reçues qui me hérissent les poils du gros orteil (j'espère ne pas être la seule à avoir des poils sur le gros orteil !). Quand on parle d'anorexie, on a tendance à imaginer une jeune fille livide et sans cheveux pesant 30 kilos tout au plus : ça me rend dingue car ce n'est pas vrai ! Ou plutôt ça l'est, oui, mais pas uniquement. C'est une maladie qui se passe avant tout dans la tête, et il y a autant d'anorexies que d'anorexiques. Pour lutter contre ces stéréotypes, je me dois également de vous rappeler que oui, un homme peut être anorexique. Et oui aussi, on peut peser un poids relativement convenable en étant anorexique. On peut être bronzé, avoir des cheveux normaux et être anorexique. Je rentrais dans cette dernière catégorie.

J'ai repris de plus belle mes habitudes de contrôle qui s'étaient effacées à Paris. Je catégorisais à nouveau la nourriture, bannissais des groupes entiers d'aliments et me faisais vomir. Beaucoup. Peu importe avec quoi, où et quand je m'alimentais, il fallait que je le fasse. Une fois par jour, puis deux, puis à chaque repas, puis tout le temps, jusqu'à dix fois par jour. (Quel passe-temps agréable ! Quel beau projet d'existence ! Désolée, en fait je n'avais pas le temps de faire autre chose, vu que je ne pensais qu'aux gâteaux industriels qui terminaient inévitablement dans la cuvette !) Je me souviens même être allée m'enfoncer les doigts dans la gorge alors que j'étais dans un parc public, avec des amies, derrière un buisson, au beau milieu de la ville. Nous avions fait un pique-nique à base de pizzas, nous passions un agréable moment. Je devrais dire « elles » passaient un agréable moment. J'avais déjà eu beaucoup d'appréhension au moment de l'invitation, car je ne savais pas ce que je mangerais, puis j'ai été terrorisée au moment où nous commandions notre pizza à emporter, et enfin, je n'arrivais pas à penser à autre chose qu'à vomir une fois le repas terminé.

J'ai essayé d'ignorer cette voix, mais plus je la refoulais, plus elle parlait fort dans ma tête, jusqu'à ce qu'elle occupe toute la place et que ses hurlements me fassent me lever. Je suis partie comme un robot, guidée par une force presque étrangère. Je me suis cachée derrière un buisson et j'ai réalisé ce geste qui m'était devenu si familier. Toutefois, comme j'avais mangé depuis plus de quinze minutes (laps de temps pendant lequel j'ai tenté, en vain, de combattre cette pulsion), je n'ai pas réussi à vomir complètement puisque la digestion avait commencé son « terrible » travail. Cette situation, qui m'est arrivée à de nombreuses reprises par la suite, est sans doute la pire pour une personne malade de la nourriture. Car à partir du moment où je décidais de vomir, il fallait que je le fasse, TOUT DE SUITE, DANS LA SECONDE MÊME. Garder cette nourriture que je ne voulais plus était atroce. Alors, les fois où je n'arrivais pas à vomir, je devais affronter ce double échec d'avoir mangé ET de ne pas pouvoir évacuer toute cette nourriture engloutie. Pour une personne normale, ces idées semblent complètement absurdes, je le conçois parfaitement aujourd'hui. Mais pour une personne qui ne va pas bien, c'est un peu sa vie qui est en jeu dans le vomissement. Il faut que ça marche, même si c'est stérile et sans grande perspective. Et c'est sans doute cette notion d'urgence qui est la cause de comportements excessifs.

J'ai donc vomi une gerbe d'eau acide mélangée à quelques minuscules morceaux de pizza (vous vouliez du #sansfiltre non ?). C'était très agréable, vraiment, je vous jure, un vrai bonheur ! Insatisfaite du résultat, j'ai recommencé. À chaque fois, c'était ce liquide brûlant qui venait me remplir la gorge, et non la fameuse bouillie presque douce des vomissements « réussis ». Au bout de la cinquième tentative, j'ai abandonné, ivre de bile, chancelante, des glaires coulant de mon nez, les larmes coulant de mes yeux injectés de sang. J'ai craché par terre. J'ai vu du sang. Puis j'ai rejoint mes amies normalement.

Pour détendre l'atmosphère déjà bien légère, je vous propose un interlude joyeux. Vous savez ce que fait un hippocampe en vacances ? De l'hippo-camping ! Qu'est-ce qu'on rigole ici ! Merci, bisous !

Mon quotidien était alors rythmé par l'alimentation et la purge. J'avais faim (ou je ne sais même plus si j'avais vraiment faim, car mes sensations s'étaient complètement déréglées), je mangeais, je me faisais vomir. Souvent je remangeais dans la foulée, puis je repartais vomir ou non, selon le moral. J'étais obsédée par ces séquences ritualisées alternant prises alimentaires et vomissements. C'est dur à avouer, mais je trouvais presque un certain plaisir malsain à tout cela. Je passais mon temps à penser à la nourriture, à mes futurs repas que je fondais sur ceux de la veille (« J'ai mangé 60 grammes de riz hier, alors aujourd'hui c'est soupe de fanes de carottes matin, midi et soir. Finalement, je vais même sauter le repas du soir tiens ! »). Je trouvais les recettes les moins caloriques possible et faisais mes courses en fonction du nombre de calories aux 100 grammes. Peu importait la qualité du produit, s'il était faible en calories, je le mangeais, et ce en quantité bien trop importante.

Je me retrouvais donc à manger quotidiennement plus d'un demi-litre de soupe aux choux (bonjour l'odeur ! Ma peau elle-même sentait la fermentation bouillie et je devais transpirer du chou à longueur de journée ! Si vous avez eu la malchance de me croiser à ce moment-là, je m'excuse pour l'effluve !), une boîte de 600 grammes de haricots verts à moi toute seule (que je mixais en bouillie pour mieux la vomir), des produits pleins d'édulcorants et d'additifs chimiques peu riches en énergie, et à boire des sodas format familial dans leur version zéro calorie. Je mangeais aussi des pâtes qui ne sont pas des pâtes, malgré les industriels qui nous présentent leurs produits comme étant quand même des pâtes. Une fois pour toutes : NON, le konjac n'est pas un spaghetti ! C'est une espèce de truc gluant qui n'a aucun goût et qui ne devrait même pas exister. Voilà, c'est dit ! Les quantités que je mangeais à cette période ont augmenté ; elles ont été inversement proportionnelles à la densité calorique du produit consommé ainsi qu'à sa qualité. En gros, je mangeais plus, mais moins bien.

Je dois aussi reconnaître que les troubles du comportement alimentaire sont un gouffre financier, puisque l'on passe son temps à acheter une nourriture qui finira de toute manière au fond de la cuvette. Alors, pourquoi se ruiner et se faire plaisir avec de bons produits ? Les supermarchés discount sont devenus mon lieu de prédilection et j'ai acheté les pires produits dans leur version la plus basique qui existait, celle qui est rangée (ou devrait-on dire cachée ?) tout en bas du rayon. Je m'en souciais peu, je ne lisais qu'une seule ligne des étiquettes descriptives du produit : celle faisant mention de sa valeur énergétique globale. Logique.

Le sport a recommencé à faire sa place dans ma vie de manière croissante jusqu'à mes séances de torture à la salle de sport dont j'ai déjà parlé (vous vous souvenez, mes respirations bruyantes pour faire fuir les autres sportifs et la monopolisation du tapis de course pendant trois heures de suite ?!). J'étais complètement obsédée par mon apparence physique toujours plus décevante de jour en jour malgré les efforts fournis. Peu importait la quantité de sueur, de larmes, de vomi, j'étais minable et je me haïssais. Seule la purge me donnait un – faux – semblant d'espoir que j'allais à nouveau rebondir, être différente et m'aimer. La bonne blague. J'ai réussi à m'accepter telle que je suis (comme vous le verrez plus loin), mais certainement pas grâce à ces « techniques » bancales. Et je peux vous dire que la vie est bien plus douce loin de l'autodestruction. En effet, je ne vis plus dans cette lutte acharnée contre moi-même, et c'est vraiment les vacances depuis que je me suis laissée tranquille. Non, m'accepter ne signifie pas que je « m'aime » et que je me trouve la plus belle de la terre entière sans aucun défaut. Non, je n'aime pas mes boutons, et mes pointes fourchues non plus. Mais zut à la fin, il y a bien mieux à faire que de m'apitoyer sur mon sort ! Et puis mes coudes, ils sont sympas non ?

Pour revenir à mon activité favorite sur terre (ou pas), j'ai nommé la purge, j'ai trouvé d'autres solutions que les vomissements et le sport à outrance. Attention, ce qui va suivre est vraiment charmant et vous aidera à faire de beaux rêves la nuit. J'ai acheté des laxatifs effet ventre plat en pharmacie ; sans ordonnance bien sûr. J'avais 19 ans. Encore une fois, c'est notre société qui permet à une gamine d'acheter des produits pour mincir. Au début, je les ai pris parce que je vomissais tellement et j'étais tellement focalisée sur mon ventre que je n'allais quasiment plus aux toilettes. Et puis « effet ventre plat », c'était un concept plutôt attrayant. Finalement, je suis devenue dépendante de ces cachets, car j'avais l'impression que me vider me faisait du bien. Et je crois vraiment que je ressentais un réel bien-être lorsque j'étais vide, après avoir vomi ou après avoir pris quatre laxatifs d'un seul coup. J'avais beau me tordre de douleur quand j'allais aux toilettes (croyez-moi, les laxatifs, c'est L'HORREUR), je continuais. Ni les sueurs froides, ni le teint blême, ni le corps tremblant ne m'ont empêchée de prendre ces cachets. Ça donne envie, hein ?

Et le pire (ou le meilleur) dans tout cela, c'est que la vie continuait ! J'allais à l'université, je voyais des amies, je sortais. Il fallait aussi que j'articule ces moments de purge avec les moments normaux de mon existence. Il m'est arrivé de quitter la bibliothèque en courant, prise de vertiges, parce qu'il fallait que j'aille en urgence aux toilettes : le matin même, j'avais avalé trois laxatifs à jeun. Je vous laisse imaginer la scène : moi, tortillant des fesses (mais pas trop non plus car j'allais vraiment exploser) pour essayer de rejoindre le plus rapidement, mais aussi le plus normalement et dignement possible, les toilettes en lâchant des gaz monstrueux, au milieu de tous les étudiants de ma fac. Question réputation, je pense que j'étais cuite, frite, rôtie ! Quand je fais le bilan de toutes ces années, je me rends compte que j'ai passé un temps fou aux toilettes. Elles sont devenues mon lieu d'isolement, là où je me mettais à nu et vivais ma souffrance. C'était un espace clos qui, malgré les odeurs et la propreté trop souvent hasardeuse, m'a hébergée. Moi et ma haine, moi et mon désespoir, moi et ma honte. N'oublions pas, tout de même, que la vie est belle et qu'il existe une solution à chaque problème, aussi insoluble qu'il puisse paraître ! Mais ne soyez pas trop pressé et permettez-moi de continuer !

La violence a été le mode principal de communication avec mon corps pendant une longue période. Et mes actes ont tous suivi la brutalité de mes pensées. J'ai rapidement été embarquée dans un cercle vicieux et malsain où rien n'était suffisant et tout semblait hors de portée. Je m'étais fixé des objectifs inatteignables de perte de poids et de réussite (scolaire, sportive, amoureuse) qui ont peu à peu sapé l'estime que j'avais de moi. Au lieu de me porter et de me faire grandir, ces missions utopiques me renvoyaient violemment dans la figure mon impuissance et ma vacuité. La vie est dure quand on se la rend impossible, vous ne croyez pas ?

Alors je retournais ma déception contre moi. Dire que je m'en voulais est un doux euphémisme. Je me haïssais. Je voulais être n'importe qui sauf moi. MAIS J'ÉTAIS MOI. Et ce fut là toute la tragédie de mon adolescence. Pour me plier à mes rêves irréalisables, j'ai commencé par cesser de m'alimenter. Puis, j'ai mangé outre mesure. Par la suite, je me suis fait vomir après chaque repas, grattant toujours plus loin dans ma gorge pour faire sortir toute la haine, toute la bile amère que j'avais en moi, sur moi, à propos de moi. Je saignais régulièrement de la gorge, mes ganglions étaient devenus durs comme des balles de golf (je n'allais pourtant pas au golf !) et je puais le vomi à longueur de temps. Mais je continuais, car la technique de l'autruche (perpétuer des actes malsains pour ne pas avoir à traiter le problème de fond) a le triste mérite d'être facile. À ce moment précis, vous devez sans doute vous dire que « facile » n'est pas le terme le plus approprié pour décrire tous les comportements déviants que j'ai pu avoir. Et pourtant, c'est la réalité. C'est bien plus simple de vomir que de résister à une crise de boulimie. Sans tomber dans ce type d'excès, voyez comme vous avez aussi tendance à faire des choses que vous savez pertinemment mauvaises pour vous et votre bien-être par habitude et par facilité. Comme dévorer ce paquet de chips devant la télévision en rentrant du travail : vous savez que vous allez vous en vouloir, que cela ne vous apporte « rien » d'un point de vue nutritionnel, mais vous l'engloutissez tout de même. Vous savez que regarder des photos de personnes parfaites sur les réseaux sociaux pendant des heures ne vous aide pas à vous sentir bien dans votre corps, mais vous allez quand même envier ces physiques irréels. Cela ne sert à rien de vous cacher, je vous vois, je vous connais : nous sommes tous pareils !

Après mon ventre, ce fut au tour de mon corps dans sa globalité de subir mes violents châtiments. Je me suis tuée au sport, repoussant toujours plus mes efforts et ma souffrance pour chercher un point de rupture. Mais ce n'était toujours pas assez. Il fallait que j'extériorise toute cette haine, ce mépris et cette humiliation, que je paie pour être moi en fait. J'ai traduit ma souffrance mentale en souffrance physique, et je me suis punie.

Sous couvert de l'acceptation personnelle, je me suis traînée dans la poussière. Je tentais de me convaincre que j'étais une belle personne et que l'univers n'était qu'amour. Mais je ne faisais que renforcer la piètre image que j'avais de moi-même. Cela empirait même mon état. Par exemple, je m'étais mis en tête que je maigrirais grâce au palper-rouler. (Encore une de mes improbables lectures ! Mais QUI trouve toutes ces idées ? Et QUI a le temps d'écrire des articles là-dessus ? C'est fou !) Si vous ignorez ce qu'est le palper-rouler, j'ai presque des scrupules à vous en donner une définition, parce que ça ne vous apportera pas grand-chose dans votre vie. Mais soit ! C'est une technique de massage qui consiste à légèrement pincer et faire rouler sa peau sous ses doigts afin de favoriser la circulation sanguine et décongestionner les molécules de gras qui s'agglutinent entre elles. A priori, on pourrait perdre des tours de taille ainsi ! J'essayais de me convaincre que me faire des automassages me permettrait de « renouer un dialogue » avec ce corps si détesté. Rapidement, les séances bien-être se sont transformées en séances de boxe. J'appliquais un tel soin à ne surtout omettre aucun morceau de chair dans mon palper-rouler que j'en avais des bleus sur tout le corps. En vérité, si je me regarde dans le miroir de « arrête tes bêtises c'est fini l'autruche », je ne pratiquais pas le palper-rouler. Je voulais tellement éradiquer ma graisse invisible que j'agissais tel un rouleau compresseur. Je pinçais ma peau le plus fort possible et je la faisais remonter, non sans douleur. Je continuais, tous les jours pendant une heure, à faire remonter ma haine le long de mon corps. Sans succès. Remarquez, j'aurais pu faire carrière dans les travaux publics (rapport au rouleau compresseur, si vous avez suivi), à défaut de me sentir bien dans mon corps !

Ces séances de massage qui laissaient leur marque sur mon corps ont peu à peu ouvert la porte à de véritables coups. Cela peut sembler complètement absurde, et à vrai dire ça l'est, mais je me suis moi-même battue à cette période. Tout comme certains adolescents se taillent les veines avec un rasoir, je me suis frappée : les jambes, puis le ventre, le dos, et enfin le visage. Je me rouais de coups. Plus mon poing s'enfonçait dans ma chair, plus je frappais fort. Jusqu'à ne plus savoir comment m'allonger pour dormir, tellement j'avais mal. Fourbue par cette violence incontrôlable, je ne me sentais même pas mieux après ces débordements.

Et si nous respirions ensemble au milieu de tous ces coups ?

« Allez, on inspire profondément en gonflant le ventre pendant trois secondes. On bloque sa respiration pendant cinq secondes et on expire jusqu'à vider complètement ses poumons. Voilà, comme ça. Vous pouvez le faire une deuxième fois, allez-y, je vous regarde. Alors, elle est pas belle la vie ? »

Ces épisodes de pure violence n'ont pas été nombreux, mais ils m'ont marquée au fer rouge. Non pas pour les courbatures qu'ils ont pu m'apporter, mais pour la souffrance mentale dans laquelle ils m'ont plongée. Parce que oui, ces tristes moments ont bien eu lieu dans ma vie, et pourtant je ne suis pas une personne isolée et je ne suis pas folle (du moins, j'aime à le penser ! Vous me croyez hein ?! Dites-moi que je ne suis pas folle, s'il vous plaît !). J'ai une famille, des parents, des amis, un amoureux. Mais personne n'a voulu voir mes bleus et me sortir de cette autodestruction qui me bouffait petit à petit. Quand bien même j'étais sous le toit de mes parents, ils ne se sont même pas rendu compte qu'un matin je boitais et que de grosses bosses étaient apparues sur mon visage bouffi (le fond de teint était mon meilleur ami). Même lorsque je vivais avec mon compagnon de l'époque, il me laissait sortir le soir à minuit pour faire mes footings qui se terminaient souvent par des crises de violence envers moi-même. Je suis restée une semaine avec un œil bleu, il ne m'a pourtant jamais demandé comment c'était arrivé : il ne l'a pas vu… Cela semble surréaliste, et je reconnais que ça l'est, mais je ne vous raconterais pas ces histoires drôles pour le simple plaisir de vous faire rire et de m'inventer une vie fantastique !

Loin de moi l'idée de jouer la victime. Je ne veux aucunement faire porter la responsabilité de ces actes à mon entourage. Ni avoir votre pitié avec ce récit qui, je le conçois, peut être un peu lourd. Personne ne m'a forcée à me donner des coups de poing au visage. Personne ne m'a poussée à me faire vomir. Moi seule agissais. Je pense simplement qu'il est très compliqué de connaître réellement une personne. Et qu'il est souvent bien dur de regarder la vérité en face lorsqu'il s'agit de nos proches. C'était valable pour moi, mais c'est aussi valable pour les autres. Gardons un œil neuf et bienveillant sur nos proches, on serait surpris de savoir ce que chacun traverse.

Et vous ?

- Comment les événements importants de votre vie vous ont-ils affecté ?
- Quel est le rapport entre qualité et quantité dans votre existence ?
- Faites une liste de vos restrictions. De quel côté vous situez-vous davantage ? Celui de la restriction mentale ou celui de la restriction physique ?

…/…

- Entretenez-vous un rapport de confiance avec votre corps ou vous sentez-vous trahi par celui-ci ?
- Vos sensations alimentaires sont-elles toujours fiables ? Ressentez-vous la faim et la satiété ?
- Seriez-vous capable de maintenir votre alimentation actuelle pour le restant de votre vie ?

Jouer à cache-cache avec son entourage n'est pas toujours hilarant

Bien sûr, mon mode de vie supposait une logistique très contraignante et nécessitant beaucoup d'anticipation. Si je mangeais à telle heure ou à tel endroit, je devais être sûre d'avoir la possibilité de vomir après pour éviter les débordements en plein air, comme lors du pique-nique avec mes amies. Mais j'avais quelques astuces pour essayer de cacher mon comportement. Par exemple, je mettais du papier toilette au fond de la cuvette lorsque je savais qu'il y avait un risque qu'on m'entende ; ou encore je faisais semblant d'éternuer pour justifier mes yeux pleins de larmes. Le stratagème peut sembler bien grossier, mais il a tristement fonctionné pendant dix années. Alors, si vous voyez quelqu'un disparaître de table à chaque fin de repas et revenir de manière un peu bizarre en disant : « Oh là là, je n'arrête pas d'éternuer » (qui peut réellement avoir ce genre de propos aussi peu intéressants ?), ouvrez bien l'œil, car c'est un signe.

Je devais aussi faire attention de pouvoir bien me rincer la bouche et me laver les dents quand je le pouvais. Eh oui, personne n'a envie de sentir le parfum « Vomi N° 5 », même moi qui m'étais habituée à cette odeur ! À cette époque, j'avais un petit appartement et rentrais de temps à autre chez mes parents. Quand j'étais chez eux, c'était plutôt simple, car ils ne voulaient pas voir, j'avais donc un accès libre aux sanitaires et à la salle de bains. Mais quand j'étais à l'université, c'était plus compliqué, notamment en raison de l'hygiène des sanitaires. Et il n'y avait pas toujours de savon pour se laver les mains. Beurk ! Un peu rebutée la première fois, je connaissais par la suite chacune des cuvettes et avais mes préférences pour l'une ou l'autre selon la puissance de la chasse d'eau. Véridique. Il m'est aussi arrivé d'aller vomir dans des WC publics, en plein milieu d'une rue du centre-ville à Lyon. J'entendais toute la vie grouillante autour de moi, à seulement quelques mètres de la cuvette. Mais moi, j'étais déjà un peu morte à l'intérieur. Je préférais trouver refuge dans cet espace isolé. Loin des gens. Hors du temps. Fuyant une réalité trop lourde à porter : celle de mon corps. J'étais vraiment dégoûtée par l'endroit, que je ne décrirai pas mais que vous pouvez très bien imaginer, mais je l'étais encore plus par moi-même. Rassurez-vous, aujourd'hui je vais bien, et pour rien au monde je ne remettrais les pieds dans des toilettes publiques ! Plutôt faire le tour du monde pour rentrer chez moi ou prendre un café dans un bar, même si je n'aime pas le café. Bref, les WC publics et moi, c'est ter-mi-né !

Le plus compliqué à gérer a été ma « vie sentimentale ». J'adore cette expression, on dirait un vieux feuilleton à l'eau de rose des années 1970. J'avais des petits copains, et je suis sûre qu'aucun d'eux n'a vu mon problème. Cela paraît énorme, parce que tout de même je m'éclipsais pendant les repas et revenais les yeux injectés de sang, la bouche puant le vomi. Mais c'est vrai. Personne ne peut se douter que la jeune fille brillante, plutôt jolie, sans aucun problème de poids apparent, est en fait dans une impasse. Je le cachais assez bien, mangeant des bonbons « haleine fraîche et saveur pin des bois » et me rinçant le visage après chaque passage aux toilettes. Note : j'avais investi dans un mascara waterproof pour pallier ces effusions de larmes et d'eau ! Je revenais comme si de rien n'était, tout sourire. Et les années ont passé ainsi.

Il y a pourtant eu quelques sonnettes d'alarme. Au restaurant, je faisais des scandales pour avoir une salade dans sa version « enfant » avec la sauce à part ; je renvoyais les plats si je les jugeais incompatibles avec ma ligne de conduite. Tant pis pour le gaspillage. J'allais même parfois jusqu'en cuisine pour m'assurer que le serveur avait bien compris que je ne voulais pas de sauce avec mon plat. Bien sûr qu'il avait compris, je lui avais répété TROIS FOIS. J'étais une véritable furie !

J'ai tenté de dire à mes parents que j'avais un problème avec la nourriture, que je me trouvais grosse et que je n'allais pas très bien. Parce que oui, le piège que j'avais creusé et dans lequel je m'étais introduite était devenu bien trop profond pour que je puisse en sortir seule. J'avais besoin d'aide. Voilà, j'assume. *Help ! Please !* Mais à mes timides tentatives de communication, je n'ai eu pour réponses que de simples : « Toi, un problème ? Mais non ! » ou « Arrête, tu n'es pas grosse, tu es magnifique », des phrases qui ont été très violentes pour moi. Je le vivais comme si on ne m'écoutait pas et on ne me voyait pas ; comme si toute ma réalité n'était pas vraie. Alors que oui, je paniquais devant une carotte !

J'avais de plus en plus de problèmes de ventre qui gonflait, sans doute dus aux vomissements à répétition et à ma fixation maladive sur cette partie de mon corps. Mes parents, naïfs, m'ont accompagnée voir quelques médecins. Ma mère m'a même suggéré de faire un jeûne pour « remettre les compteurs à zéro » et laisser mon corps « se reposer ». Un jeûne, moi. Attendez, laissez-moi rire un instant s'il vous plaît, parce que c'est VRAIMENT HILARANT. Je pense que c'était en toute bienveillance et qu'elle ne se doutait absolument pas de l'ampleur des dégâts d'un tel conseil « santé », qui avait tout sauf cet aspect dans mon cas. Elle ne savait pas que dire à une personne dont la vie tourne autour de la nourriture d'arrêter de manger était la pire des choses à faire. Déjà que je n'arrivais pas à me priver dans le cadre de mon régime, là, il fallait ne plus manger du tout pendant quatre jours. Le bagne !

Mais j'y ai vu comme un défi. Ma maladie, le « tyran dans ma tête » comme je l'appelle, y a vu une formidable aubaine. Alors j'ai jeûné, sur les conseils de mes proches. Ne nous mentons pas, ces quatre jours sans nourriture ont été interminables. Déjà affamée, dans mon corps et dans mon cœur, je me suis pliée à cette restriction drastique alors que j'avais à peine 19 ans. Bien sûr, je n'ai pas préparé mon jeûne, puisque la décision, impulsive, a été prise le jour même. Je suis passée de manger de tout (des féculents, de la viande, des légumes, etc.) à ne plus manger du tout.

Le jeûne thérapeutique a fait ses preuves en médecine, et je ne conteste absolument pas ses effets positifs sur la santé. Mais il est encadré par des professionnels, et l'entrée dans la phase de non-alimentation complète se fait en douceur. On diminue peu à peu les quantités et les groupes alimentaires pour s'habituer. De même, on ressort du jeûne avec des bouillons de légumes filtrés et on réintègre les aliments petit à petit. De plus, il y a une dimension quasiment spirituelle à cela – du moins, si vous voulez arrêter de manger volontairement pendant plusieurs jours, j'espère que vous avez des raisons valables. Faites-moi confiance, faire un jeûne « juste comme ça » n'est pas une bonne idée. Il y a tellement de choses plus stimulantes à faire, comme lire un bon livre dans le canapé moelleux avec un plaid-doudou, un thé noir aux épices et une (ou trois) tranche(s) de cake au citron ! Après, si vous avez envie de vivre une immersion totale du type « Mike Horn et la survie dans les milieux hostiles », ne vous privez pas, c'est votre choix !

Pour ma part, j'ai tout arrêté, vécu une famine tant sur le plan physique que moral et tout repris d'un coup. Vous commencez à me connaître, c'était du tout ou rien. J'étais très faible pendant le jeûne, ne pensant qu'à manger (« MANGER, MANGER, dans 4 jours, soit 96 heures, MANGER, soit 5 760 minutes, MANGER, soit 345 600 secondes. Allez ! tu peux le faire espèce de gros chamallow tout mou, serre les dents bon sang, tu verras, tu seras mince après ! J'AI FAIIIIMMMM. »). Mais j'étais aussi très dure avec moi-même. Je pensais me punir ainsi et, malgré la faim qui me tordait l'esprit et le ventre, je tenais bon, car je voulais me faire payer. Quoi ? Sans doute d'être moi. Puis, au quatrième jour, seconde numéro 345 599, n'en pouvant plus, j'ai cassé mon jeûne (ou devrais-je dire mon régime ultime) avec un plat de pâtes et du pain. J'aurais pu manger la terre entière à ce moment-là. Vider les placards, le frigo, manger les chaises, le canapé, les trottoirs de la rue, le caniche de ma voisine qui aboie tous les soirs, les poids lourds qui font la queue à la station-service, TOUT. Mon corps, mon gentil corps qui a toujours été là pour moi a encaissé sans rien dire (à vrai dire, je ne savais même plus l'écouter). À cette époque, je pensais que c'était lui l'ennemi et moi sa victime. Aujourd'hui, je me rends compte que c'était l'inverse.

Jouer le rôle de la victime est certes arrangeant (« Je suis laiiiideeee, personne ne m'aaaaime, et mon ventre me persé-cuuuute. »), mais cela ne m'a rien amené. Si cette technique était efficace, je n'aurais jamais cherché à en changer, croyez-moi ! J'aimerais vous dire que l'on peut sortir de l'obsession alimentaire et perdre du poids en se détestant et en jouant la *drama queen* à longueur de journée. J'avais une propension quasi génétique à cela, alors vous vous imaginez bien que cela m'aurait arrangée ! J'ai tenté l'aventure pendant un nombre suffisant d'années pour pouvoir affirmer que ce n'est pas ainsi que l'on résout ses problèmes de nourriture. Oui, je sais, c'est la *loose*.

Un jour, j'ai offert à ma mère un livre sur les troubles du comportement alimentaire. Il devait s'intituler *Anorexie et boulimie* ou *Vivre avec l'anorexie*; bref, un titre percutant et sans malentendu possible. Je lui ai dit que ça l'aiderait à comprendre ce que je vivais et mes comportements étranges. Elle a lu le livre, m'a dit que, en effet, elle y retrouvait certaines de mes réactions, et ce fut tout. Point final. « *The end* », sans le générique de fin. Aucune autre parole n'a été échangée à ce sujet, et j'étais déjà tellement honteuse de lui avoir donné ce livre que cela m'a paralysée pour continuer le débat. Quant à mon père, c'est le grand absent de cette période de ma vie. Il n'a jamais rien su de tout cet enfer que traversait sa fille, lui qui travaillait pourtant dans le domaine médical. Souvent, les personnes les plus proches sont les plus mal placées pour nous voir réellement. Tout comme j'avais le nez dans mon trouble du comportement alimentaire, mes parents ne voulaient pas voir que leur enfant était en détresse (et peut-être qu'eux aussi devaient faire face à leurs névroses !). Et puis j'ai bien l'impression que si on réussit à l'école et dans les études, si on pèse un poids relativement normal (j'étais effectivement maigrichonne, mais je ne collais pas au stéréotype de l'anorexique), c'est impossible d'être pris au sérieux. Alors quoi, il faudrait que je sois mourante sur un lit d'hôpital pour qu'on écoute enfin mon histoire ?

J'ai aussi tenté de le dire à mon copain de l'époque, mais il ne m'a pas crue quand je lui ai dit que j'avais un gros, GROS problème avec mon corps et que je haïssais mon ventre. « Mais arrête, tu es belle ! » a-t-il dit en me pinçant le ventre – comble de l'horreur pour moi ! Sérieusement, je

DÉTESTE les gens qui pincent le ventre ou les hanches. Laissez ma chair tranquille s'il vous plaît, merci ! Je me suis tue. J'ai à nouveau tenté avec un autre petit ami et je n'ai eu pour seule réaction que la très sympathique phrase : « J'espère que tu ne te fais pas vomir quand je t'invite au restaurant. » Merci mon amour, je t'aime aussi (et si tu veux tout savoir : OUI, je vais vomir dans les restaurants que tu m'offres, ESPÈCE DE SALE RADIN ! Et je ne me gênerai pas pour recommencer !). J'ai donc emmuré ma maladie et ma souffrance dans une très solide forteresse, mettant un masque social de façade avec lequel je n'étais que faux sourires. Je continuais pourtant à sortir de table pour aller aux toilettes à chaque fin de repas.

Cependant, je prends aussi ma part de responsabilité quant à ces quatorze années de solitude. C'était bizarre car je voulais à tout prix de l'aide, mais je paraissais la refuser lorsque l'on s'approchait trop près de mes murailles. Et puis je n'osais pas en parler, pour la simple et bonne raison que j'avais terriblement honte. Comment oser dire que je faisais des choses pareilles ? Comment assumer des actes aussi ignobles face au regard d'autrui ? « Hey, salut, moi c'est Mathilde ! Je passe mes journées à mettre mes doigts dans ma bouche, à courir pendant des heures pour brûler des calories et à me donner des coups de poing. Quand j'ai le temps et que je ne suis pas en train d'avaler des laxatifs, je vais acheter des conserves de haricots verts en buvant du Coca Zéro ! Ha, ha ! c'est vraiment tordant vous ne trouvez pas ? » J'étais déjà dans un tel mépris de moi-même que je n'arrivais pas à montrer mes faiblesses au grand jour.

Je n'étais qu'une plaie béante, et parler aurait été comme verser un jus de citron dessus. Oui, j'aime beaucoup les images fortes, au cas où vous n'aviez pas remarqué !

J'ai donc chuté dans un abîme dont je ne voyais pas le fond, et lorsque je tentais de me raccrocher aux racines qui se présentaient à moi, elles se rompaient dans mes mains et je continuais à tomber. Jusqu'au jour où…

Parlez, je vous écoute

Mon quotidien était rythmé par mes prises alimentaires, par mes planifications de menus, par les courses, par la purge-sport, par les laxatifs ou les vomissements. Rassurez-vous, nous arrivons au bout de cette longue lutte et vous pourrez bientôt lire comment tout cela a pris fin. Mais avant de vous livrer mes secrets, je ne peux pas faire l'impasse sur mon accompagnement psychologique.

En effet, à un moment, j'ai tout de même pris conscience que quelque chose n'allait pas et que je m'enfonçais de plus en plus dans un cercle infernal. C'est simple, j'avais complètement perdu les pédales. À 19 ans, toutes mes pensées étaient dirigées vers l'acte de manger. J'ai essayé de me sortir seule de cette impasse dont je voyais les dangers, mais une fois l'engrenage amorcé, il m'était impossible d'en sortir. Je ne voyais ni comment ni par où commencer. Tous mes efforts pour me contrôler et « revenir à la normale » ne faisaient qu'amplifier les crises, et j'alternais les phases de restriction, les phases de *binge eating*[3] et les phases de purge. À chaque « craquage » alimentaire (ou du moins ce que je jugeais comme étant hors norme, qu'il s'agisse de trois biscottes ou d'un litre de soupe), je me jurais que c'était le dernier et qu'on ne m'y reprendrait plus ; que demain je me ressaisirais, je reprendrais de plus belle mon régime et que j'arrêterais les bêtises. « Mathilde, tu es une adulte responsable, tu as déjà souscrit une assurance habitation, tu prends rendez-vous pour changer les plaquettes de frein de ta voiture toute seule (j'ai en effet compris que j'étais adulte le jour où j'ai dû faire seule ces deux choses), tu es censée savoir manger maintenant ! » Le problème, c'est que je ne voyais pas où se situait la réelle bêtise. Ni le fait que cette volonté de me mener la vie encore plus dure me plongeait davantage dans les ennuis.

Face à ma honte d'ouvrir le dialogue avec mes proches, cumulée avec les échecs des rares tentatives de communication que j'avais lancées, je me suis décidée à me documenter sur mon problème. Vous savez, j'ai un petit côté intello qui aime comprendre, alors j'ai pris mes carnets de notes, mes stylos pailletés, et je suis allée à la bibliothèque pour essayer d'en apprendre plus. J'ai appris que l'anorexie est une maladie qui avait été théorisée par de nombreux spécialistes et qui touchait 5 à 10 % de la population française[4]. Bon, c'est déjà ça, je n'étais pas la seule en proie aux troubles du comportement alimentaire. Anorexie, boulimie, hyperphagie, orthorexie, bigorexie et toutes les maladies en « -ie » résonnaient en moi, à l'image de ma tyrannie personnelle. Je m'identifiais à chaque mot écrit et « dévorais » toutes les publications, tous les blogs, tous les articles qui en faisaient mention. Vous voyez où je veux en venir maintenant, non ?

Le petit dico des troubles du comportement alimentaire (TCA)

- **Anorexie** : diminution ou arrêt volontaire de l'alimentation dans le but de ne pas grossir. La personne anorexique peut avoir recours à divers stratagèmes pour arriver à ses fins (vomissements, douches glacées, laxatifs...).
- **Boulimie** : besoin incontrôlable d'absorber de la nourriture en grande quantité, jusqu'à saturation. La personne boulimique cherche souvent à annuler les effets de ces craquages par des systèmes de purge.
- **Hyperphagie** : trouble caractérisé par l'absorption permanente d'une nourriture trop abondante. Contrairement à un boulimique, une personne atteinte d'hyperphagie n'aura pas recours à des comportements spécifiques pour limiter les effets de ses prises alimentaires.
- **Orthorexie** : attachement obsessionnel à la qualité des aliments absorbés. Les vertus de santé sont érigées en principe auquel il est impossible de déroger, enfermant le sujet dans une hygiène de vie rigide.
- **Bigorexie** : addiction à la pratique intensive d'une activité physique, malgré le risque de blessure ou d'épuisement.

Ces troubles sont souvent vécus aux dépens de la vie professionnelle et familiale de la personne.

À force, je suis presque devenue experte en troubles du comportement alimentaire, tout comme je l'étais devenue en diététique. Il fallait que je comprenne, que je connaisse chaque subtilité de cette maladie pourtant déjà trop vécue dans l'ombre des toilettes. Malgré cette boulimie des lectures, j'étais toujours la même face à mon assiette et à mon miroir. Concrètement ? Une moins que rien qui ne savait MÊME PAS résister devant une tomate, snif ! (Parfois – souvent même –, je me fatigue !) Alors j'ai franchi le pas des cabinets de psychologues, des psychiatres et des chamanes, dans l'espoir de me sortir de ce sacré pétrin qui me gâchait l'existence. Toute déterminée à trouver enfin le remède à mes souffrances, j'ai pensé que mon interlocuteur me sauverait de ce mal. Psychologue, psychiatre, infirmier, magnétiseur, microkinésithérapeute, sophrologue, hypnotiseur, ostéopathe, acupuncteur, masseur… j'ai sonné à toutes les portes. J'ai même hésité à appeler le professeur Karamba qui m'a laissé un prospectus dans ma boîte aux lettres pour me proposer « d'éloigner le mauvais sort, trouver l'amour et la fortune et devenir une star hollywoodienne ». Sans mentir, j'avais enregistré son numéro dans mon répertoire !

Du cabinet médical de mon médecin traitant au CMP[5] en passant par les centres de développement personnel en vogue, je me suis fait balloter entre moult mains étrangères. J'ai consulté ces professionnels de santé en pointillé : parfois je ne jurais que par cela, d'autres fois je restais de longs mois seule dans ma jungle intérieure, blasée par l'absence de résultats concrets. Mon plus long suivi a duré vingt-six mois en continu, avec parfois deux séances de psychothérapie dans la semaine. Pour être sincère, je ne voyais pas réellement les bienfaits de cette démarche sur ma maladie. On parlait, certes, mais une fois que j'avais usé toute ma salive au sujet de ma mère, de ma peur de manger et de mon dégoût de moi-même, je réglais la consultation et me retrouvais face à un « merci, à la semaine prochaine ». La porte fermée derrière moi, j'étais dans la rue, seule face à mon ogre intérieur qui réclamait son dû. Il aurait peut-être fallu que je menotte ma psy à mon poignet pour qu'elle soit tout le temps avec moi afin de m'aider à chaque instant de mon existence, mais je doute qu'elle aurait apprécié cette initiative ! Il est indéniable que parler de mon enfance m'a éclairée sur certains éléments de ma vie actuelle et que j'ai pu avancer sur certaines problématiques personnelles. Merci sincèrement pour ça. Mais concrètement, devant mon assiette ou la cuvette des toilettes, cela me faisait une belle jambe de savoir que j'avais été trop couvée, « dévorée » par ma génitrice, et que l'on ne se remet jamais de son complexe d'Œdipe.

Permettez-moi une petite parenthèse. Nous sommes tous névrosés, il ne faut pas se leurrer ! Mais c'est tant mieux, on s'ennuierait sinon, vous ne pensez pas ? Si personne n'avait de déséquilibre, les interminables conversations passionnées et passionnantes avec vos meilleurs amis seraient finies ! Plus de soirée sushis-vin blanc-complaintes le jeudi. Fini aussi les moments de doute existentiel à 2 heures du matin où vous vous demandez si vous ne ressemblez pas à votre mère. (PITIÉ, DIEU SI TU EXISTES, JE T'EN SUPPLIE, NE ME FAIS PAS ÇA. Promis, je ferai TOUT ce que tu voudras : je rangerai ma chambre et je ne laisserai plus mes pieds de basilic brûler au soleil !) Quel ennui ! Les problèmes arrivent quand les névroses sont trop lourdes et trop présentes dans notre vie. Qu'elles nous font souffrir et nous poussent à des actes malsains. Là il faut résoudre les problèmes de fond.

Dans ce vaste cheminement, mon erreur a été de croire que la solution viendrait en allant voir telle personne ou en essayant telle thérapie. Il est évident qu'il faut que le ou la thérapeute convienne au patient qui consulte. Souvent même, c'est le professionnel de santé qui vous fera adhérer ou non à certaines méthodes, comme l'hypnose par exemple. Mais en aucun cas la guérison ne viendra de l'extérieur. C'est un travail constant, mais qui est avant tout personnel. Oui, ça craint, je sais. J'aurais tellement aimé que par un coup de baguette magique un sauveur vienne me délivrer de moi et de mes kilos (je ne le formulais pas aussi franchement à mes thérapeutes, mais ils ont bien dû sentir la patate chaude que j'étais !). Au risque de casser l'ambiance (tant pis j'assume), vous vous en sortirez seulement si vous le voulez pour de bon.

Cela pose une question parce que c'est apparemment contradictoire… Je viens de dire que c'est une question de volonté, mais je ne suis pas du tout quelqu'un qui manque de volonté ! Je voulais à tout prix en finir avec tout ce cirque, pourtant je n'y arrivais pas ! Je ne voyais pas pourquoi, moi, pauvre victime pleine de bonté, de valeur et de courage (vous me dites si j'en fais trop !), j'étais frappée par un terrible destin qui m'empêchait de guérir. Pourquoi je continuais à avoir les mêmes comportements et schémas de pensée chaque journée, chaque mois, chaque année. Comment se faisait-il que je me retrouve chaque Premier de l'an avec cette « bonne » résolution selon laquelle ce serait la dernière année où je me traînerais ce boulet de maladie ? Plus les années passaient, moins je croyais que je m'en sortirais. J'ai presque fini par me résigner à vivre avec mon tyran mental jusqu'à la fin de mes jours. La perspective n'était pas enchanteresse, mais j'étais fatiguée par tous mes espoirs déçus. Alors tant pis, je ne pourrais jamais profiter d'une invitation à un anniversaire puisque j'irais vomir le gâteau en cachette. J'irais courir toute l'après-midi en prévision d'un verre entre amis pour limiter les calories. Je continuerais à pleurer de désespoir devant mon miroir, me dégoûtant d'être moi-même. Je dormirais avec le plus informe et couvrant des tee-shirts face à mon compagnon. Vous savez, ce fameux tee-shirt publicitaire mité (et super seyant) qui date des années 2000 et qui vante la qualité d'une peinture industrielle que nous avons TOUS dans notre armoire, « au cas où » on aurait subitement envie de retaper une maison dans le week-end ! Ne baissez pas les yeux, je sais que vous l'avez aussi ce tee-shirt ! Je me cacherais derrière un masque social pour ne pas révéler le gouffre qui me détruisait chaque jour un peu plus. C'était mon destin, ainsi soit-il. *Spoiler alert* : la suite vous montrera que bien heureusement NON, ce n'est pas le cas ! Promis, si vous m'invitez à votre anniversaire, je ne vous tiendrai pas la jambe pendant trois heures pour avoir la composition exacte du gâteau et son ratio lipides/glucides. Je serai bien trop occupée à danser (ne vous inquiétez pas, je ne force plus personne à subir des cours de fitness sur la piste de danse), la bouche pleine d'une troisième part de ce fameux gâteau qui, soit dit en passant, est excellent ! Bref, comme vous le verrez, il existe des solutions simples et efficaces à cette supposée impasse.

Ce travail de guérison, qui a commencé à mes 18 ans et qui s'est terminé à mes 26 ans, est « parti dans tous les sens » au vu de la multitude de pistes explorées. Preuve que, depuis le début, je voulais me sortir de cette maladie. Mais quitter des habitudes qu'on ne peut s'empêcher de répéter chaque jour demande une force, un courage et une détermination sans limites. Je crois vraiment que c'est la plus grande chose que j'ai réalisée dans ma vie, moi qui pourtant ne suis pas du genre à me jeter des fleurs, comme vous avez pu le constater. Seulement, quand on est au fond d'un trou sombre et humide et qu'on a déjà essayé des milliers de fois d'en sortir sans succès, le jour où l'on ressent à nouveau la douce chaleur du soleil sur sa peau nous fait réaliser l'exploit accompli. *YES I CAN!* Et si jamais vous m'entendez me plaindre un jour, faites-moi la faveur de me renvoyer à la page 89 de ce livre. Vous êtes un amour !

Ainsi, je suis sortie de toutes ces thérapies instruite, consciente des problématiques liées à mon enfance, mais assez désabusée. Mes séances chez ma psychothérapeute ne m'ont pas guérie de mes symptômes, et j'allais presque aux derniers rendez-vous à reculons parce que j'en avais marre de parler de ma mère tout le temps (même si c'était moi qui lançais le sujet : ah, les humains ! Nous sommes bien compliqués !). Néanmoins, toutes ces heures passées à parler m'ont permis de continuer ma très lente progression vers la guérison. Je ne veux absolument pas minimiser le rôle des professionnels de santé dans la résolution de ce genre de problèmes et je suis reconnaissante envers ceux qui ont pu m'apporter leur écoute et leur soutien. Peut-être que l'impact des thérapies n'a pas été direct, il a fallu quelques années supplémentaires pour que je m'en sorte vraiment et que j'accepte de voir une autre réalité que la mienne, grâce à tout ce travail effectué en amont. Ou peut-être aussi que l'accompagnement psychologique traditionnel n'était pas pour moi. Je ne le sais pas. Toujours est-il que je mettais mon énergie dans ce sens-là, et c'était déjà une bonne chose, car vouloir s'en sortir est la base de tout changement. Nous y reviendrons largement dans la deuxième partie.

Qui aime réellement le jus de céleri ?

J'espère que vous êtes bien attaché, parce qu'à partir de maintenant, ça va secouer : après m'être appliquée pendant une dizaine d'années à manger en quantité, non en qualité, j'ai décidé de changer de politique. On peut parler de virage à 180 degrés sur une autoroute sans limitation de vitesse, en tirant le frein à main tant qu'on y est. Je vous avais prévenu, ça décoiffe ! Plus ou moins du jour au lendemain, je suis devenue très consciente de ce que je mettais dans mon corps, même si ça n'y resterait pas, et j'ai commencé à avoir peur de la nourriture. Pour que vous puissiez situer cette étape dans mon parcours du combattant de la salade verte, c'est à cette période que j'ai souhaité reprendre mon suivi thérapeutique et que j'ai poussé la porte d'un énième cabinet de psychologue. Ma thérapeute m'a accompagnée pendant plus de deux ans pour essayer de me faire voir plus loin que le bout de mes tomates sans sel et sans vinaigrette.

Tout a commencé lorsque je suis tombée sur des vidéos réalisées dans des abattoirs. Elles y montraient en plein jour les horreurs qui peuvent y être commises. Bref, vous imaginez certainement de quoi il s'agit. Cela a produit sur moi l'effet d'une gifle avec du papier de verre. En bonne élève que je suis, j'ai encore cherché à épuiser le sujet (celui de la condition animale, pas celui du papier de verre !) J'ai lu tous les bouquins en vogue sur le traitement des animaux, regardé en pleurant de dégoût et de tristesse les vidéos montrant leur souffrance. J'ai moi-même souffert avec les bêtes et mon regard sur ce que je considérais comme un simple paquet de jambon ou comme une source de protéines pour maigrir a complètement changé.

Moi qui mangeais de la viande matin, midi, collation et soir (puisque le blanc de dinde fait maigrir selon mon ami Internet), j'ai supprimé tout produit de source animale de mon alimentation du jour au lendemain. Je suis devenue végane sans transition.

Ce serait mentir de dire que la seule cause animale était à l'origine de mon choix de vie. J'étais tout de même malade de la nourriture et j'avais un « léger » passif alimentaire. La première raison qui m'a fait arrêter reblochon, œufs au bacon, sushis et brochettes de poulet (BROCHETTES DE

POULET !) a été assez égoïste. J'avais vu, je savais ce qu'il se passait dans les abattoirs et les élevages industriels. J'en ai été complètement dégoûtée, et il était impensable que je puisse mettre de telles choses dans mon corps. J'ai eu peur d'être souillée par la souffrance de la bête ainsi que par la violence avec laquelle on la traitait. Bref, j'étais angoissée par la vie et tout pouvait être sujet à alimenter mes peurs.

Mais comme je ne fais pas les choses à moitié et que lorsque j'explore une nouvelle piste, il me faut aller jusque dans les moindres recoins sombres et oubliés (je sais, c'est pénible !), j'ai poursuivi ma quête de connaissance. Un bien pour un mal. J'ai regardé tous les documentaires qui existaient sur l'alimentation. Même ceux en ukrainien, version non sous-titrée. Comment avais-je pu ignorer cette étape pourtant cruciale dans mon cheminement personnel ? Pourquoi ne m'étais-je pas renseignée AVANT sur le nerf de la guerre, sur ce qui me rendait compulsive et obsessive, à savoir la nourriture ? C'était pourtant évident ! Toute ragaillardie par cette nouvelle (fausse) bonne idée, j'ai poussé la porte des bibliothèques de ma ville pour entrer dans le temple de la connaissance de l'alimentation.

J'ai « dévoré » toutes les polémiques sanitaires, écologiques, éthiques touchant l'alimentation. Après le véganisme, ce fut au tour du bio, de la malbouffe, du sucre, du sel, du gluten, de l'eau. Bref, j'étais terrorisée par tout ce qui pouvait me salir et me polluer. Étrangement, à ce moment-là, j'ai commencé à estimer un minimum mon corps pour lui refuser tous ces produits. Croulant sous le poids de ces découvertes, je me suis perdue dans cette vaste phobie alimentaire et j'ai voulu tout arrêter au même moment. C'est ce que l'on appelle « l'orthorexie », une autre maladie alimentaire où le souci de bien manger et de manger sain est poussé à l'extrême, jusqu'au point où l'on a peur de s'alimenter.

J'ai décidé, une nouvelle fois, de remettre les compteurs à zéro en faisant une monodiète. C'est la version « pour les nuls » du jeûne, vu que je ne souhaitais pas particulièrement réitérer l'expérience de la traversée du désert. Cela consiste à manger un seul aliment, type fruit ou légume (avec les frites et les crêpes, cela ne fonctionne pas évidemment !), pendant un certain temps. Trois jours. J'avais lu quelque part sur des forums tenus par des gens tout aussi terrifiés par la nourriture que moi que c'était un peu LE remède miracle pour se détoxifier et se purifier, et qui pouvait faire perdre, au passage, quelques grammes. Que des concepts séduisants à mes yeux. Peut-être même qu'avec un peu de chance, je deviendrais le nouveau gourou du manger sain. Je me vois déjà, guidant des foules de profanes vers la monodiète sacrée : « Les pommes sont des amies que la nature nous a données, alors faisons en sorte d'honorer ce fruit qui n'est pas très calorique de surcroît. À vos pommes, prêts, mangez ! » ou encore « REPOSE CES BISCOTTES HÉLÈNE, ne vois-tu pas que le gluten n'attend que ce moment de faiblesse pour venir te coloniser et encrasser ton système digestif, causant LA MORT de tes bonnes bactéries ? Es-tu cruelle au point de tuer tes cellules en toute conscience ? » Bon, d'accord, je ne sais pas si mes compétences en management auraient été à la hauteur de cette nouvelle vocation !

Me voilà donc à ne manger que des pommes pendant cinq jours. Oui, il était recommandé de pratiquer cette détox pendant trois jours. Pourtant, pour être bien sûre (et surtout radicale dans mes actions) de ce que j'entreprenais, j'ai rajouté des heures de diète. Ce que j'ai ressenti après cette semaine ? Pas la légèreté, la pureté et le bien-être vantés par les défenseurs des monodiètes, non. Plutôt de la monotonie, et donc de la tristesse dans l'assiette et au niveau du moral. J'ai bien essayé d'égayer mon quotidien en cuisinant des compotes et des « chips » de pommes. HA, HA, HA. Croyez-moi, les vraies chips (autrement dit les seules qui portent légitimement ce nom-là) n'ont rien à voir avec les lamelles de fruit qui sortaient carbonisées de mon four. Il n'empêche qu'à la fin de ces cinq longues journées à ne croquer que ce fruit et à aller huit fois aux toilettes par jour (moment glamour), j'en ai été complètement dégoûtée. Il m'a fallu plus de trois ans pour pouvoir à nouveau manger cet aliment, et j'en reste aujourd'hui peu friande.

Cinq jours à ne consommer qu'un seul fruit, c'est un sacré choix social ! Je regardais les autres déguster de bons plats pendant que moi, je m'imposais une consommation de 2 kilos de pommes par jour. Même une salade verte me donnait envie, c'est pour dire ! C'est bien simple, à la fin je ne mangeais presque plus, non pas par manque d'appétit, mais par saturation du goût sucré du fruit. Je voulais du salé, sous toutes ses formes : au secours ! Côtelettes de veau (ah non, ça j'avais décidé d'arrêter !), brocolis et patate douce, venez à moi !

Pourtant, avec le recul, je me rends bien compte que cette prétendue « détox » qui laisserait au corps le temps de se nettoyer (sans pour autant sauter le pas du jeûne, « parce que je suis une incapable qui n'arrive à rien » et toute la litanie de l'auto-apitoiement qui va avec) est assez désastreuse sur le plan nutritionnel. Je n'ai mangé, pendant cinq jours, que du fructose. Mon taux de sucre dans le sang aurait fait pâlir un diabétique !

À la suite de l'échec de cette monodiète, j'ai décidé d'arrêter en même temps gluten, sel, produits animaux et sucre. Je devais manger uniquement bio et je me méfiais même de l'eau. Vous me direz : « Mais qu'est-il possible de manger alors ? » Je vous répondrai (n'en déplaise aux végano-sans gluteno-bobios) : « Pas grand-chose hormis des lentilles qui donnent des gaz et du tofu à la texture de polystyrène. » (Rassurez-vous, manger du polystyrène n'a jamais traversé mon esprit, même lorsque j'étais prête à tout avaler à force de trouver mes placards vides !) Bref, l'éclate absolue : faites tourner le quinoa les amis, ce soir c'est la folie ! À mes yeux, ces régimes *#healthy* et à la mode sont en réalité une très bonne manière de crever la dalle.

Ma bibliothèque personnelle s'était étoffée de nombreux ouvrages scientifiques sur les questions alimentaires, de guides de transition pas à pas (étrangement, je n'avais pas trouvé d'ouvrage portant sur l'arrêt drastique et sans transition de l'alimentation !), et de littérature bien-être. Je trouvais des chapitres sur chaque aliment et me complaisait dans tout ce que je lisais. Pour une maniaque de la classification, de l'ordre et du contrôle comme moi, c'était le paradis ! Ce qui m'a donné du fil à retordre, c'est surtout le sucre et le gluten. Parce que ce sont de véritables drogues selon les défenseurs du « sans » ! Je ne rentrerai pas dans ce débat. Toujours est-il que j'étais une malade de la nourriture qui se trouvait des raisons de ne pas manger et qui se cachait derrière des théories alimentaires. Mais c'est presque mission impossible de mener un tel combat sur autant de fronts différents ! Sérieusement, comment font tous ces gens qui ne mangent plus rien ? Ah oui, j'oubliais : ils ne font rien (à part lire des articles qui les confortent dans leurs positions) ! J'en étais venue à me demander ce que je pouvais bien manger. Bien que je me pose cette question depuis plus de dix ans, à cette époque elle a été cruciale. J'avais renversé tous les codes et je ne savais plus que faire. L'étape ultime de cette démarche, mais bien trop dure à gérer pour moi et mon passé de privations, a été le crudivorisme et le frugivorisme (mon logiciel de traitement de texte ne reconnaît même pas ce mot, c'est pour vous dire à quel point c'est spécial !).

Pour vous épargner de longues recherches sans grand résultat, ces deux régimes alimentaires dénoncent la perte de nutriments résultant de la cuisson des aliments. Par conséquent, il faudrait tout manger cru. Et puisque nous sommes cousins des primates et qu'ils ne mangent que des fruits et des graines, il faudrait, pour respecter notre nature biologique et intestinale, avoir le même régime alimentaire. Mais jouer le ouistiti à longueur de journée avec mes bananes et mes noix du Brésil était un passe-temps épuisant, contraignant dans la vraie vie et insatisfaisant émotionnellement. J'ai tenu quelques jours à base de jus de concombre et d'épinards à la menthe (tellement à la mode, mais vraiment pas bon ! Et si quelqu'un aime réellement ça, je serais curieuse d'entendre ses arguments !), puis j'ai vidé un paquet de cookies. Ceux avec du sirop de sucre inverti, des mono- et diglycérides d'acides gras et des stabilisateurs-émulsifiants-exhausteurs de goût. Bref, de vrais cookies industriels. Pour être tout à fait honnête, ils étaient rudement bons, même si je ne voulais pas me l'avouer.

À cette époque, j'ai diminué la fréquence de mes vomissements, que je remplaçais par le sport. C'était très dur de ne pas aller vomir : je vivais dans la restriction et la peur constante de la nourriture, puis je craquais sur des choses « saines » comme du chocolat noir 99 % (vous savez, celui qui colle au palais pendant deux jours et qui fait les dents toutes noires) ou de la purée de cacahuètes. Mais je me forçais à ne pas aller aux toilettes. Déjà parce que mon budget pour les courses était tout autre à la suite de mon passage au « tout bio », mais surtout parce que j'étais épuisée par ce geste. Je l'avais déjà vécu des milliards de fois et le connaissais tellement que je m'en étais lassée. J'en avais marre d'avoir la même haleine que mon papi quand il se réveille de sa sieste et de voir du sang sur la cuvette souillée.

Grâce à toutes ces connaissances dont je me « gavais », j'ai appris tout et son contraire : qu'il ne fallait plus manger de viande, mais aussi qu'il fallait manger des steaks, à l'instar de nos cousins les hommes préhistoriques ; que les fruits étaient divins, mais que le fructose était une abomination pour le corps ; que l'eau du robinet était polluée, mais qu'il était impensable de boire de l'eau en bouteille ; que les légumineuses étaient riches en protéines, en vitamines et en minéraux, mais qu'elles étaient complètement indigestes ; que notre intestin ne tolérait que les légumes, mais que les fibres étaient irritantes pour les parois intestinales ; que les produits laitiers étaient « nos amis pour la vie », mais qu'ils étaient responsables de l'ostéoporose. Bref, j'étais constamment sur le fil, telle une équilibriste, et j'essayais de maintenir un semblant de cap, de trouver cet équilibre qui me protègerait de l'abîme. Vous voulez mon avis ? Avec tout ce savoir, j'ai tout sauf appris : je me suis perdue. Je pense même qu'aujourd'hui je pourrais obtenir un master en nutrition tellement j'ai passé d'heures à calculer les macronutriments (le rapport entre les protéines, les lipides et les glucides) et à explorer toutes les voies possibles de l'alimentation. Tout cela m'a davantage perdue que guidée, car on ne peut pas être son propre médecin traitant-urgentiste. Dommage, j'aurais adoré répondre « MOI ! » à la question : « Y a-t-il un médecin parmi les passagers de l'avion ? » Puis, j'aurais enfilé ma blouse blanche toujours à portée de main, chaussé des lunettes qui grossissent les yeux et annoncé sur un ton grave et sérieux : « Il faut procéder à l'ablation de la partie antéro-latérale du poumon suite à une perforation dichromique subsidiaire du résidu biliaire dans la veine cave du patient[6] », le tout sur un fond de turbulences et de panique latente de l'équipage. Cliché ? Un peu, mais qui n'aimerait pas ça ?

Aussi, une des conséquences de ces régimes « sans » (gluten, viande, sel, sucre…) a été le temps passé en cuisine. Déjà que ma vie tournait autour de la nourriture durant une grande partie de la journée du fait de mes lectures et de mes réflexions personnelles sur ce que je pouvais et devais manger, il fallait EN PLUS que je prenne le temps de tout cuisiner. Et le pire, c'est que j'étais affamée parce que je ne mangeais rien. Ah bravo Mathilde, super tes journées ! Dès le matin, j'étais dans mes casseroles et il fallait que je me prépare chacun de mes repas. Car je ne mangeais rien qui ne soit pas préparé par mes soins ; rien dont je ne connaisse pas exactement la composition, l'origine et le ratio qualité/quantité. J'avais investi dans des Tupperware en verre (puisque le plastique était mon ennemi numéro un, entre mille et une autres choses) et, où que j'aille, j'emmenais – presque – ma cuisine avec moi. Il fallait toujours que j'aie de quoi manger, moi qui ne mangeais rien. Le comble ! C'était une logistique assez précise, puisque je devais calculer à quel moment j'allais manger, ce que je mangerais, quand je rentrerais chez moi pour pouvoir cuisiner. Mon sac à main est devenu un sac à dos et les repas entre amis, des soirées Tupperware. À propos d'amis, je ne sais pas comment ils ont pu continuer à me supporter, parce que sincèrement, je me rends compte que j'étais infernale ! Je les remercie d'avoir continué à m'inviter malgré tout. C'est peut-être pour maintenir les quotas qu'ils ont gardé une psychorigide dans la bande !

L'impact social d'un tel choix de vie (le véganisme par exemple) est considérable. Je parle de choix de vie et non de choix alimentaire, car les répercussions de l'arrêt de la viande, du poisson, des œufs, de tout produit laitier sont assez majeures. On ne mange jamais comme les autres et il est presque impossible de manger dehors, à part une salade de chèvre chaud sans le chèvre chaud. Enfin, une salade verte quoi. Et puis franchement, aller au restaurant pour brouter de l'herbe, ça va cinq minutes, mais c'est assez frustrant. Les invitations à dîner sont source d'angoisse. On se retrouve à ne penser qu'à la nourriture et à justifier nos choix à chaque repas. En effet, je passais presque toutes les soirées entre amis à expliquer pourquoi je mangeais des salades de chou au vinaigre de cidre bio pendant que les autres dévoraient des hamburgers pleins de gluten, de viande et de ketchup industriel (quelle horreur, n'est-ce pas? Mais que fait la police?!). J'ai bien tenté de commander un burger sans pain, sans steak, sans lactose et sans sel, mais je me suis retrouvée avec une pauvre tomate et une tranche d'oignon cru! Paralysée que j'étais par l'acte de manger, ma vie était vraiment compliquée.

Terrorisée par l'alimentation, je ne savais plus ce que je devais, pouvais, voulais manger, ni ce dont j'avais besoin. Alors que manger devrait être la chose la plus facile au monde. Mais à l'époque, je pensais juste manger sain et équilibré, alors qu'en fait j'étais devenue complètement rigide dans mon approche de l'alimentation. Le vrai problème n'était d'ailleurs pas tant ce que je mangeais, mais plutôt les valeurs que j'accordais à ce qu'il y avait dans mon assiette. Tout était devenu « sain », « bon », « atroce » ou « malsain »! C'est pourquoi il n'est pas si important de changer ce que l'on mange pour guérir des troubles du comportement alimentaire puisque cela nous fait passer de régime en régime. Il est plus intelligent de changer le rapport que l'on entretient à la nourriture. Plus concrètement, vous pourrez croire que les poireaux sont à la fois excellents pour perdre du poids, horribles car pleins de fibres irritantes, mais aussi source de bons nutriments et pourtant peu adaptés à notre constitution. Bref, c'est la jungle des croyances alimentaires ! Faites-moi confiance, j'en connais un rayon ou deux (de supermarché) !

Et vous ?

- Que ressentez-vous face à votre assiette ?
- Certains aliments vous angoissent-ils ? Identifiez-vous les raisons de ces peurs ?
- Au contraire, valorisez-vous d'autres aliments ? Pourquoi ?
- Êtes-vous sensible au concept de détox ou aux controverses alimentaires ?
- Qu'est-ce que manger sain pour vous ?

Pourquoi me dire « je t'aime » face à mon miroir n'a pas fonctionné

Puisque ma tentative de parler à des professionnels de santé ne m'avait pas guérie et que ces histoires de monodiètes me montaient un peu trop à la tête, je me suis dit que je devais rapidement trouver une autre voie pour m'en sortir. En effet, je suis déjà une personne qui réfléchit beaucoup.

Tout rationaliser dans un cabinet de psychologue ne faisait sans doute que renforcer ma tendance à me faire des nœuds au cerveau. Penser encore plus que je ne le faisais déjà a peut-être rendu les choses encore plus complexes. Le filtre des mots et de la raison pouvait créer une distance entre moi et ma maladie. Et puis, ce n'est pas comme si je n'avais pas déjà mis temps, argent et énergie dans ce processus et que j'étais guérie ! Non, il me fallait autre chose. J'ai décidé de changer mon approche une fois de plus. Si vous ne le saviez pas encore, Patience est mon deuxième prénom ! (Tout comme l'est Modération…)

J'avais parlé de ma maladie avec ma tête et mon cerveau. Si ça se trouve, il me fallait recontextualiser le problème. C'est d'ailleurs assez étrange de parler de recontextualisation lorsqu'il s'agit de sa propre chair, mais après tout, l'être humain est complexe, alors pourquoi pas ? Etant donné que le nerf de la guerre était mon corps, je devais lui redonner la parole.

C'est ainsi que je me suis intéressée de plus près à tout ce qui tournait autour de la méditation et de la pleine conscience. Je voulais redonner une liberté à mon corps jusqu'alors meurtri par son enfermement et jugé comme un traître. Après tout, c'était bien lui qui me faisait adorer la pâte à tartiner, alors c'était bien facile de le tenir responsable de tous mes bobos, non ?

Méditer m'a appris à laisser être une pensée, un objet, une situation. En creusant cette démarche, j'en suis venue à croire que la pleine conscience était enfin la solution. Le remède miracle qui me sortirait de ma maladie et donc de mon problème de poids. Là était le vice. J'allais à des réunions de mangeurs en pleine conscience. Je méditais tous les jours devant mon assiette, analysant chacune de mes sensations alimentaires pour être sûre de bien arrêter de manger lorsque je n'avais plus faim. J'étais à l'affût du moindre changement dans mon corps et dans ma tête. Ce travail paierait forcément, pensais-je. Et pour moi, cela signifiait que je serais guérie, mais surtout que je perdrais ENFIN du poids grâce à la pleine conscience (vous l'aviez vue venir celle-là, non ? En vrai ça commence à être un peu lourd Mathilde, tu ne veux pas penser à autre chose ou changer de disque ?!).

J'avais en effet lu de nombreux témoignages disant que la méditation avait permis à des pratiquants de retrouver un poids stable en se délestant de quelques kilos. J'envisageais donc cette technique comme un autre régime. Ni plus ni moins. Il est donc normal que je me sois essoufflée dans cette entreprise de bienveillance forcée envers moi-même. J'ai un peu honte de me dire que j'ai invoqué Bouddha et récité des « Om » pleins de sagesse juste pour pouvoir perdre 5 kilos. Oups, vraiment navrée de vous avoir dérangé pour ça cher Bouddha !

En outre, lorsqu'on mange en pleine conscience, il faut porter une grande attention à tout ce qui nous entoure au moment du repas. De la texture de l'aliment à nos pensées (qui devraient, en théorie, être fondées sur de la reconnaissance et de la douceur et pas sur ma grand-mère qui me force à me resservir pour la huitième fois) en passant par la couleur de la table et les gargouillis de notre ventre, tout doit être abordé avec amour et une intention paisible. Vous les entendez, le ruisseau qui glougloute en fond sonore, la flûte mélodieuse et les petits oiseaux dans leur nid ? J'avais même mon (énième !) carnet dans lequel je notais studieusement ce que je mangeais et l'état d'esprit dans lequel je le faisais (oui, toujours avec mon stylo à paillettes !). Car souvent, il est dit que l'on mange « émotionnellement », c'est-à-dire que l'on ne mange pas avec émotion (et encore), mais plutôt que l'on mange ses émotions.

Arrêtons-nous un instant là-dessus si vous le voulez bien. Ne vous arrive-t-il pas, sous le coup du stress, de la colère ou de la joie, de vouloir vous remplir, vous apaiser avec de la nourriture ? Oui, probablement. Mais j'ai envie de vous dire que c'est le cas pour tout le monde ! Vous n'êtes pas hors du commun lorsque vous vous vengez d'une journée compliquée au travail en vous jetant sur une tablette de chocolat. Cela devient un problème, en revanche, si pour chaque émotion ressentie vous avez besoin de la satisfaire avec quelque chose à vous mettre sous la dent. Le stimulus, l'émotion, ne doit pas déclencher la même réponse en cascade, à savoir vider le réfrigérateur. CE N'EST PAS GRAVE et c'est même tout à fait normal de vouloir se rendre la vie plus douce en satisfaisant le sens du goût, d'autant plus qu'il s'agit de celui qui est le plus accessible. Ce comportement ne doit simplement pas devenir, du fait de sa facilité, automatique. Alors laissez-vous tranquille une bonne fois pour toutes avec ces dérapages occasionnels, cela arrive à n'importe qui ! Merci.

Pour ma part, étant donné que j'adhérais à chaque théorie que je pouvais lire (en l'occurrence, à cette période, celle de l'alimentation intuitive et de la pleine conscience), je me suis convaincue que je mangeais mes émotions. Et que, par conséquent, je devais me relier à celles-ci, y faire face et leur donner tout l'espace dont elles avaient besoin pour s'exprimer, au lieu de les étouffer sous des brocolis vapeur. Quand je relis cette phrase, je pense automatiquement : « Pouah ! c'est tellement ringard ! Normal que cela n'ait pas fonctionné ! » Mais si on laisse de côté cet aspect « aime-toi et la vie t'aimera », ce n'est pas absurde comme raisonnement. Il n'était simplement pas du tout adapté à mon cas : je n'avais pas assez de recul sur ma situation puisque je prenais pour parole d'évangile ce qui pouvait se révéler vrai pour certaines personnes, mais pas forcément pour moi. Dans mon cas, il m'arrivait de manger des cookies parce que j'avais un travail inintéressant qui ne me stimulait pas et dans lequel je ne me sentais pas à ma place. Néanmoins, mon alimentation en général n'était pas liée à mes émotions quotidiennes. Les privations constantes étaient le souci numéro un.

Je pense que creuser la piste des émotions est une bonne manière d'amorcer le travail ; que prendre une pause avant de mettre un aliment dans sa bouche peut vous faire avancer dans vos problématiques alimentaires. Mais le souci, c'est que cela rend les repas encore plus compliqués qu'ils ne le sont déjà. Par exemple, je mettais encore plus d'énergie à savoir comment je me sentais entre chaque bouchée. Alors que manger devrait être simple. Je le répète encore une fois : manger est simple, c'est nous qui nous compliquons la tâche. S'il vous plaît, écrivez-le quelque part, sur votre frigo, votre miroir, glissez un papier dans votre portefeuille, tatouez-le-vous sur le bras (je ne suis pas responsable si vous le faites !), bref, trouvez un endroit qui soit visible au quotidien et répétez-le-vous comme un mantra.

MANGER EST SIMPLE.

Au même moment, j'ai été séduite par la philosophie *body positive*. Ce courant de pensée consiste à vouer un amour sans retenue à son corps, tel qu'il est. Ainsi, je suivais des comptes Instagram où des femmes rondes, maigres, grandes ou petites proclamaient haut et fort l'acceptation de soi. Mais, comme si je voulais me faire du mal, je faisais en sorte de ne regarder que les photos des – presque – mannequins qui affirmaient qu'on devait s'aimer alors qu'elles-mêmes faisaient une taille 34, avaient des jambes interminables et des cheveux jusqu'aux fesses. Des filles à qui on n'a pas du tout envie de ressembler, cela va sans dire ! Sans vouloir jouer la vipère jalouse de base, est-ce qu'il n'est pas un peu facile de dicter cette injonction à l'amour-propre lorsqu'on est déjà « parfaite » (bon d'accord, je suis carrément jalouse !) ? Je me demande même si ces filles-là n'ont pas un quelconque lien de parenté avec celles qui font les publicités pour la salade. Vous savez, ces filles exaspérantes qui sont hilares devant leur verdure insipide ? Mais là n'est pas la question, même si je suis ouverte à cette passionnante discussion et que si vous souhaitez épiloguer là-dessus, on pourra prendre un chocolat chaud ensemble !

Peut-être aussi que sous couvert de bons sentiments, de *self-love* et *tutti quanti*, ces filles étaient tout aussi perdues que moi et victimes de leur stratégie de communication. Elles mettaient peut-être ce masque d'acceptation radicale de leur corps alors qu'elles n'en pensaient pas un mot. Publier des photographies de soi dévoilant beaucoup trop son corps pourrait faire penser à un flagrant appel à la validation. Encore une fois, je ne juge personne, je cherche juste à comprendre l'être humain !

Ainsi, j'ai moi aussi tenté d'adopter la même approche, non pas en réalisant des clichés de mon corps en petite tenue, mais en me répétant devant mon miroir que je m'aimais et que j'étais belle telle que j'étais. Je n'en croyais pas un mot et le « tyran dans ma tête » me faisait de grands sourires dans ces moments-là. Je me disais qu'à la longue cela finirait par rentrer et que je serais persuadée par ces déclarations dégoulinantes d'amour-propre. Un peu à la manière de la fameuse méthode Coué ! Mais malgré le temps passé à me gargariser de tous ces concepts, lorsque je me disais « je ne suis qu'amoooour et patieeeence », j'entendais plutôt « mais regarde-toi, gros tas, tu débordes de partout dans ce pantalon. Tes bourrelets sont tellement dégoulinants qu'on dirait une glace à l'italienne restée au soleil trop longtemps ! Et puis, tu as beau te faire tes sermons ridicules, tu le sais très bien que tu n'es bonne à rien ». Autant vous dire que je n'ai pas été très douée à cet exercice.

Bref, ce fut encore une piste qui, aussi bonne qu'elle pouvait paraître, ne m'a pas guérie, personnellement. J'étais encore bien trop attachée à cette idée que mon bonheur et ma beauté étaient en relation étroite avec un chiffre sur une balance. Même lorsque je prenais la résolution d'abandonner ce besoin fondamental de perdre du poids, je le gardais secrètement en rêve, « un jour mon prince viendra » comme le dit la chanson ! Sauf que cette fois-ci, c'était : un jour mon tour viendra, un jour je n'aurai plus de gras ! Le temps passait et je n'avais toujours pas la solution. Chaque tentative m'apportait des éléments pour avancer, mais je restais toujours paralysée devant un rayon de supermarché et la nourriture occupait encore la majorité de mes pensées. Pour autant, je n'avais jamais été aussi proche de la fin de ce parcours du combattant qu'à ce stade-là…

Et vous ?

- Comment l'alimentation s'articule-t-elle dans votre existence ?
- Quels liens unissent émotion et alimentation dans votre vie ?
- Faites-vous un lien entre votre passé et vos comportements actuels ?
- Avez-vous de « bonnes » résolutions par rapport à votre alimentation ? Arrivez-vous à les tenir ?
- Accordez-vous du crédit à votre corps et à ses messages ?

PARTIE 2

COMMENT APPRIVOISER SON OGRE INTÉRIEUR SANS RISQUER DE SE FAIRE MANGER ?

La fin de la faim (des haricots)

Si vous continuez à lire ce livre et que vous ne vous êtes pas découragé devant toutes les pistes suggérées que j'ai pourtant réfutées, vous tenez le bon bout. Parce que la détermination à vouloir en finir avec ses problèmes alimentaires doit être aussi invincible qu'Arnold Schwarzenegger dans *Terminator*. Peu importe les épreuves traversées, les tentatives échouées, le principal est d'avancer. D'ailleurs, je profite de ce moment pour vous féliciter sincèrement pour tout le chemin que vous avez accompli dans votre propre combat. Oui, vous êtes peut-être perdu, mais non, rien n'est fichu. Je suis fière de vous tel que vous êtes aujourd'hui, maintenant (et non tel que vous souhaiteriez être). C'est simple, vous déchirez, vous êtes superbe et je vous aime! Et si par bonheur vous lisez ce livre afin d'aider un proche, je vous trouve merveilleux. Vous ne réalisez peut-être pas à quel point vous êtes un soutien pour cette personne, mais je vous le dis: vous faites toute la différence dans sa vie.

Cela pourrait paraître simple de déclamer des phrases de ce genre. Croyez-moi, j'ai réellement souffert de mes errances et je n'en voyais plus la fin (ni la faim). Je pensais être seule et sans recours. Combien de fois ai-je pleuré de désespoir devant l'impasse de ma situation? «Je ne m'en sortirai jamais, c'est la «faim» des haricots!» pensai-je. Mais une fois l'orage passé, j'ai toujours cherché à trouver d'autres solutions ou d'autres manières d'aborder le problème. Parce que je voulais guérir et ne pouvais me résigner à cet enfer pour le restant de ma vie.

Peut-être que vous trouverez votre solution parmi les pistes énoncées dans ce livre : méditation, hypnose, psychothérapie... Peut-être aussi que les solutions viendront de l'extérieur. Je vous propose mon histoire non pas comme un modèle, mais comme une ouverture. Vous seul détenez la clef de votre problème.

Pour moi, la guérison a été d'une rapidité surprenante à partir du moment où j'ai trouvé l'angle par lequel aborder ma maladie. Qu'on se le dise bien :

**J'AVAIS TOUT ESSAYÉ,
RIEN N'AVAIT FONCTIONNÉ.**

Désolée de devoir l'écrire en majuscule, en gras et en taille de police 14, je ne veux pas vous crier dessus, mais c'était vrai pour moi, et ça l'est aussi probablement pour vous. Oui, il y avait quelques améliorations, mais ma vie restait un enfer. Et quelle perte de temps, puisque les trois quarts de mon énergie quotidienne était utilisée pour réfléchir à ce que je devais, pouvais ou voulais manger ! J'utilisais un autre quart pour faire les courses. Enfin, je dormais pendant le dernier quart (oui, je sais, ça fait cinq quarts au total, mais sinon ma journée ne rentrait pas dans les quotas !). Sans parler de la culpabilité. Vous ne croyez pas qu'il y a mieux à faire dans la vie ? Comme se cacher derrière une porte pour faire peur à son chéri quand il rentre épuisé le soir et qu'il n'a qu'une envie : se reposer et avoir la paix ? J'adore ça. Lui moins !

Si toutes mes tentatives de guérison ont échoué, c'est parce que je GARDAIS LE MÊME ÉTAT D'ESPRIT ET LA MÊME APPROCHE pour chaque nouvelle théorie à mettre en place. Or, lorsque l'on veut combattre un adversaire, si l'on arrive toujours avec le même plan de bataille et les mêmes techniques de combat, au bout d'un moment, celui-ci saura où nous attendre. Il n'aura même plus à se fatiguer et pourra parer tous nos coups que l'on pensait pourtant fatals, comme cette galipette-arrière-coup-de-coude-dans-les-côtes bien placée. Peu importe notre ardeur et notre rapidité, puisqu'il détient notre feuille de route. Ne dit-on pas d'ailleurs que « la folie, c'est de répéter les mêmes erreurs en espérant des résultats différents[7] » ? Merci cher Albert, tu nous as enlevé une belle épine du pied avec cette idée. Ici, mon ennemi était moi-même, ou plutôt le « tyran dans ma tête ». J'avais beau vouloir le réduire à néant et mettre toute mon énergie dans sa destruction, il gagnait chaque bataille. Mais c'était logique, complètement logique.

En effet, je voulais changer sans pour autant tout bouleverser dans ma vie. Je n'arrivais pas à manger normalement, j'avais faim constamment, même lorsque je n'avais pas faim (je ne savais plus vraiment ce qu'était la faim d'ailleurs), je culpabilisais sans cesse, je voulais à tout prix perdre du poids. MA VIE ENTIÈRE ÉTAIT UN RÉGIME. Que je mange des salades sans sauce ou des brownies chantilly, je vivais chaque journée avec cette mentalité. Tout cela, je n'en voulais plus dans mon quotidien. Pour autant, jusqu'à présent j'étais restée dans cette démarche de restriction et je ne voulais surtout pas abandonner l'idée que je devais peser un certain poids ou que je devais ressembler à un certain physique. Qu'il s'agisse de psychothérapie, de méditation, de sport, j'ai toujours abordé mon mal-être avec la conviction que je devais me restreindre pour arriver à mes fins. Or, en me privant, je ne pouvais rien attendre d'autre de mon corps qu'une rébellion.

Pour briser définitivement le cercle vicieux de la restriction-compulsion-purge, il fallait que j'arrête de me brimer.

IL FALLAIT QUE JE ME FOUTE LA PAIX.

Pardonnez-moi ce langage. C'est aussi simple – et compliqué – que cela. La frontière entre le « je me laisse vivre » et le « foutu pour foutu » est toutefois très mince, et j'ai souvent surfé entre ces deux tendances avant de trouver mon équilibre… Mais le jeu en a valu la chandelle. Et puis le surf, c'est quand même super chouette !

Alors j'ai fait quelque chose que je n'avais jamais fait pendant toutes ces longues années.

J'AI MANGÉ.

Et pas uniquement des poireaux (je me vois déjà venir avec mes Tupperware contenant des repas bio-sans-sel-sans-sauce-sans-rien). J'ai fait tomber tous les grands principes qui me structuraient et j'ai osé manger de tout. Du chocolat au lait, du fromage, des tartines avec du beurre, des biscuits industriels pleins d'huile de palme, de la pizza, des féculents, des kilos de crêpes au chocolat, des frites et de la mayonnaise (MON DIEU, LA MAYONNAISE !). J'ai ouvert des vannes que j'avais verrouillées il y a de cela une dizaine d'années.

Moi qui n'avais jamais eu un seul paquet de chips à la maison (oui, je n'en avais jamais acheté jusqu'à mes 27 ans : quel temps perdu !), j'ai vu mes placards se remplir d'autres éléments que du son d'avoine, du lait d'amande et des haricots verts. Raconté ainsi, on pourrait croire que j'ai fait une « méga giga » grosse crise de boulimie. Ce n'est pas le cas. Je n'ai pas fait un repas de pâtes au gorgonzola avec des pommes au four sauce barbecue accompagnées de beignets d'aubergine (tiens, c'est pourtant une belle idée pour un samedi soir gastronomique, non ?). J'ai simplement « ouvert » mon alimentation et accepté (très difficilement) de manger.

> *8 fois sur 10, l'anorexie mentale est précédée d'un régime pour maigrir. En cas de boulimie, 70 à 75 % des sujets suivaient un régime hypocalorique avant le trouble du comportement alimentaire*[8].

Je n'avais fait que me priver, l'heure était venue de manger. J'ai redécouvert des saveurs oubliées, une cuisine goûteuse et le plaisir gustatif. Cela semble tellement simple dit comme ça ! Mais croyez-moi, ce n'était pas bien facile d'accepter de manger après avoir passé autant de temps à me convaincre que je ne devais SURTOUT PAS manger. Néanmoins, j'ai voulu faire confiance à mon corps. En lui laissant l'espace dont il avait besoin, il se chargerait bien du reste. Notre corps est vraiment intelligent, il sait ce dont il a besoin. Le mien avait besoin de manger du sucre, du gras et des aliments qui lui étaient « interdits » depuis plus de dix ans. J'étais complètement terrorisée, car je me disais que cet appétit était un gouffre sans fond et que je finirais obèse. Seule. Dans un appartement sale et délabré à manger les miettes qui traînent sur mon ventre devenu tonneau, ou encore les M&M's® tombés dans mon nombril, au milieu de milliers d'emballages de biscuits jetés par terre. (Pourquoi est-ce que je dois TOUJOURS dramatiser ainsi mon existence ? En vrai, j'adore ça.) Je lui ai pourtant donné ce qu'il attendait, à ce cher petit corps. J'ai résisté pour ne pas faire machine arrière. C'était presque intenable de me voir manger et de voir que j'avais pris quelques kilos, moi qui continuais à être obsédée par mon poids. J'ai voulu me faire vomir un nombre incalculable de fois ; je me suis empêchée d'aller faire des footings à 1 heure du matin, en proie à des crises d'angoisse et des insomnies. Mais j'ai tenu bon et j'ai laissé faire la nature.

Pensez-vous que votre corps pourrait se satisfaire de mousse au chocolat pendant une journée ? Pendant une semaine ? Pendant une année ? Toute sa vie ? « Bien sûr que oui, et je n'attends que cela ! » me diriez-vous aujourd'hui, mais en fait, en prenant une minute pour y réfléchir, il est évident que non. C'est exactement ce qui me motivait : je me disais qu'une fois l'orage passé, tout reviendrait à la normale. Cela m'a pris une année entière de réintroduire toutes les catégories d'aliments et de retrouver un appétit « normal ». J'ai eu ma période tablettes de chocolat (pour une fois, il ne s'agissait pas de celles que je voulais voir sous mon tee-shirt!). Je parle du vrai chocolat, pas du bio, sans sucre et tout le tintouin. Puis j'ai eu la folie des biscuits du supermarché (qui a tendance à perdurer un peu, je l'avoue!). Après ce fut au tour des crêpes. Et ainsi de suite.

J'ai aussi repris plaisir à cuisiner pour de vrai. Pas les gâteaux sans farine, sans sucre et sans beurre que je faisais jusqu'alors et qui, pour tout vous dire, étaient absolument immangeables. D'ailleurs, ils ressemblaient bien plus à la pâte à sel que les enfants sculptent en maternelle qu'à de la pâtisserie. Un jour, avec une très bonne amie, on a même fait un gâteau qui ressemblait – par sa couleur, sa texture et son odeur – à une limace (ça sent comment une limace?)! Nous l'avons d'ailleurs renommé le «gâteau-limace»! On avait remplacé la farine par de la fécule de pomme de terre, le beurre par de l'eau et un yaourt 0%, et le sucre par du miel. Même si j'étais un vrai «aspirateur de table» et que je n'ai jamais jeté de la nourriture, il m'a été impossible de manger ce truc gris-vert qu'on avait créé! Tous les ancêtres de la tradition culinaire française font encore des cauchemars de ce gâteau, et le jour de la cuisson de la limace est désormais «jour de deuil national» dans la communauté des pâtissiers!

En reprenant goût à la cuisine, j'ai pâtissé de vrais gâteaux, en respectant les proportions données dans les livres de recettes, c'est-à-dire en mettant tout le sucre et toute la farine, et sans remplacer le beurre par de la courgette (véridique). Et puis soyons honnêtes, cette astuce ne fonctionne pas. C'est comme les chips de pomme, les fausses saucisses véganes ou la pâte à pizza à base de chou-fleur. Depuis quand le chou-fleur c'est de la pizza ? C'est indécent pour nos amis italiens ! J'ai aussi fait des quiches avec de la crème fraîche épaisse 1 000 % de matière grasse (ô bonheur !) et du gruyère râpé. Bref, j'ai mangé « normalement », faisant taire les nombreuses voix qui me répétaient que le gluten était le diable en personne, que les produits laitiers causaient l'ostéoporose et que le sucre était une véritable drogue. Peut-être que c'est vrai, mais je devais faire la paix avec la nourriture.

Au début, c'était dur de ne pas vider le paquet de biscuits dans la journée. J'étais si peu habituée à ce qu'il y en ait chez moi que je voulais vite le manger, de peur qu'il n'y en ait plus d'autre. Cette peur était aussi bien mentale que physique. Je redoutais de ne plus pouvoir manger, comme je me l'étais imposé durant toutes ces années. Mon cerveau et mon estomac étaient enfin sur la même longueur d'onde et voulaient la même chose : manger. Une fois qu'ils ont compris tous les deux que je pouvais avoir autant de paquets de biscuits que je voulais, le mode « famine » n'avait plus lieu d'être. Je ne devais plus me faire de souci sur le fait de pouvoir manger de tout, quand je le voulais. En modifiant ma perception de la réalité et de la nourriture, je suis parvenue à modifier mes réactions et j'ai enfin accepté de manger. J'ai donc dégommé quelques malheureux paquets en un temps record (les voitures de Formule 1 sont lentes en comparaison). Puis j'ai commencé à manger normalement mes petites gourmandises préférées !

Ne nous méprenons pas, seul le temps a permis de faire rentrer ces idées sensées dans ma petite tête ! Pour autant, à force de reproduire ces schémas de pensée et d'attendre qu'ils s'infusent dans mon conscient, mon subconscient et toutes les strates incompréhensibles de ma psyché, j'y suis parvenue ! Ma rééducation alimentaire est donc passée par l'acceptation de l'acte de manger, par la permission de choisir les repas qui me faisaient envie et par l'écoute de mon corps. J'ai envoyé balader tous les principes diététiques, toute la discipline sportive que je m'imposais. Fini le sport-punition, j'ai mis mes baskets dans un placard et je ne les sortais que si j'en avais envie (et pas pour aller brûler la demi-baguette beurrée du petit-déjeuner, vilaine fille !). J'ai laissé faire mon corps et mes envies. Et nous sommes plutôt bien faits, car après quelques mois à ce « régime », j'ai eu envie de manger de la salade, des brocolis et des courgettes. Et quel plaisir de redécouvrir ces saveurs ! Je mangeais désormais ces légumes par choix et non par contrainte. C'est cette différence qui, finalement, m'a fait perdre 8 kilos et retrouver mon poids initial, celui d'avant mes régimes. J'ai enfin mis un terme au désordre que j'avais mis dans mon corps à cause d'une stupide idée de régime. Régime qui m'a fait perdre des années dans l'autodestruction, comme nous l'avons vu (plutôt dommage, vous ne trouvez pas ? En même temps, je ne serais pas là pour vous raconter les malheurs de Mathilde, donc l'un dans l'autre...).

Il est intéressant de noter que j'ai pris plus de 5 kilos durant cette année de réadaptation. J'étais terrorisée par l'aiguille de la balance qui ne faisait que monter, et j'ai voulu arrêter bien des fois. Mais le temps a passé, avec des phases où, l'espace d'une journée, je retournais à mes « pas si vieux » schémas de pensée et me contrôlais à nouveau. Mais aussi avec de plus nombreux « sursauts » où je me forçais à faire autre chose que penser à la nourriture et à la prochaine séance d'abdos que je ferais. J'ai tenu bon. Je me suis ouverte à d'autres choses, notamment à l'amour, puisque ma tête s'était désormais libérée de toute une part destructrice et chronophage de ma vie. Oui, c'est la séquence « émotion », vous pouvez sortir les violons et les mouchoirs.

Être à deux dans la vie et lors des repas m'a aussi aidée à m'adapter réellement, loin de mes Tupperware préparés à l'avance. Et puisque je devais partager cuisine et toilettes, j'ai dû réduire drastiquement mes comportements malsains. Tout cela m'a permis de contenir mon tyran dans un espace si petit que je l'oubliais souvent. Il n'y a d'ailleurs aujourd'hui presque plus de place pour lui, parce que j'ai des projets bien plus stimulants, enrichissants et positifs pour mon avenir. Ce serait mentir de dire que je m'accepte tous les jours et que je suis en paix avec mon poids. Non, je fais seulement en sorte de ne plus écouter ces voix destructrices et je ne leur donne plus de crédit. J'ai même jeté ma balance ! Parfois, quand le moral est en baisse, mon tyran revient, et j'ai le sentiment que rien n'a changé et que je suis toujours aussi malade. Alors je pleure un bon coup et j'attends que ça passe, parce que j'ai compris que cela ne sert à rien de lutter dans le vide, que je suis beaucoup plus intelligente et forte que cela, que toutes les solutions sont en moi, et qu'en m'écoutant moi, et non pas la vilaine petite voix qui me rabaisse constamment, je ne pourrais plus jamais me perdre.

J'accepte que l'image que je me suis formée de moi-même n'est pas conforme à la réalité, et il me semble normal d'avoir cette sensibilité envers mon poids au vu de mon passé houleux sur le sujet. Encore une fois, ce serait trop simple de vous raconter ce que vous souhaiteriez entendre, le fameux « elle perdit 8 kilos, se maria et eut beaucoup d'enfants (sans aucune vergeture en contrepartie bien sûr) puisque la vie était enfin devenue facile depuis qu'elle s'aimait réellement et qu'elle faisait une taille 34 ». Ce n'est pas le cas. Oui, je peux manger de tout sans aucune culpabilité – et cette attitude n'a aucun prix, que ce soit en kilogramme ou en taille de jean –, et oui, ma vie est redevenue légère depuis que j'ai guéri. C'est simple, tout s'est débloqué et j'arrive à mener les projets que je lance. Note à moi-même : penser à acheter un ticket de Loto dans les prochains jours, sait-on jamais ! Oui encore, il m'arrive (rarement) de me trouver grosse et de vouloir manger des radis, mais non, je ne cède plus à ces injonctions. Je les regarde passer avec un certain étonnement et je leur souhaite une bonne continuation, très loin de ma vie. Oui, je complexe toujours sur certaines parties de mon corps. Mais après tout, qui peut réellement prétendre s'accepter, tous les jours, entièrement et sans retenue ? Le tout est de savoir se laisser vivre en paix, avec nos forces, mais aussi avec nos faiblesses. Et puisque c'est moi qui viens de l'écrire, je n'ai pas d'autre choix que de me l'imprimer en format A0, taille de police 93, et de le coller sur les murs de la maison dans un style #designcontemporainmochemaistendance !

Pour conclure ce chapitre, je souhaite mettre fin à une idée répandue selon laquelle il faudrait apporter des réponses impossibles aux problèmes impossibles. J'ai longtemps cru qu'étant donné l'énormité et l'insolubilité de mes soucis alimentaires, la guérison devrait être un processus bien compliqué. Un long chemin de croix s'offrait à moi qui voulais en finir avec mon enfer quotidien. Je me voyais bien en martyre des temps modernes, luttant pour ma vie entre deux repas intuitifs et contrôlant sur ma montre connectée si le nombre de pas effectués dans la journée était suffisant. Eh bien, non. Vous venez de le voir, la réponse a été bien plus simple (il fallait « juste » manger, avec bien sûr toutes les résistances psychologiques auxquelles il fallait faire face) que toutes les retraites de yoga, tous les jeûnes, toutes les séances d'hypnose, toutes les années de consultations psychothérapeutiques, tous les régimes divers et variés que j'avais pu entreprendre ! Dans son excellent ouvrage *L'amour et la haine de la nourriture*, que j'ai malheureusement connu après m'être sortie des troubles alimentaires, le psychothérapeute Giorgio Nardone nous dit avec sagesse que « le fait que les problèmes soient douloureux et compliqués ne signifie pas que les solutions doivent l'être tout autant. Au contraire, les pathologies, même les plus sévères, peuvent être débloquées rapidement si l'on appuie sur le bon bouton[9] ».

Et vous, quel est votre bouton ?

Quand j'ai enfin décidé que les carottes étaient cuites et qu'il fallait que ça change

Penser que j'ai guéri du jour au lendemain et que j'ai mangé « de tout, tout le temps et sans jugement » après toutes ces années de restriction, c'est ne voir que la partie émergée de l'iceberg. Ou croire que le Père Noël existe. Ou encore que le linge sale se lave, s'étend, se plie ET se range tout seul (hein chéri ?). Non, un très gros travail de fond a été mis en place en parallèle de cette nouvelle vie où je pouvais manger. J'espère bien pouvoir vous inspirer et vous donner quelques conseils pour vous aider à vous en sortir vous aussi. Même si vous n'avez pas le même chemin de vie que moi et que vous n'êtes pas tombé aussi bas, votre rapport à la nourriture peut être problématique. Si vous culpabilisez devant chaque assiette et que vous souhaitez constamment annuler les calories ingérées en vous restreignant ensuite ou en ayant recours à des systèmes de purge (sport, laxatifs, douches glacées pour brûler de l'énergie et autres idées saugrenues glanées sur les pages 3 et 4 de votre moteur de recherche préféré), ou si vous souhaitez venir en aide à un proche qui a un rapport compliqué à son corps et à la nourriture, vous êtes concerné par mon histoire et par les comportements alimentaires déviants. Ce n'est pas la fin du monde, comme vous l'avez vu, je m'en suis très bien sortie alors que je revenais de loin !

Je vais vous emmener désormais dans mon quotidien de guérison afin de vous livrer les clefs qui m'ont réellement permis de me libérer de ma prison. Comment faire pour sortir des schémas de pensée que l'on s'est évertué à perpétuer depuis des années ? En effet, même si j'étais l'autrice de toutes ces habitudes infernales, et que cela semble si simple de se dire : « Voyons Mathilde, ne sois pas ainsi ! Arrête de faire des pompes en mangeant des navets crus et retourne profiter de la vraie vie », nos idées ont la peau dure et elles me l'ont fait savoir. Il n'est pas si évident de se détacher des idées que l'on se répète depuis un certain temps. Si l'on reprend la formule de Henri Laborit : « L'être humain est si malléable et corruptible qu'il suffit qu'il répète pendant quelques mois un scénario perceptif et réactif pour qu'il s'automatise et apparaisse aussi naturel que spontané[10]. » Concrètement, ce sont nos habitudes. D'où le fait que j'étais face à « un emprisonnement qui se faisait chaque jour plus rigoureux[11] », jusqu'à me rendre incapable de penser et d'agir autrement qu'entre les quatre murs de la prison que j'avais moi-même construite. Il m'a fallu beaucoup de force et de détermination pour contourner cette fantastique résistance au changement pour laquelle l'homme est si doué.

En effet, j'ai dû accepter de manger alors que je me l'étais interdit il y a de cela quatorze ans, sachant que TOUTES les actions que j'avais menées durant cet intervalle visaient justement à me priver de l'alimentation. Revenir sur mes pas après tant d'années passées à me conforter dans cette idée a été véritablement difficile. Je m'étais tellement ancrée dans cette logique du régime que je pensais sincèrement (et c'est bien cela le pire !) que c'était une bonne idée et que j'avais raison de vouloir dompter mon corps et mon appétit. Vous avez compris qu'il n'en était rien et que je faisais fausse route. Malheureusement, je n'arrivais pas à ouvrir mon regard et à embrasser une plus grande perspective, j'étais trop prisonnière et trop obstinée dans mes certitudes. Ne dit-on pas pourtant qu'il ne sert à rien de s'accrocher à une erreur pour la simple raison que l'on a passé beaucoup de temps à la faire ? Le problème de ces belles citations, c'est qu'entre la théorie et la pratique, il y a l'être humain. Et qu'on peut parfois se leurrer pendant un certain temps avant de la comprendre réellement.

Pour m'en sortir et avoir une relation apaisée avec la nourriture, j'ai dû, avant toute chose, prendre conscience que j'étais effectivement dans une impasse, que la situation ne pouvait plus durer car j'en étais malheureuse et malade. Je ne voulais pas me résoudre à ce que la suite de mon existence se résume à tout ça. J'avais autre chose à faire de mes journées que courir d'une cuvette à une autre en essayant de ne pas me faire remarquer ! Je ne voulais plus me retrouver à aspirer mon ventre contre ma colonne vertébrale pendant l'intégralité d'un rencard amoureux (c'est long un apéro !), sans écouter mon interlocuteur puisque le calcul des calories de mon cocktail et les douze cacahuètes grignotées accaparaient mon attention (et vous avez vu à quel point je gère en mathématiques !). Je ne voulais plus non plus me retrouver dans des situations absurdes et honteuses.

Allez, comme je vous aime bien et qu'il faut reconnaître que c'est quand même assez drôle (avec le recul j'entends), je vais vous raconter une petite anecdote inavouable. Merci de ne pas me juger, et âmes sensibles, rendez-vous au prochain paragraphe. J'étais à une soirée chez des amis d'amis, il y avait pas mal de monde et l'apéro battait son plein. Moi, j'étais vissée au buffet (oui, je fais partie de ces gens), écoutant d'une oreille distraite les conversations. À vrai dire, j'étais tellement focalisée sur les canapés (ceux à manger, pas les autres), les quiches et les tartinades de guacamole que je ne respectais pas trop les normes de la vie en communauté, à savoir : rire, relancer le débat, faire un trait d'humour, jouer la séduction. Flemme, moi je mange ! Pour une fois que j'ai autre chose que des légumes vapeur à manger ! Donc, j'étais là à me remplir l'estomac jusqu'à ce que mon tyran m'ordonne d'aller vomir à l'instant même. Pas le choix, désolée pour ton monologue Mélissa, de toute manière je n'ai rien écouté, et laisse-moi passer, je dois aller aux toilettes. Arrivée devant la porte des WC libérateurs, je trouve une petite pancarte : « Désolés, la chasse d'eau ne fonctionne pas, merci d'utiliser le jardin. » Ah, zut. Ça contrarie bien mes plans ça. Et puis qui fait une soirée sans avoir de chasse d'eau ? Et qui dit aux invités d'aller arroser leur jardin (c'était d'ailleurs plus un terrain vague qu'un jardin) ? Mais bon, je ne peux pas garder tout ce houmous et ce cake aux olives non plus. Tant pis, direction le fond du jardin. Je fais donc ce que j'ai à faire le plus rapidement possible. Et là, misère : un chien arrive et me tourne autour joyeusement. Je lui dis de me laisser tranquille et qu'il n'y a rien à voir ici. Et là, le chien se met à manger l'ex-contenu de mon estomac. Je sais, c'est dégoûtant, et ce n'est pas le pire, vous allez voir. Je le pousse et lui dis de filer. Rien à faire, il mange tout. Je retourne donc tant bien que mal à la soirée (j'avais presque oublié que j'étais à une soirée moi !) ET LÀ... Comment dire... Je me rends compte avec horreur que le chien en question appartient aux gens qui organisent la soirée et qu'il se fait caresser par tout le monde ! Le toutou a eu son heure de gloire où tout le monde a voulu l'embrasser et le bichonner. Il était tellement heureux qu'il a léché toutes les mains qui passaient à sa portée. GLOUPS. J'étais la seule à savoir ce qui venait de se passer. Je ne savais plus où me mettre. Moment de solitude bonjour ! Je ne pouvais même pas essayer d'en rire avec quelqu'un, puisque j'aurais dû expliquer toute l'histoire. Alors, pas mal comme expérience de vie, hein ? Ça fait rêver, non ? Allons, ne soyez pas jaloux, je suis certaine que tout le monde a une petite pépite comme celle-là dans ses souvenirs !

Entre toutes ces expériences sordides, et il faut reconnaître que celle-ci était plutôt pas mal, j'ai réalisé que la goutte d'eau avait fait déborder le vase et que les carottes étaient cuites ! Cela semble anodin, mais c'est déjà une base solide. Je n'en pouvais plus de me mettre dans des situations aussi délirantes, je voulais que ma vie change pour de bon. Le déni (le fameux « mais non, tout va bien »), l'aveuglement (« je dois terminer ce programme de fitness improbable coûte que coûte ») et la naïveté (« la salade fait maigrir ») ont été les premiers obstacles à ma prise de conscience. Mais je vous le dis, être monomaniaque de la nourriture, se demander constamment quoi, quand et comment manger n'est PAS normal. Faire des footings à minuit pour espérer perdre 300 calories de plus n'est PAS normal non plus. Penser à l'alimentation de manière obsessionnelle et ignorer les messages que m'envoyait mon corps est un vrai PROBLÈME. C'est ce que l'on appelle les troubles du comportement alimentaire.

Ne prenez pas peur, ce n'est pas un gros mot, il s'agit juste de la désignation de tous les comportements qui ne sont pas fluides et simples face à la nourriture. J'ai volontairement omis de parler de rapports « normaux » ici, puisque la norme alimentaire n'existe pas réellement. Il n'y a qu'à observer vos voisins, vos amis, vos collègues de travail : personne ne mange de la même manière. Non, je préfère utiliser l'expression « rapports simples », parce que cela parle à tout le monde et que c'est bien le but de ce livre. Retrouver le plaisir de manger sans culpabilité et laisser la nourriture à sa juste place. Qu'on se le dise une bonne fois pour toutes, la nourriture doit rester ce qu'elle est véritablement : de la nourriture. Nom d'une biscotte !

Je pense en effet qu'il n'est pas sain de donner trop d'importance à l'alimentation. Non pas qu'il ne faille pas choisir avec attention nos produits alimentaires, ou que l'on doive déserter nos cuisines, loin de là. Néanmoins, la vie est bien plus riche que des considérations sans fin sur la nourriture. On a autre chose à faire et à se dire vous ne pensez-pas ? La nourriture a tout à fait sa place dans nos existences, à nous de ne pas créer de déséquilibre pour qu'elle ne s'engouffre pas dans l'espace désormais disponible. Vous voyez la nuance ?

Avant d'entrer plus dans le détail, je souhaite tout de même vous avertir du risque à vouloir absolument mettre un nom sur un problème alimentaire. Je m'explique : il est bon de se documenter et de comprendre ses dysfonctionnements en matière d'alimentation. Toutefois, à trop vouloir rentrer dans une case (« anorexique », « boulimique », « mangeur émotionnel », « outremangeur », « orthorexique »...), on risque de passer à côté de soi-même.

Ainsi, pendant de longues années, j'ai pensé que j'étais boulimique, puisque je me faisais vomir. Pourtant, je ne faisais jamais de « grosse crise » de boulimie à proprement parler, je n'avais aucune fringale nocturne, je ne planifiais pas mes craquages. Je n'étais pas non plus complètement anorexique parce que je n'ai jamais été vraiment très maigre : j'étais fine, mais je ne ressemblais pas à ces filles qui n'ont plus que la peau sur les os. Bref, je ne rentrais dans aucune des cases, et c'est tout à fait normal. Nous sommes tellement plus complexes qu'une définition qui nous cantonne dans un rôle ! Alors oui, il est possible de se documenter, mais il ne faut pas prendre pour argent comptant tout ce qui est écrit. Il n'y a qu'à voir tout ce que je me suis infligé avec ces informations. Je n'ai pris absolument aucun recul sur tout ce que je lisais (des théories farfelues pour perdre du poids à toutes les explications psychologiques des TCA en passant par mon horoscope : « Cancer : aujourd'hui l'espoir renaît », QUI est payé pour écrire ÇA ?). En voulant être mon propre médecin spécialiste, je ne me suis pas aidée, bien au contraire.

Il en va de même pour ce témoignage. Bien sûr que je souhaite aider des personnes qui traversent cet enfer, mais je ne suis pas médecin, psychologue ou nutritionniste, et ce qui est vrai pour moi et qui a fonctionné dans mon cas peut ne pas parler à un autre (même si je ne le souhaite pas, car j'ai sincèrement envie d'aider mes compagnons d'infortune). Ce qui va suivre pourra donner le petit coup de pouce pour entamer le chemin de la guérison, mais il ne s'agit nullement d'un énième « régime » ou « rééquilibrage » à suivre au pied de la lettre. C'est pour cela que je ne dirai jamais ce que j'ai mangé ou ce que je mange ici, d'une part parce que je ne m'en souviens plus, et d'autre part parce que mon assiette n'a aucune raison d'intéresser qui que ce soit. Il y a bien mieux à faire et à découvrir sur terre.

Revenons à ce déclic qui m'a permis d'avancer. Au fond de nous, si on écoute bien, nous avons tous une petite voix qui nous aiguille et nous met face à nous-mêmes, sans avoir besoin d'ouvrir un livre de médecine. Je parle de petite voix, mais je pourrais tout aussi bien dire que c'est une grosse voix, un panneau de signalisation « Attention ! » ou encore un sentiment diffus de gêne. À chacun sa manière de vivre les événements. Ce mal-être qui s'exprime, qu'il soit à peine perceptible ou qu'il hurle à pleins poumons tel un chanteur de métal au milieu de son refrain, je crois qu'il faut l'écouter. Écouter ne signifie pas forcément adhérer à toutes les suggestions de cette petite voix. Simplement écouter. Faire une pause et laisser s'exprimer cet être intérieur qui a quelque chose à nous dire.

« Pourquoi je me sens mal ? Qu'est-ce qu'il est en train de se passer dans mon corps, dans ma tête ? Tiens, j'ai l'impression que ce n'est pas la première fois que je suis confrontée à cette situation qui ne me convient pas. Je n'ai pas envie d'être ici, je me sens oppressée. Je ne sais pas comment j'en suis arrivée là. Tout fout le camp. Je n'en peux plus de vivre ce cauchemar. C'est donc cela, ma vie ? Je ne m'en sors pas. Est-ce que je ne devrais pas en parler à quelqu'un ? »

Ces pensées que j'ai pu avoir durant ces années sombres peuvent vous mettre sur la piste de la petite voix. La liste n'est bien sûr pas exhaustive, et comme chaque être est unique, les signaux d'alarme sont individuels et personnels. Toujours est-il que c'est un des premiers pas que j'ai faits pour avancer.

Quelquefois, je n'arrivais pas à mettre de mots sur ou à reconnaître mes émotions. J'ai donc laissé venir les choses et j'ai prêté une attention particulière à tous les indices que cette petite voix me laissait. Je me suis rendu compte que, parfois, mon souci face à l'alimentation venait de ce que je mangeais directement. Je n'aimais tout simplement pas mes repas, mais je persévérais dans mes choix alimentaires par habitude (« J'ai toujours pris des tartines à la confiture au petit-déjeuner, alors que je n'aime pas le sucré le matin »), par contrainte (« Le fromage blanc 0 % c'est bon pour maigrir, je dois en manger même si je n'en ai pas envie »), par conviction (« Je ne mange pas de viande par respect pour les animaux ») ou par flemme (« Je mange un plat préparé parce que je n'ai pas envie de cuisiner »). Parfois, ma petite voix me disait simplement qu'elle avait faim, qu'elle avait trop mangé ou qu'elle ne voulait pas manger, quand bien même il était l'heure de passer à table, mais je ne l'écoutais jamais. D'autres fois, je me culpabilisais à chaque bouchée. Comme ce jour où un garçon du genre hipster m'a invitée à aller au restaurant en Harley-Davidson (ce détail n'apporte rien à l'histoire, mais je tenais à vous dire que j'ai fait un tour en Harley parce que c'est la classe!). C'était un endroit très branché, rempli de femmes maigrissimes avec leur rouge à lèvres tout droit sorti d'une publicité et leur robe décolletée dans le dos (je vous avais prévenu, c'était le genre de mec à fréquenter ces lieux). J'étais face à mon « renversé de tapioca à la mousse de châtaigne et sa pointe d'asperge sauvage » avec un simple jean et un chignon minute, et je me maudissais de ne pas avoir choisi le bouillon de légumes. À chaque bouchée, je me montais le bourrichon, me comparant à tous ces mannequins qui, soit dit en passant, buvaient beaucoup mais ne mangeaient rien. Je ne sais pas si monsieur s'est rendu compte que je n'ai rien écouté à son passionnant monologue sur l'importance d'avoir des technologies *eco-friendly* dans une société gangrénée par le capitalisme (voyons Joris, tu es un pur produit marketing avec ton iPhone et ta chemise à carreaux, alors arrête de jouer les défenseurs de la liberté s'il te plaît, ça devient pénible!). J'étais juste trop obnubilée par les trois pauvres bouts verts qui se disputaient dans mon assiette et les deux tranches de pain que je venais de prendre pour ne pas gâcher la mousse de châtaigne à 10 € le gramme!

Dans ce dernier cas, ce n'était pas la « bonne » petite voix qui me parlait, mais c'était un très bon indicateur du problème. Bref, avec de la patience, j'ai réussi à cerner globalement ce qui me pourrissait l'existence. Soyons honnêtes, nous mangeons, grosso modo, trois fois par jour, tous les jours, et nous ne vivons pas sans nourriture, à moins de vouloir se transformer en maître zen, ce qui suppose de se raser la tête, de vivre au sommet d'une montagne avec un simple pagne qui gratte – mais comme on est devenu sage, on ne se gratte pas – et de ne pas parler pendant des années: je ne pense pas être prête à accepter tout ce programme très cliché. Déjà, je suis bien trop attachée à l'idée qu'un jour j'aurai les mêmes cheveux que ceux dans les publicités pour shampoings. Oui, c'est vrai, ne me jugez pas s'il vous plaît. Et je ne pourrais pas me priver de chanter sous la douche! Donc oui, l'existence devient pénible quand on ne sait pas manger simplement.

Dès l'adolescence, je n'ai pas accepté mon corps. Mais ma petite voix n'a commencé à se faire entendre que bien plus tard, sur les symptômes de ce mal-être global, lorsque j'ai commencé à sérieusement me faire du mal en vomissant plusieurs fois par semaine, puis par jour. Elle s'est mise en route lorsque j'ai senti que la situation m'échappait et qu'un comportement déviant devenait normal. Il en a fallu du temps pour que la sonnette d'alarme se déclenche! En effet, entre ma première fois face à la cuvette et ma période de grosses crises, il s'est passé quatre ou cinq années. Je ne peux pas lui en vouloir à cette petite voix, au contraire, je lui en suis reconnaissante, car elle a bien fait son travail. Elle m'a avertie quand les choses n'allaient vraiment pas. Là encore, chacun positionnera son propre curseur différemment pour juger de la dangerosité d'une situation (une soirée en Harley avec un hipster lourdingue, un plat qui coûte mon salaire mensuel et des femmes cure-dents, c'est niet).

La deuxième étape, qui a été la plus importante pour moi, c'est quand je me suis enfin regardée pour de bon dans le miroir, droit dans les yeux. Je parle ici du miroir symbolique, celui qui est intérieur et auquel on ne peut mentir, puisqu'il s'agit de nous-même. Pas de celui devant lequel je me plaignais chaque seconde de mon existence en mangeant des compotes sans sucre et en détestant l'univers qui m'avait donné des cuisses et des bras ! Quand j'ai réellement accepté de faire cette démarche, les choses ont commencé à se débloquer.

Est-ce que je VOULAIS changer ? Est-ce que je pouvais continuer à vivre avec ce que j'avais découvert ? Est-ce que je souhaitais réellement mettre mon énergie dans ma guérison ? Qu'est-ce que je désirais vraiment ? Est-ce que je tenais à rentrer dans une taille 34 à n'importe quel prix ? Est-ce que c'était cela ma vie ? Alors arrête de te plaindre Mathilde et retourne regarder l'assiette de lasagnes de ta collègue pendant que toi tu picores tes poireaux à l'eau et sans sel !

Bien que cela semble absurde de réduire son existence à une taille de pantalon, je ne voulais pas lâcher cette idée. Je ne pouvais donc changer. Si je n'étais pas, dès le départ, à 1 000 % dans cette entreprise de libération vis-à-vis de la nourriture, je ne serais pas en mesure d'y arriver. Si j'acceptais enfin de manger simplement, sans me soucier des calories, de l'impact sur mon apparence ou de je ne sais quelles croyances alimentaires que je m'étais imposées, alors j'ouvrais la porte à la guérison. Je sais, c'est largement plus facile à dire qu'à faire, mais, à force, je m'y suis faite. Et puis j'étais bien obligée d'avoir des bras et des jambes, donc à un moment donné, il a fallu choisir !

J'étais donc enfin convaincue que ma volonté était bien dans ce changement, quitte à abandonner l'espoir d'être mince un jour. Tenez, je vais prendre la comparaison avec la cigarette, puisqu'il s'agit ici d'une dépendance. Combien de fumeurs disent vouloir arrêter de fumer alors qu'ils sont en train d'en griller une ? Je ne dis pas que c'est facile d'arrêter de fumer, loin de là. Néanmoins, il est fort probable que leur envie de fumer soit supérieure à leur envie profonde d'arrêter de fumer. Sinon, pourquoi attendre le 1er janvier pour essayer ? Pourquoi ne pas tenter de réduire le nombre de cigarettes quotidiennes ? Pourquoi invoquer le stress d'un dossier au travail, le mariage de la cousine, ou le déménagement de la maison ? La vie ne leur donnera pas de bon moment pour arrêter de fumer : ce sont eux qui détermineront leur bon moment pour se débarrasser du tabac. Je ne cherche pas à donner une quelconque leçon de morale ici, ce n'est ni mon envie ni ma place. Et puis vous me voyez, moi, la fille qui mangeait les biscuits de ses colocataires en cachette sans jamais en racheter, donner une leçon de morale ? (Chers colocs, si vous me lisez, pardonnez-moi d'avoir volé un nombre incalculable de cuillères de Nutella, vos friandises, vos wraps, vos céréales, vos fruits secs et à peu près tout ce qui se trouvait dans vos réserves de nourriture, c'était nul de ma part. J'espérais que vous ne vous en rendiez pas compte, mais je devais être bien naïve pour le croire ! Et puis c'était tout simplement impossible que je m'achète volontairement ce genre de produits « ultra top méga » défendus, alors j'ai lâchement profité de vos réserves). Ce serait plutôt à prendre comme un simple constat. Me concernant, il s'agissait bien de jouer cartes sur table dès le départ avec moi-même pour savoir si je voulais continuer.

Dans mon cas, il apparaissait clairement que j'avais un gros problème, mais que je n'étais pas toujours prête à vouloir changer. La grande majorité du temps oui, je faisais des efforts et je frappais à la porte de tous les médecins qui pouvaient potentiellement me sauver de moi-même. Mais je n'arrivais pas – ou ne voulais pas – arrêter de me faire vomir. C'était tellement simple ! Je pouvais manger ce qui me plaisait (et encore) et après un passage aux toilettes, hop, il n'y avait plus aucune trace de mon repas. C'était quelque peu commode de reconnaître que ce n'était pas la solution, mais, par habitude, par lassitude, je cédais à ce bas instinct. Dans l'idée oui, je voulais changer (un coup de baguette magique s'il te plaît madame la fée, et après je ne demanderai plus rien pour le restant de mes jours !), mais je ne pouvais pas encore remettre en question mon mode de fonctionnement, aussi stérile soit-il. J'en avais besoin, je m'étais construite avec lui, pendant l'adolescence et lors du passage à la vie adulte. Se faire vomir n'était pas une solution très glamour, certes, mais elle était d'une simplicité déconcertante. J'avais beau me faire remettre les intestins en place par l'ostéopathe (ouille !), et donc repartir sur une base « saine », cela ne m'empêchait pas d'aller vomir mon prochain repas. Bref, ce n'était pas le bon moment pour moi. Et puis, la pathologie s'était tellement incrustée dans ma construction identitaire que je n'arrivais plus à juger de la justesse de mes perceptions :

je reconnaissais l'existence du problème tout en proposant des solutions encore plus problématiques (une monodiète ! Un régime crudivore ! Et quoi encore ? Une ablation de l'estomac ?) qui ne faisaient qu'empirer mon état. Je trouvais pourtant tout à fait logique d'agir ainsi à l'époque.

Mais vous savez quoi ? Je ne vais pas me culpabiliser encore plus pour cela ! Oui, je vomissais en sachant que ce n'était pas la solution. Je n'avais, à ce moment-là, aucun autre outil pour répondre à mon mal-être ; aussi, je faisais de mon mieux au vu de mes ressources intérieures et de la situation. Même si cela supposait d'avoir des comportements malsains. Lorsque je vomissais, je réagissais normalement à certains stimuli. En changeant de paradigme, j'ai simplement admis que les réponses telles que les vomissements étaient destructrices, et que si je modifiais le fondement de mes représentations (à savoir la privation et l'idée d'un poids idéal), je n'aurais plus à faire face à ces solutions aberrantes. Vous voyez la logique ?

Mon discours est valable pour vous aussi ! Dans votre vie, et au-delà de l'alimentation, vous faites toujours de votre mieux, quand bien même vous craquez ou vous répétez des erreurs. C'est important de se l'entendre dire, croyez-moi ! Gardez à l'esprit qu'on ne change pas du jour au lendemain. Sans tomber dans la complaisance, parce qu'il va falloir se battre et être fort pour atteindre vos objectifs, restez conscient que tout ce que vous entreprenez est, en théorie, pour vous aider. Soyez indulgent avec vous-même ; et même si vous ne l'êtes pas, moi je crois en vous.

Pour ma part, j'ai accepté l'idée de changer quand j'ai été excédée par cette vie impossible et par cette perte de temps. J'en avais assez d'errer des heures durant dans les rayons des supermarchés, de passer mes journées à cuisiner des recettes *light* que je n'allais de toute manière pas apprécier, de me regarder dans le miroir de manière maladive, de passer mes soirées à la salle de sport ou de naviguer sur Internet pour trouver de nouvelles idées afin de perdre du poids. Il a fallu que je transgresse mille et une fois mes limites pour qu'enfin je me décide vraiment, sincèrement, désespérément, à changer en attaquant le problème non pas sur ces symptômes, mais en son cœur. C'est simple, j'en ai eu ras-la-carotte de cette frénésie destructrice, de cet autosabotage permanent, et c'est seulement à partir de ce moment-là que j'ai pu envisager une autre approche. C'est pourquoi ces deux premières étapes ont été à ce point cruciales et ont demandé tant de temps : d'elles dépendent toutes les réflexions et toutes les actions que j'ai menées par la suite. Alors prenons notre temps, nous ne sommes pas pressés au point de sauter dans un train en marche. Soyons d'abord sûrs que nous sommes sur le bon quai, que nous avons choisi le siège qui nous convient (à la fenêtre pour moi !) et que nous possédons nos propres billets. Nous sommes en train de déterminer la nature de notre problème, notre motivation ainsi que notre détermination à prendre un nouveau départ. Cela, personne ne pourra le faire à notre place : ni notre conjoint, ni notre mère, ni notre psy.

Est-ce que je suis réellement prête à changer, avec tout ce que cela implique ? Autrement dit, ai-je envie de tourner la page, quand bien même cela suppose d'abandonner certains de mes repères, certaines de mes croyances (et quelques-unes m'ont donné du fil à retordre !), et des comportements habituels mais inappropriés ? Somme toute, suis-je prête à laisser tomber des certitudes et une manière d'être connue mais inadaptée – sinon je n'aurais pas de problème et je pourrais manger des frites en toute insouciance – pour sauter dans l'inconnu ? Oui ? Alors allons-y !

L'histoire tragique du dernier biscuit dans le paquet

Pour comprendre l'histoire du dernier biscuit dans le paquet, je tenais à vous proposer un petit détour par la mythologie grecque. En effet, je vais vous parler du mythe de la boîte de Pandore – ou plutôt la jarre, pour être plus fidèle à la version du poète Hésiode. Cette boîte n'est pas, à mon grand regret, un ballotin de chocolats. Non, je ne ramène pas tout à la nourriture voyons ! C'est plutôt un grand vase dans lequel Zeus avait enfermé tous les maux de l'humanité : vieillesse, maladie, guerre, famine, misère, travail, douleur et autres réjouissances. Bref, que des belles et bonnes choses. Il a fallu que la curiosité mal placée de Pandore lui fasse ouvrir le couvercle. Toutes les souffrances se sont alors dispersées dans le monde. D'où le fait que votre relation avec votre mère vous demandera dix ans de psychanalyse et que des gens méchants vous font des queues de poisson (le pire, c'est qu'ils vous klaxonnent !). Tout cela, c'est à cause de Pandore, la vilaine. La jeune femme, surprise, n'eut le réflexe de refermer la jarre que trop tard. Il ne restait alors plus qu'un seul élément dans la terrible jarre : l'espérance. En fait cette histoire, c'est un peu comme moi et mes paquets de biscuits lors de mes périodes de *binge* : j'en laissais toujours un, car cela me réconfortait de savoir que je n'avais pas « terminé » le paquet et qu'il y avait encore de l'espoir… La bonne blague !

Cette légende, c'est un peu ce que j'ai entrepris par la suite. Puisque j'avais décidé d'avancer, j'étais face à une nouvelle étape. Il me fallait comprendre l'origine de mon problème, ce qui ne va jamais sans la prise de conscience de ses manifestations. En effet, si je ne liais pas les causes aux symptômes, je risquais de passer à côté de beaucoup de choses. J'ai longtemps privilégié le « avant », sans m'intéresser à ce qui me concernait directement, le « maintenant ». Autrement dit, c'était bien d'avoir conscience que je me sentais mal dans ma peau parce qu'à l'école j'avais pu parfois souffrir du jugement des autres enfants, c'était encore mieux de relier cela à mes habitudes quotidiennes, comme celle de me cacher de tout regard extérieur lorsque je mangeais.

Ce fut donc une double étape assez délicate. Mais gardons en tête que le but est toujours d'y voir clair : il ne s'agit pas de remuer la vase pour le plaisir, loin de là. L'idée, c'est plutôt de nettoyer notre petite mare pour pouvoir observer les poissons.

Au vu de mes comportements face à mon assiette, je me suis interrogée sur l'élément déclencheur (s'il existe, parce que parfois, tout part en vrille sans grande raison apparente, mais ça, c'est le charme de l'être humain !) ou sur le point sensible qui me poussait à agir de manière obsessionnelle ou restrictive ou compulsive.

– Lorsque j'étais dans une phase compulsive, j'essayais de comprendre pourquoi, à ce moment précis, j'avais débranché mon cerveau et fait une crise.

– Si au contraire, j'étais dans une phase de rigidité et de restriction, je tâchais de saisir la raison qui m'empêchait, à cet instant, de m'alimenter.

– Lorsque j'incarnais l'idée de culpabilité au point que penser à un morceau de pain me faisait pâlir, j'essayais de voir pour quels motifs je me sentais fautive. Et non, les réponses du genre : « Parce que manger du pain, c'est MAL, pire encore, c'est la déchéance absolue. Et si la farine est raffinée, il n'existe pas de mots pour qualifier cet enfer, ma vie est finie ! » ne sont pas des arguments constructifs. Certes, je mourais d'envie de m'apitoyer sur mon pauvre sort de damnée, mais en faisant cela, je ne faisais qu'alimenter cette culpabilité. Alors je me suis secouée et j'ai tenté de sortir des schémas mentaux qui tournaient en boucle pour justement prendre du recul et identifier les fondements de tels jugements.

J'ai remonté, petit à petit, la chaîne des « pourquoi ? », jusqu'à ce qu'il me semble bon d'arrêter ; autrement dit, quand j'en ai eu ras-le-radis de me regarder le nombril.

Poursuivons avec des exemples de réflexions personnelles qui peuvent vous parler à vous aussi.

– Lors d'une période compulsive, je me questionnais: «Je ne peux pas m'empêcher de dévorer le paquet de gâteaux entier si, par malheur, j'en mange un seul. Rien qu'à l'idée d'un gâteau, je n'arrive pas à ne pas gloutonner tout ce qui est autour de moi.» Pourquoi? «Parce que c'est une habitude qui s'est forgée depuis l'adolescence.» Pourquoi? «Parce que je me sens en insécurité devant un aliment, j'ai peur qu'il disparaisse.» Pourquoi? «Parce que je ne me suis jamais autorisée à manger ni à avoir des biscuits à la maison.» Est-ce qu'aujourd'hui je suis toujours menacée par cette interdiction? Si oui, comment organiser ma vie pour que cela ne soit plus cas? Si non, pourquoi continuer à faire vivre une crainte qui n'est plus fondée?

– Dans le cas où j'étais plutôt sur une tendance anorexique: «Je ne peux pas manger, l'idée même de manger me donne la nausée.» Pourquoi? «Parce que manger, c'est répugnant, alors je préfère éviter.» Pourquoi? «Parce que je ne veux pas salir mon corps de l'intérieur en mangeant des aliments non sains.» Pourquoi? «Parce que j'ai envie de rester pure et que je ne supporterais pas l'idée de me polluer, je suis suffisamment dégoûtante comme cela... Pourquoi? Parce que je suis quelqu'un qui a besoin d'avoir des repères et de tout gérer, sinon je panique.»

Ici, on voit bien que le travail que je devais mener ne concernait pas tant la prise alimentaire, mais plutôt le lâcher-prise!

– Quand je culpabilisais constamment: «J'ai mangé un hamburger, je suis une moins que rien. Je vais forcément grossir après ça. Et puis je n'arrive vraiment pas à suivre ce régime! De toute façon, je crois bien que je n'arrive à pas grand-chose dans la vie.» Pourquoi? «Je me sens coupable d'avoir avalé tout ça alors que je m'étais juré que je commençais un nouveau régime, ce qui renforce le peu d'estime que j'ai de moi-même.» Pourquoi? «Comme je ne m'aime pas, j'espère que perdre du poids m'aidera à me revaloriser à mes yeux comme à ceux de mon entourage. Mais comme je n'y arrive pas, je m'enfonce dans cette spirale de la culpabilité.»

Dans un tel cas aussi, ce n'est pas tant le hamburger qui est important, c'est plutôt mon estime personnelle qui a besoin d'un coup de main.

Vous trouverez en fin de chapitre un petit encadré rien que pour vous, afin que vous puissiez vous aussi remplir votre propre chaîne des «pourquoi?».

Ce bref aperçu reste très simpliste, mais c'est bien cette stratégie que j'ai appliquée à mon cas. Les scénarios présentés ici ne sont donnés qu'à titre d'exemple. Il est évident que la réalité de la vie est plus complexe (vous avez vu que je n'ai pas fait mention de mes parents une seule fois? Je ne voulais pas vous effrayer davantage!) et que plusieurs facteurs peuvent s'imbriquer dans chaque problématique alimentaire. Il s'agit d'analyser le point de départ pour mieux combattre en ayant toutes les cartes en main.

En ce qui me concerne, j'ai eu besoin d'aller fouiller tous les « pourquoi » de la terre entière, me perdant complètement dans cette quête. Il me fallait remonter péniblement cette chaîne infinie des causes de l'origine première. Et à trop me demander qui de l'œuf ou de la poule était le premier, j'ai un peu perdu de vue le but de ce travail.

Le raisonnement était pourtant très simple :

Je n'accepte pas mon corps qui change => Je cherche à revenir à un poids de petite fille => Je fais attention à ce que je mange => Je vide mon estomac dès que j'en ai la possibilité.

Or, pour en arriver là, j'ai eu besoin de passer au peigne fin toutes les habitudes alimentaires de ma famille (« Dis grand-mère, elle était comment ta maman à table ? » Pas bizarre du tout, non. Moi, je sais mettre l'ambiance aux repas de famille !). J'ai tout de même appris, grâce à ce travail d'archéologue, que l'équilibre prétendument parfait qui régnait pendant les repas à la maison était nuancé par la présence de certaines prémices de mon futur mal-être. Bref, qu'il y avait anguille sous roche, ou plutôt baleine sous gravier, si vous me le permettez !

En effet, si j'épongeais le gras sur mes aliments, c'est parce que je l'avais déjà vu chez ma grande sœur qui l'avait pris de ma mère qui elle-même avait imité ma grand-mère... Et peut-être ainsi de suite, JUSQU'À L'ORIGINE DU MONDE (orchestre symphonique en fond sonore). Je n'ai pas eu besoin de connaître l'autrice originelle (c'était apparemment un problème féminin dans ma famille) de ce geste puisque j'avais compris quelque chose d'important : dans les familles, on se refile souvent les névroses d'une génération à l'autre. C'est comme ça. CELA NE SERT À RIEN D'EN VOULOIR À LA TERRE ENTIÈRE (encore une étape qui m'a pris beauuucoup de temps). C'est pareil dans toutes les familles, puisque nous sommes des êtres humains, imparfaits mais parfaits dans cette imperfection (c'est bien moi qui écris ces mots ?). Aussi, je devais accepter que ma mère et ma grand-mère avaient des comportements de type anorexique pour pouvoir moi-même avancer dans ma problématique. « Gloups », pas facile à avaler le morceau.

Je profite de cette parenthèse pour souligner le fait que les problèmes alimentaires sont souvent (pas systématiquement non plus) liés à notre héritage familial. Si la nourriture est un problème, c'est probablement en lien avec les figures parentales qui ont été nourricières pour nous, aussi bien lorsqu'elles nous donnaient le petit pot que lorsqu'elles nous élevaient l'esprit en le nourrissant. Ouvrir la porte de son passé familial est difficile, complexe, et source de bien d'émotions contradictoires. D'autant plus que j'ai appris des choses, mais je ne savais même plus bien si cela avait un quelconque intérêt pour moi (« Ah bon ? Grand-pépé dormait toujours en chaussettes ! Et vous les avez gardées ! Mais c'est formidable ! »). Je pense qu'il faut bien s'assurer de vouloir se lancer dans cette entreprise, qui peut nous éclairer comme nous perdre dans de multiples considérations. Or, ce qui m'intéressait, c'était d'avancer et de ne plus paniquer devant une assiette. PAS DE FAIRE LE PROCÈS DE MES PARENTS ! Laissez-moi juste une minute pour me faire un massage cardiaque s'il vous plaît, parce que Mathilde Blancal qui écrit cette phrase, c'est aussi révolutionnaire que le premier pas de l'homme sur la Lune ou l'invention des bougies parfumées à la vanille. Il y a un avant et un après !

Quand la colère, la tristesse et la frustration étaient trop fortes, j'aimais me rappeler que le passé ne peut, de toute façon, pas être changé. Ça m'embête autant que vous de devoir reconnaître cette plate vérité, croyez-moi, mais nous n'avons pas d'autre choix que de l'accepter. L'important, c'est d'aller de l'avant, pas de rester bloqué sur des événements d'un autre temps. N'est-ce pas, chère mémoire ? Alors arrête de ressasser tes petits traumas de l'enfance et avance, nom d'une courgette ! Bon d'accord, j'avoue que certains souvenirs sont plus durs que d'autres à oublier, notamment l'histoire du chien à la soirée qui continue à me tenir éveillée certains soirs ! Je fais alors quelques respirations abdominales, je me concentre sur le coin supérieur de mon rideau et, normalement, j'arrive à passer à autre chose après un certain temps.

En réfléchissant sur les origines de mon problème, j'ai aussi observé que le rapport au corps était particulier dans la région où j'ai grandi. Sous les tropiques, la peau usée par un soleil qui brille toute l'année, tout le monde se pare de son plus beau (et moins couvrant) maillot de bain pour parfaire son bronzage. Les gens se regardent les uns les autres TOUTE la journée. C'est simple, c'est le sport national. En même temps, il n'y a pas grand-chose à faire d'autre sur la plage. (C'est faux, on peut faire des batailles de sable, ça énerve, ça fait très mal et tout le monde se crie dessus à la fin. J'aime beaucoup ça.) Sont passés au peigne fin le moindre petit bourrelet, chaque minuscule capiton graisseux ou encore les côtes trop saillantes des maigrichons. J'ai souvent entendu des phrases de peste du type « Tu as vu comme Untelle a grossi ? Non mais elle devrait comprendre qu'il ne faut pas exhiber sa cellulite comme ça ! » ou encore « Regarde le copain de Untel, tu ne trouves pas que son corps ressemble à un camembert moisi ? ». Quelle pression et quelle méchanceté ! C'est pourquoi j'ai moi-même tenté de m'accommoder de ce regard des autres en me cachant sous des bandages serrés, telle une momie égyptienne, ou en affichant, par provocation, l'apparence trompeuse d'une jeune femme sans complexes avec des bikinis rikiki. Il va sans dire que je ne respirais pas de la journée pour maintenir mon ventre en place entre les rares bouts de tissu afin de ne pas faire l'objet de ces remarques acerbes !

Forte de tous ces éléments, j'ai pu comprendre quelles grandes lignes m'avaient construite et pourquoi j'avais cristallisé de telles idées et de tels comportements alimentaires. Cette étape du questionnement n'a pas été la plus agréable, mais j'ai tenu bon. N'oublions pas que dans la jarre de

Pandore, il restait l'espoir, et que dans mon paquet de gâteaux, il restait un biscuit...

Je vous invite maintenant à prendre votre stylo préféré (celui avec l'encre violette toute jolie, pas celui qui ne fonctionne qu'une fois sur dix et qui vous a été donné par votre complémentaire santé !) et à remplir votre propre chaîne de causalité. Allez-y, notez vos schémas de pensée récurrents, juste ici. N'attendez pas d'avoir fini le livre, parce que vous ne ferez probablement pas cet exercice (je parle en connaissance de cause). Et si vous n'aimez pas écrire dans les livres, je vous comprends, mais pourquoi ne pas essayer pour une fois ? Puisqu'on va renverser tous les codes, autant tenter cette expérience, non ? C'est finalement très thérapeutique et libérateur de s'accorder le droit d'écrire dans un bouquin, car oui, vous le méritez. Ce livre est votre livre et vous pouvez en faire ce que vous voulez (enfin, un peu de clémence pour l'autrice de ces lignes s'il vous plaît). Mettre des mots par écrit vous permettra de mieux visualiser vos schémas et même de commencer à prendre de la distance, car vous vous sortirez ces pensées récurrentes de la tête en les couchant sur le papier. Cela vous aidera, je l'espère, à y voir plus clair !

Ma petite introspection

Elément déclencheur des péripéties :

Idée récurrente :

Pourquoi ?

Et si on creuse encore un peu, pourquoi ?

Jacques a dit : « Tu seras belle, jeune et mince »

Ne vous êtes-vous jamais demandé pourquoi la minceur était une telle religion chez la femme ? Pourquoi est-ce que nous courons (presque) toutes après ce graal ? Comme si c'était dans notre ADN de devoir/vouloir être mince. Tenez, pas plus tard que la semaine dernière, je suis allée dans une boulangerie pour me prendre une petite douceur, parce que cela me faisait envie (vous voyez comme j'ai changé ?). Tout me mettait l'eau à la bouche : entre les beignets au chocolat, les cookies maison et les chouquettes fraîches, mon cœur balançait. La vendeuse m'a un peu trop pressée pour que je fasse mon choix, je lui ai avoué que je n'arrivais pas à me décider devant tant de belles choses (j'ai horreur de cette fâcheuse manie qu'ont les vendeurs en boulangerie de demander « Et pour vous ? » alors que je suis encore en train de pousser la porte d'entrée ! Grrr). Et là, le client de devant, que je ne connaissais pas et qui n'a aucun mot à dire sur ma vie, s'est permis de faire cette remarque en riant : « Ouh là là, il ne faudra pas tout prendre hein ! Après vous allez grossir ! » Est-ce que je t'ai sonné pauvre tâche ? De quoi tu te mêles ? Et c'est quoi ces idées rétrogrades ? Tu voudrais aussi que je passe la journée enfermée à la maison à me faire belle et à ne rien manger pour le bon plaisir de monsieur qui rentre le soir, vu que je ne suis qu'une simple bonne femme qui doit rester mince à tout prix ? Le pire dans tout cela, c'est que je suis trop lâche pour dire ouvertement ce genre de choses (en même temps, ça aurait peut-être jeté un léger froid dans la boulangerie) et que j'ai même SOURI à ce monsieur par politesse. J'ai envie de me faire bouffer mes chaussettes sales, je vous jure ! Pourquoi est-ce que je ne lui ai pas simplement dit que sa remarque était déplacée ? Pourquoi je l'ai moi-même encouragé en souriant ? J'ai passé la nuit à me maudire pour mon absence de réaction, moi qui cherche à être la « Marianne » de l'acceptation du corps, brandissant mes idées sur les barricades des clichés sociétaux !

Cette anecdote illustre exactement mon propos : les stéréotypes sont perpétués par ce genre de comportements, le mien y compris. Le client, avec son attitude déplacée, ne sait pas que pour moi une telle phrase peut être douloureuse (je vous rassure, tout va bien maintenant, mais il en aurait été autrement quelques années auparavant). Il sait en revanche que les femmes doivent rester minces pour être attirantes (je doute sincèrement qu'il ait dit cela par égard pour mon cholestérol) et que c'est « mal » de grossir (sinon pourquoi me mettre en garde ?). C'est une stigmatisation qui n'a choqué absolument personne dans la boulangerie parce que cette idée de minceur absolue chez les femmes est trop largement partagée. Et comme personne n'y fait attention et que Mathilde ne s'est pas lancée corps et âme dans une présentation PowerPoint de cinq cents diapositives sur cette remarque nulle et non avenue (j'aime remuer le couteau dans la plaie de mon inaction), cela s'imprime dans nos têtes comme si c'était vrai et cela devient un décor dans lequel on évolue sans se poser de questions. La vendeuse, les autres clients et le monsieur en question vont rentrer chez eux et faire de beaux rêves en intégrant le fait qu'on peut se permettre de faire une remarque sur le poids qu'une femme doit peser et qu'être gros ce n'est pas bien (je schématise, mais vous avez l'idée). Allez, j'arrête avec ça, on va croire que je suis un peu aigrie sinon ! Le prochain qui me fait une réflexion de ce genre n'a qu'à bien se tenir !

Cette petite histoire m'a fait réfléchir, et je me suis dit qu'il serait intéressant de comprendre comment les standards de beauté de notre société nous ont forgés et continuent de nous modeler, presque à notre insu. Je vous rassure, il ne s'agit pas d'une enquête scientifique, c'est plutôt un constat empirique qui est largement partagé par toutes les personnes de mon entourage avec qui j'ai pu échanger. Je n'ai pas non plus envie de tomber dans la simple discussion de café, car comme vous le verrez, des idées dominantes ressortent et brossent le portrait d'une société à tendance paternaliste dans laquelle la femme est traitée comme un objet. Sans tomber dans le fameux « les hommes sont tous les mêmes » et « la société est pourrie », je pense qu'il est important de faire le point sur les philosophies qui nous ont construits et que nous véhiculons nous-mêmes sans nous en rendre compte.

Pour commencer, on ne peut pas faire semblant d'ignorer que l'image de la femme et de l'homme que l'on nous propose aujourd'hui dans les médias reste irréaliste et hyperculpabilisante. Désolée, les femmes n'ont pas toutes la taille mannequin d'1,75 mètre pour 52 kilos, avec une belle poitrine et un fessier musclé, une taille fine et des cheveux soyeux. Bien au contraire, cellulite, cheveux blancs, acné, peau sèche et pellicules font partie de nous et sont des phénomènes complètement normaux. De même, les hommes ne sont pas tous de ténébreux mâles alpha aux abdominaux gonflés de testostérone, à la voix rauque et chaude et à la pilosité inexistante. Aussi, ces images qui sont censées nous donner un modèle de référence (la « Femme », « l'Homme », ou plutôt « ce à quoi doit ressembler toute femme ou tout homme »), loin de nous aider, nous donnent de fausses représentations de la réalité. Et puis sincèrement, on en a marre de trouver dans chaque magazine féminin que l'on ouvre un dossier complet sur « comment perdre du poids » à côté d'une autre page « Aimez-vous telle que vous êtes », suivie d'une recette de brownie à 6 000 calories la part (et je ne fais pas mention du test « Êtes-vous une femme fatale ? », sinon on pourrait croire ~~à un cliché~~ à la vérité !).

Lorsque j'étais adolescente, je lisais des magazines type *Belle et Ado* qui étaient, a priori, adaptés à mon âge. Je vais prendre l'exemple d'un des numéros parus il y a quelques années. Celui-ci avait pour titre : « Les bonnes astuces pour avoir une silhouette de rêve ». Sur la couverture, une photo de Laetitia Casta portant sensuellement une robe ultramoulante à paillettes dont le décolleté hypnotisant cache presque le second titre : « Plus de 30 pages pour être super belle ». Bien entendu, le magazine offrait un joli cadeau à la lectrice : une trousse à maquillage ! Comment voulez-vous qu'une jeune femme en pleine construction identitaire ne se compare pas à la plus bombe atomique des mannequins qui ait existé sur terre ?! (C'est une question rhétorique.) En outre, comment ne pas faire le lien entre être belle et être sexy, maquillée, et avoir une silhouette de rêve ? Depuis quand faut-il « plus de 30 pages » pour être belle ? Est-il impossible d'être belle dès le matin, au naturel, avec les cheveux savamment décoiffés et la marque de l'oreiller sur la joue ? Et puis, si je ne ressemble pas à Madame Casta, cela veut-il dire que je suis moche ? Parce que moi, ado, j'ai des boutons. Je n'ai pas la même poitrine de femme que la star ni sa taille de guêpe. Ni sa désinvolture, ni son regard aguicheur et ni sa « mise en beauté » par les maquilleurs, les photographes, les révélateurs de volume capillaire, les parfumeurs et autres « pschitt-pschitteurs » qui l'entourent. Alors forcément, quand je me regarde dans le miroir, du haut de mes 16 ans, dans la salle de bains familiale au milieu des serviettes trempées, des brosses à dents en fin de vie et des cotons-tiges (non utilisés, je précise : certes, je ne savais pas manger, mais je n'étais pas sale non plus !), et que je regarde ensuite la couverture du magazine, je me dis qu'il faudra bien plus qu'une simple trousse à maquillage pour être belle. Il en faudra au moins trois. Sans rancune, Laetitia, on le sait bien que tu es magnifique ! Cela n'a rien de personnel.

Enfin, et j'arrêterai là mon étude socio-anthropo-psychologique, n'avez-vous pas remarqué le titre du magazine ? En mettant simultanément en avant les attributs de jeunesse et de beauté, il est presque impossible de les dissocier. Alors quoi, pour être belle il faut être jeune ? Quand on est jeune, est-ce une injonction à tout faire pour être belle ? Bref, vous avez compris le propos. Tout cela me donne une furieuse envie de fonder un nouveau magazine du type *Vieille et Moche*, histoire qu'une fois devenues mûres (autrement dit à partir de 30 ans !), les femmes qui ont lu *Belle et Ado* ne se retrouvent pas à la rue sans conseils vitaux sur comment entretenir leur maison, perdre les kilos liés à leur grossesse et réussir une mise en plis. Vous vous abonnerez ?

Toutes ces représentations issues des médias forgent, dans l'imaginaire collectif, des standards auxquels toute personne devrait, de près plus que de loin, obéir. Et si, par malheur, nous sortons de ce cadre aux angles bien droits, nous sommes remis en question dans notre légitimité. Fini les courbes de la vie et du corps, il faut ressembler à ces idées figées pour ne pas être « hors norme » ! Repensez à la remarque trop nulle que m'a faite le monsieur à la boulangerie : c'est typiquement ça !

Enfin, je ne pourrais clore ce sujet sans parler de la perception de la minceur (et donc des régimes pour y parvenir) dans notre société. Le poids est un critère déterminant dans la vie. Ne nous mentons pas, c'est bien vu d'être mince et musclé aujourd'hui. Mais où s'arrête la course effrénée au corps le plus parfait ? La pression est tellement poussée loin pour les standards de beauté féminine qu'une mode est apparue il y a quelques temps : celle de la feuille A4. Le but étant de placer une feuille A4 devant sa taille et son ventre et de s'assurer que la feuille est bien plus large que le corps. UNE FEUILLE A4. Je suis atterrée de voir l'engouement qu'a eu ce « challenge » complètement aberrant et de constater que nombre de jeunes femmes se sont donné pour objectif d'avoir non pas une « taille mannequin » mais une « taille A4 », soit 21 cm de largeur sur 29,7 cm de longueur. Quel objectif de vie ! Quels sacrifices pour ce résultat !

Heureusement qu'il a fallu des millions d'années d'évolution pour qu'on ait des idées aussi extraordinaires qui font avancer l'humanité. Les dinosaures doivent être fiers de nous je pense.

De même, si on y regarde bien, la société a souvent tendance à féliciter et encourager les gens devenus minces. Reconnaissons-le, nous sommes toujours admiratifs des personnes qui réussissent à perdre 50 ou 100 kilos et passent d'obèses morbides à stars hollywoodiennes. J'étais la première à regarder sur Internet des avant/après extraordinaires, complètement fascinée par ces transformations ; c'est bien simple, je pouvais passer des heures à surfer ainsi. (Cela s'appelle le vortex d'Instagram, pour celles et ceux qui connaissent ! C'est une faille spatio-temporelle où on rentre sans savoir vraiment quand, comment et si on va en ressortir un jour.) Le souci, c'est que cette admiration s'imprime dans notre cerveau et cela nous pousse, nous aussi, à montrer que nous sommes capables de tels exploits. Pour la reconnaissance qu'ils suscitent et pour coller au plus près aux standards de beauté. En toute honnêteté, je pense que si nous n'avions pas ce regard extérieur, nous nous moquerions probablement de perdre du poids.

Loin de minimiser les pertes de poids spectaculaires, je pense qu'il est bien plus dur de perdre 5 kilos pour une personne de corpulence « normale » (bien que je déteste ce mot), que perdre 5 kilos pour une personne pesant déjà 168 kilos. Parce que ces 5 kilos que je veux perdre, moi femme « normale », ce sont des kilos de vie et non des kilos d'excès à répétition. Ces 5 kilos, ce sont les apéros du vendredi soir avec mes amis, les crêpes du dimanche matin avec mon compagnon, les chouquettes que mon collègue apporte au bureau, cette troisième part de reblochon que je prends avec gourmandise. Et ce n'est pas grave. Au contraire, tant que mon corps me suit dans ce que j'entreprends, ces 5 kilos n'ont absolument AUCUNE IMPORTANCE. Allez, maintenant on se détend. Ça fait du bien, non ?

Alors bien sûr je ne parle pas des athlètes qui s'entraînent pour les Jeux olympiques qui, eux, doivent réellement surveiller leur alimentation et limiter tout excès en vue de leur performance et d'une compétition (et donc dans un laps de temps relativement court, pas pour leur existence entière). Non, moi, c'est différent. Suis-je en train de préparer un record mondial de course à pied ? Est-ce que vous pouvez sérieusement me figurer dans ce rôle, moi, la *drama queen* bonne vivante qui finissait toujours dernière aux cours de sport et qui ne sait pas où mettre ses bras quand elle court ? Bien. J'ai juste besoin que mon corps puisse m'emmener au sommet d'une montagne lors d'une randonnée, de pouvoir courir après mon bus sans m'étouffer ou me briser les genoux et de ne jamais être limitée dans mes efforts.

Toutes ces situations ne sont pas le reflet d'un corps limitant. Lorsque je parle d'un corps sain et en bonne santé, je parle d'un corps qui ne souffre pas, qui n'est pas privé et qui peut remplir toutes les actions que je lui demande au quotidien. Revenons sur terre et regardons autour de nous. Personne ne se met autant de pression pour rentrer dans une taille 34. Je n'ai pas besoin de peser un certain poids ou de réaliser une prouesse improbable pour exister. Et vous non plus !

Vraiment, mon ventre n'est pas le centre du monde, et m'affamer jusqu'à la fin de mes jours ne fera pas de moi une bonne personne. Est-ce que je souhaite que sur ma tombe on écrive : « Elle vécut malheureuse, frustrée, déprimée et insupportable, mais avait un superbe ventre plat et des cuisses qui ne se touchaient jamais » ? C'est ça que je veux ? J'aurais une reconnaissance (brève) pour un effort de toute une vie. Si je regarde le ratio entre satisfaction et privation, je peux me demander si cela vaut tous les sacrifices que cela implique. Allez, je mets un terme à ce suspense intenable : la réponse est NON.

Revenons-en à nos cinq petits kilos « en trop ». Croyez-vous vraiment qu'ils sont superflus ? Les moments passés à VIVRE ne sont-ils pas un milliard de fois plus riches et qualitatifs que la privation qu'un régime apporte ? Parce que oui, pour perdre ces 5 kilos, il va falloir arrêter de manger ces petits riens qui donnent toute sa saveur à notre vie. Prenons le temps de réfléchir, posons-nous les bonnes questions. Qu'est ce qui est plus important pour moi ? Savourer ce moment dans toutes ses dimensions humaines, alimentaires, sensorielles ? Ou résister et s'isoler de la vraie vie ? Préférez-vous une existence riche de partages et de plaisirs ou un quotidien de frustration, malgré des abdominaux visibles ? Alors faites-moi plaisir, s'il vous plaît, et offrez-vous cette belle glace qui vous fait tant envie cet été !

Libérer l'éléphant de mer qui sommeille en moi

Ces réflexions sur le conditionnement social de la minceur m'ont permis de réaliser que la vie, ce n'était pas forcément lutter constamment contre un corps qui, de base, est fonctionnel. Que j'avais le pouvoir de modifier mes standards si j'acceptais de prendre mon courage à deux mains et faire un pas de côté. Ce n'est pas simple de sortir de son conditionnement et d'oser s'affirmer en dehors du cadre. Pour autant, je pense que l'aventure et la liberté qui sont à gagner en faisant cette démarche sont assez extraordinaires. Et pour aller encore plus loin, on peut même tenter de renverser complètement les codes.

Je vous propose un changement de perspective radical. Voulez-vous embarquer avec moi dans ce voyage ? Alors prenez votre doudoune fétiche, car vous en aurez besoin. (Je ne sais pas ce que vous en pensez, mais je n'ai jamais trouvé cet habit esthétiquement réussi. Pourtant, j'ai l'impression d'être dans ma couette lorsque j'enfile la mienne, alors mes scrupules n'ont pas trop de poids). Direction le Grand Nord ! En effet, je vous emmène avec moi dans un de mes souvenirs clefs. Il y a quelques années, je me suis rendue à un festival de films d'aventure avec ma meilleure amie. Vous savez, ce sont des projections d'expéditions sur écran géant dans lesquelles des personnes incroyables réalisent les idées les plus folles qui existent (comme traverser le Turkménistan en courant ou réaliser un record d'apnée sous la glace !). C'est à cette soirée que j'ai eu un déclic : j'ai compris que j'étais incarnée en humaine alors que ma vie était celle d'un éléphant de mer.

J'ai été complètement fascinée par cet animal mis à l'honneur dans un reportage. À vrai dire, je l'enviais un peu ! Laissez-moi vous expliquer. Sa vie consiste à manger le plus possible afin de survivre aux températures extrêmes de l'hiver polaire. En comparant son existence à la mienne, je me suis dit qu'il était vraiment chanceux. Alors bien sûr j'en rajoute un peu et je ne m'identifie pas à un éléphant de mer (même si la tentation est forte quand je suis à la piscine dans mon maillot une pièce, avec un bonnet en plastique qui m'arrache les cheveux et des lunettes qui aspirent mes yeux hors de leur orbite), mais ces images m'ont fait réfléchir.

C'est fou : sur terre, il existe des personnes comme moi dont la seule obsession est de maigrir et de ne pas manger trop de calories, quitte à se faire vomir, et, de l'autre côté, on a les éléphants de mer. Tout est dit. Leur graisse est synonyme de valeur, de puissance, et est garante de leur survie. C'est bien simple, l'animal le plus gros aura le plus de chances de traverser l'hiver (le gras, ça isole bien du froid !), de ne pas se faire attaquer et d'être le plus sexy de la colonie. Alors que nous, on fait défiler sur les podiums (symbole de l'idéal d'une société) des êtres décharnés qui doivent sniffer de la cocaïne pour rester debout, faute de nourriture. Bref, on marche sur la tête et ce n'est pas bien pratique !

Figurez-vous que dans ce fameux documentaire, les aventuriers qui filmaient ces animaux sur et sous l'eau (il faut le vouloir dans une eau à 2 °C !) mangeaient comme des éléphants de mer ! Je me souviens parfaitement d'une séquence où l'un des plongeurs prenait une bouteille d'huile (qui était bien évidemment figée du fait des – 15 °C ambiants) et ajoutait une quantité équivalente à au moins 2 000 calories, selon mon œil d'experte, à son repas. Il rajoutait donc un verre de gras à son plat parce que sinon, à la fin du séjour, il maigrissait trop. IL RAJOUTAIT 2 000 CALORIES À SON PLAT SINON IL MAIGRISSAIT. Mais en fait, c'est ÇA qu'il me fallait ! Si je voulais vraiment perdre du poids, je devais aller au pôle Nord plonger sous la banquise et j'aurais le droit de manger absolument tout ce que je veux, en maigrissant en compagnie de mes copains les éléphants. Le rêve ! Attendez-moi les amis, j'arrive ! Je n'arrivais pas à quitter des yeux ce reportage qui m'ouvrait tant de perspectives de vie. Eléphant de mer ou plongeuse polaire, j'avais enfin une place sur cette terre. Ou plutôt mon corps et mon appétit d'ogre pourraient trouver un environnement paisible et propice à leur liberté (vous m'imaginez bien sur ma banquise au milieu d'une colonie d'animaux là, non ?).

Puis, j'ai regardé autour de moi et j'ai vu les bananiers et les cocotiers de mon île tropicale (nous étions en plein air). Je me suis écrasé un moustique sur le bras qui profitait de mon envoûtement pour me piquer sur le coude (non mais ça ne va pas d'attaquer les gens ainsi, espèce de traître !) et j'ai réalisé que j'avais déjà froid quand le thermomètre tombait en dessous des 22 °C. Qu'est-ce que j'allais bien pouvoir faire au pôle Nord à part manger de l'huile figée et grelotter ?

J'ai laissé tomber la superbe carrière d'éléphant de mer qui s'offrait à moi, mais j'ai beaucoup appris.

J'ai appris que les plongeurs respectaient leur corps ; que s'ils voulaient faire des choses dans leur vie et réaliser leurs rêves, ils s'en donnaient les moyens. Il est vrai, je pense, que les aventuriers n'avaient que faire de leur poids et qu'ils ne souffraient pas, comme moi, de troubles du comportement alimentaire. Néanmoins, ils mettaient tout en œuvre pour atteindre leur objectif. Finalement, seul leur corps leur permettait de réaliser l'exploit formidable de plonger sous la glace pour capturer des instants de vie hors du temps. Alors forcément, ils prenaient soin de lui et lui donnaient tout ce dont il avait besoin. Ils respectaient leurs besoins fondamentaux pour pouvoir vivre leurs rêves et ces aventures exceptionnelles.

Dans les jours qui ont suivi, je me suis mise à réfléchir sur mon approche totalitaire de l'alimentation et du sport, car si les plongeurs acceptaient volontiers de rajouter 2 000 calories à leur plat, juste « comme ça », j'étais bien loin de cette logique parfaitement normale. En effet, je courais à n'en plus finir contre moi-même et contre toute cette vie, je faisais des programmes sportifs impossibles du type *Extreme military training for maximum power* (un livre dans lequel les seules images sont des bonhommes hypercongestionnés avec des veines saillantes sur chaque partie de leur corps, même leur menton ; je m'identifiais à ces brutes en uniforme en me rêvant semblable, bref, la vraie éclate ces séances de sport !).

Tout cela en ne mangeant qu'un demi-concombre avec une sauce vinaigrette à l'eau 0 % de matière grasse.

L'idée a pris du temps à mûrir, mais la graine avait germé dans ma tête : si je voulais que mon corps m'amène loin et me permette de réaliser mes rêves les plus fous (comme écrire ce livre !), je devais le respecter. Lui donner à manger. Et de la vraie nourriture, car je me vois déjà me dire : « Mais enfin, tu ne fais QUE manger ! Regarde, ce midi tu as mangé 600 grammes de petits pois vapeur ! Tu es un boudin ! ». Bref, je devais enfin prendre soin de moi si je voulais faire autre chose que pleurer sur mon sort et fantasmer sur la possibilité de manger 2 000 calories en toute impunité.

À la suite de ces réflexions, j'ai revu ma dictature à la baisse (sous-entendu je mangeais cette fois-ci trois radis avec une cuillère à soupe d'huile !) et, avec le temps, j'ai remis les choses à leur juste place. Augmenter les quantités et la variété des aliments a pris du temps, mais j'ai fini par réussir à remonter la pente. J'ai « simplement » réalisé que manger me permettait de vivre. Alors oui, il ne faut pas avoir un doctorat en philosophie pour écrire cela, mais croyez-moi, quand on est malade de la nourriture, on ne le voit même plus. Je me suis rendu compte que les aliments n'étaient PAS de méchants tentateurs qui voulaient uniquement me faire succomber car je suis faible et sans volonté (ô pauvre de moi !). Si je ne veux plus être la victime de ma vie, je me dois d'agir comme une super-héroïne et donc mettre mon corps au service de tous mes projets, et non l'inverse ! Vous avez déjà vu Wonder Woman peser ses lentilles corail et passer sa journée à pleurer parce qu'elle a de la cellulite ? Elle est bien trop occupée à botter les fesses des méchants et à faire des acrobaties pour ça ! Et si, justement, elle veut avoir de l'énergie pour sauver le monde (rien que ça !), je doute qu'elle se nourrisse de konjac et de concombre cru. Eh bien, faites en sorte d'être cette Wonder Woman !

Le gras, c'est la vie

Au fur et à mesure, je commençais à mieux cerner les mécanismes de ma pensée, les limites que je m'imposais face à la nourriture ainsi que les origines de ces dérèglements. En comprenant mes schémas de fonctionnement et en mettant en place des actions concrètes, j'ai pu restaurer peu à peu mon rapport à l'alimentation. Avec le recul, j'ai envie de dire à la Mathilde de cette époque : « Tu peux être fière de toi, c'est un grand pas vers la guérison que tu es en train de faire ; ne lâche rien, tu vas y arriver ! *YOU ROCK BABY!* ». Car les encouragements sont fondamentaux pour continuer à avancer, même si, parfois, être bienveillant envers soi-même n'a rien de naturel.

Ce qui me laissait pourtant toujours perplexe, c'était ce fameux corps qui ne réagissait jamais comme je le souhaitais. Vaste question. Autrement dit, pourquoi je dévalisais mes placards de nourriture dans une crise de *binge eating* alors même que je m'empêchais de manger à peine une minute avant ? J'ai voulu creuser un peu plus cette question et j'ai cherché à comprendre ces pulsions incontrôlables. C'est ainsi que j'ai découvert comment fonctionnait mon cerveau. Car, il se passait bien quelque chose dans mes neurones quand je pensais pourtant « tout débrancher ». Sans vous donner un cours complet de neurosciences, c'est avec plaisir que je vous partage quelques découvertes passionnantes qui apportent un éclairage nouveau sur ces crises de boulimie « irrationnelles ».

Notre cerveau a, depuis notre naissance, un rôle protecteur. Il incite notre corps, par l'intermédiaire de nos neurones, à rechercher tout ce qui peut nous procurer du plaisir et à éviter la douleur. Tout cela dans le but de nous rendre la vie douce. Jusque-là, cela semble logique. Comme le but de l'évolution reste la survie de l'espèce grâce à la survie des individus, la nature a trouvé un super levier pour nous pousser à avoir des comportements bénéfiques (comme nos instincts primitifs que sont manger, boire, dormir, se reproduire) : ce sont nos neurotransmetteurs. En somme, ils correspondent à un savant mélange hormonal produit par le cerveau.

Ces envies primaires sont comme inscrites en nous dans une zone de notre cerveau que l'on appelle cerveau « reptilien ». Nous sommes ainsi conditionnés, malgré nous, à réaliser des actions dans le seul but de perpétuer la vie humaine. Dédramatisons tout de suite : j'accepte parfaitement de servir cette cause, tout simplement parce que le génie humain a créé les crackers au vinaigre et à la fleur de sel. Rien que pour cela, je veux bien être un pion dans l'échiquier géant de la vie (mais quel pion heureux avec ses crackers me direz-vous !).

Cerveau reptilien = survie = besoins fondamentaux = instincts primitifs = manger

Lorsque nous sommes confrontés à un stimulus annonçant du plaisir, on constate que des neurotransmetteurs, tels que la dopamine, la sérotonine et des endorphines (tous connus comme étant les molécules du bonheur), sont libérés afin de nous faire bouger vers la source du plaisir. En clair, un stimulus (je vois une gaufre à la crème de marron) cause un désir (manger) qui engendre lui-même une action (porter la cuillère à ma bouche) source de satisfaction (le plaisir du sucré), et tout cela grâce à un cocktail hormonal maison ! C'est ce qu'on appelle le « circuit de la récompense ».

Pourquoi est-ce que je vous raconte tout cela ? Qu'est-ce que mes hormones viennent faire dans mes craquages ? Eh bien, en comprenant cela, j'ai réalisé que mes neurones attribuaient une valeur à ce qui m'entourait, me poussant, presque malgré moi, à activer un système en fonction du plaisir ou de la douleur que j'allais éprouver. Constatant que manger était agréable et que je survivrais ainsi (donc en attribuant une valeur positive au fait de m'alimenter), mon corps me poussait à tout dévorer si je l'empêchais de se nourrir. C'est pour cela que j'avais des *cravings*, des envies irrépressibles de vider mes placards.

Concrètement, comment cela se passe-t-il là-haut dans notre cerveau ? Je vais prendre un des milliers d'exemples qui ont ponctué ma vie d'anorexique-boulimique : le fameux mille-feuille. Défendu, interdit, « même pas en rêve », cela va sans dire, mais pourtant là, devant moi. Quand je pense à ce mille-feuille que je ne dois surtout pas manger parce que je me le suis formellement interdit par recommandé avec accusé de réception que j'ai moi-même signé (plus d'excuses !), voilà ce que les coulisses peuvent nous révéler. Mon cerveau a le choix entre deux options.

1. Il peut basculer sur ce circuit de la récompense, n'écoutant même pas mes envies rationnelles de contrôler mon poids (au diable les accusés de réception !). Percevant la satisfaction du festin à venir (le sucre et le gras, aliments denses énergétiquement, bons pour le moral mais aussi pour la survie de l'espèce), mon taux de bonnes hormones va grimper en flèche et je vais me retrouver à prendre une cuillère et attaquer cette pâtisserie. Je sais en effet d'avance qu'une bouchée de cette délicieuse pâtisserie sera comme un feu d'artifice dans ma bouche, et mon cerveau comprend que, grâce à elle, je remonterai mon niveau d'énergie, éloignant le risque de mourir de faim. J'obéis au circuit de la récompense du ventre !

2. Ou bien, mon cerveau rationnel aura mieux maîtrisé ces pulsions, et je vais littéralement me faire violence pour résister. Note au lecteur : c'est l'explication scientifique de la raison des échecs des régimes restrictifs, soyez attentifs ! Je vais me forcer à ne pas manger cette gourmandise qui ne

rentre pas dans mon quota calorique journalier. Mais comme je ne peux pas mentir à mon cerveau, et qu'il SAIT pertinemment que ce gâteau est source de plaisir, il va vouloir activer le circuit du plaisir. Et là, je vais devoir me battre contre moi-même, car la menace c'est moi. Eh oui, la vue de la pâtisserie a stimulé mon cerveau et mon estomac, tandis que je donne l'ordre de rester dans les rangs et de ne pas « craquer » ! Bienvenue au royaume de la culpabilité ! Comme je me contredis dans des réponses aussi basiques et que mes neurones ne savent plus où donner de la tête, je me prends les pieds dans mes synapses, et je ne peux pas m'affronter ainsi constamment. C'est pour cela que la restriction est source d'autocontradiction et que je n'aurais jamais pu maintenir le rythme d'une guerre civile pendant toute une vie. En outre, lorsqu'une personne est face à une situation qui met en péril son circuit de la récompense-plaisir, c'est le cerveau reptilien qui prend le relais. Lorsqu'il se sent menacé, ce cerveau primitif panique et pense que l'individu et l'espèce sont en danger d'extinction. Il va donc tout faire pour envoyer des messages d'actions réflexes pour contrer la menace. C'est le fameux mode « famine » qui s'enclenche. Je me prive de manger donc mon cerveau a peur d'une pénurie. La réponse adéquate consiste à ce que je m'alimente à tout prix pour faire des réserves, au cas où. Finalement, le résultat est le même : je dévore ce malheureux mille-feuille. Avec la culpabilité en plus, et probablement trois autres paquets de biscuits qui traînent dans les placards de mes colocataires. C'est pourquoi les régimes peuvent momentanément connaître un succès relatif, mais que les rechutes sont inévitables. Ils conduisent en effet à une lutte interne épuisante QUI NE S'ARRÊTE JAMAIS. Car non, on ne peut pas vivre d'amour et d'eau fraîche. On a besoin de manger pour vivre, et un demi-radis par repas, ce n'est pas un repas. Voilà aussi pourquoi je me retrouvais à gloutonner bien plus que de raison dans une sorte de frénésie boulimique.

Et vous savez quoi ? Comme par hasard, mes *cravings* se portaient tous sur de la nourriture bien grasse et sucrée. Mais d'après vous, pourquoi avais-je autant envie de cookies ? Parce qu'ils étaient interdits, mais surtout parce que les lipides et les glucides contenus dans ce biscuit viennent justement stimuler mes neurotransmetteurs du bonheur en raison de leur saveur. Qu'y a-t-il de plus réconfortant et agréable que le goût sucré auquel on ajoute subtilement de l'onctuosité ? Notre cerveau l'a compris, ces éléments lui font perdre la tête, le taux de dopamine s'envole et nous en voulons toujours plus. Et là où la nature est encore plus intelligente, c'est que sucre et ce gras ont, en plus de leur saveur, une grande densité calorique, et notre cerveau le sait ! Il était donc parfaitement normal que je ne désire qu'une seule chose : dévorer des brioches jusqu'à épuisement ! Pour la survie de l'espèce, pour mon circuit de la récompense et pour la douceur que je ressentais dans ma bouche. Ni plus ni moins !

Acquérir ces connaissances m'a permis de comprendre réellement ce qui était en jeu dans mon cerveau lorsque je pensais « perdre la boule » et que je dévalisais les placards. Je n'étais donc absolument pas folle (soulagement) !

Je réagissais même normalement par suite d'erreurs de câblage interne. Encore une fois, DÉ-DRA-MA-TI-SONS : rien n'est irréversible. Il me fallait « simplement » apprendre à créer de nouvelles connexions entre mes neurones. Cela suppose de laisser du temps à mon cerveau : plus les signaux se répéteront, plus les liens se renforceront. Plus j'accepterai de manger, plus je mangerai normalement, sans crise de boulimie ni jeûne punitif. Il a donc été vital de pratiquer souvent de nouvelles associations (comme « manger ne me fera pas grossir » ou « ne pas faire de sport pendant une semaine n'est pas grave ») afin que les connexions soient suffisamment solides pour être empruntées facilement. Comme le résume parfaitement Olivier Houdé, spécialiste des neurosciences : « Le héros, et aussi potentiellement l'ennemi, c'est vous[12] ! »

Pour mettre fin à mes crises de boulimie, je devais donc avant tout rassurer mon cerveau. Me priver constamment ne faisait que sonner l'alarme de détresse, puisque je venais clairement menacer ma survie. Il fallait aussi que je réapprenne le plaisir, parce que d'une part, c'est quand même agréable d'être bien (quelle *punchline*, je me félicite !), mais aussi parce que biologiquement, nous sommes programmés pour vivre la *dolce vita*. C'est bien vrai, qui voudrait vivre de déprime, de restrictions et de toutes les péripéties qui vont avec ? Apparemment, j'ai voulu essayer ce mode de vie : j'en suis revenue !

Aussi, si j'acceptais de manger et de créer de nouvelles routines saines, tout rentrerait probablement dans l'ordre. Et c'est ce qu'il s'est passé.

Suis-je vraiment une junkie des cookies ?

Je commençais à comprendre que mon cerveau agissait de manière tout à fait logique, malgré les comportements et les actes inappropriés que cela pouvait susciter. (« Je n'ai rien mangé de la journée ? Tant mieux, je vais maintenant aller courir 68 kilomètres pour perdre encore des calories et... Trop tard, j'ai rencontré en chemin un sandwich aux chips, au ketchup, au gruyère râpé et à la confiture de framboises, je vais faire ma vie avec lui, car lui au moins il me comprend. Adieu ! ») Je savais que le sucre et le gras me stimulaient positivement et que mes neurones avaient leurs connexions favorites, à force de les emprunter.

Pourtant, je n'arrivais pas à me défaire d'un sentiment : j'étais convaincue qu'il y avait bien quelque chose d'incontrôlable dans mes comportements alimentaires déviants, comme lors de mes crises de boulimie. Je ne sais pas vous, mais moi, je ressentais comme un sentiment de plaisir et de soulagement d'une tension interne indéfinissable lorsque j'accomplissais ces habitudes. Alors même que j'en perdais le contrôle et que je cherchais désespérément à les réduire ! C'est plutôt louche, non ? Ce besoin irrépressible et compulsif de manger, sans fin et sans faim, était si familier que je ne m'en rendais presque plus compte. Et pourtant, il faut le reconnaître, j'étais bien esclave et prisonnière de comportements qui m'échappaient et me rendaient chaque jour un peu plus dépendante.

Je pense avoir clairement développé, en les reproduisant, des habitudes qui se sont transformées en addictions, en obsessions. Par exemple, le fait de vomir. À force de répéter ce geste qui pourtant m'était inconnu au départ (sauf erreur de ma part, on ne naît pas avec un gène du vomi), je suis arrivée à ne plus pouvoir m'en passer et à en être dépendante. Telle une véritable junkie, il me fallait toujours plus de crises. Je ne maîtrisais plus rien et j'avais un sentiment de perte de contrôle totale qui ne faisait qu'amplifier mon anxiété. Lorsque je n'arrivais pas ou ne pouvais pas vomir, je ressentais le manque. Et quand je vomissais, je me sentais soulagée, tout en pensant à ma prochaine rencontre avec la cuvette.

Cela vous semble-t-il absurde que je compare les troubles alimentaires à une addiction comme celle à une drogue dure ? Détrompez-vous, nous n'en sommes pas si loin… Ce sont en effet les mêmes schémas cérébraux qui se mettent en place et sonnent le branle-bas de combat.

C'est simple : au départ, manger pour apaiser mon stress apparaissait comme une solution. Le souci, c'est que plus un comportement est répété (comme le fait de se nourrir jusqu'à saturation parce que je me suis privée ou parce que je suis triste), plus le cerveau l'enregistre comme une réponse automatique à apporter. Et c'est là que le cercle vicieux s'enclenche. Au début, la nourriture était pour moi une solution d'apaisement face à un événement, mais à force de répéter un comportement, ce dernier est devenu une source de stress ultime lorsque je ne pouvais pas l'adopter : du plaisir à la compulsion, il n'y a qu'un petit pois ! Et le gros souci avec l'obsession alimentaire, c'est que nous ne pouvons pas simplement « arrêter » comme on décrocherait de l'alcool ou de la cigarette. Non, nous sommes obligés d'être confrontés à la nourriture au moins une fois par jour.

Aussi étonnant que cela puisse paraître, je suis donc allée me renseigner sur l'addiction afin de mettre au clair ce qui clochait chez moi. Je devais savoir si mes crises de boulimie étaient semblables aux injections de drogue de Jesse dans la série *Breaking Bad.* Figurez-vous que c'est un peu flippant, car les symptômes sont TRÈS similaires[13]. Oui, je n'arrivais pas à résister à cette sorte d'impulsion pour passer à l'acte. Oui aussi, je ressentais comme une tension croissante juste avant de dévaliser les placards. Oui enfin, j'avais du plaisir et étais soulagée de manger, malgré une perte de contrôle totale. Juste pour qu'on rigole un peu, je vais vous proposer les véritables critères de l'addiction donnés par un éminent psychiatre, et on pourra les comparer avec ma vie de fille perdue. Je suis sûre qu'on va bien s'amuser.

Si au moins cinq des neufs critères se retrouvent dans le comportement, on peut affirmer la présence d'une addiction.

1. **« Monopolisation de la pensée par le projet et le comportement addictif[14] ».** Bon celui-là, je ne peux pas trop y échapper et faire comme si ce n'était pas le cas. Rappelez-vous, j'étais un vrai robot dans ces moments-là.

Bon tant pis, il me reste encore quatre chances de ne pas être une junkie, on y croit.

2. «**Intensité et durée des épisodes plus importantes que souhaitées à l'origine**». Alors, il est vrai que souvent (bon d'accord, tout le temps), je me disais qu'un fruit et une tranche de pain étaient largement suffisants. Comment je me retrouvais la bouche pleine de confiture et de boulgour ? Mystère…

3. «**Tentatives répétées pour réduire, contrôler ou abandonner le comportement**». Si vous avez lu mon histoire jusqu'à présent (merci), vous savez que j'ai tenté mille et une astuces pour arrêter tout ça.

4. «**Temps important consacré à préparer les épisodes, à les entreprendre, ou à s'en remettre**». Alors non, je n'ai jamais préparé une crise ; en général elle me tombait dessus comme un pot de fleurs sur la tête. J'ai lu des blogs sur lesquels des personnes boulimiques confiaient qu'elles allaient sciemment faire leurs courses, planifiant même le menu, l'ordre de consommation des aliments, etc. Cela n'a jamais été mon cas, j'étais trop mal organisée pour cela. En revanche, je faisais souvent de très longues siestes après mon orgie de carottes râpées, anesthésiée par la digestion et la culpabilité (en somme, c'était plus facile pour moi de dormir que de régler mes problèmes).

5. «**Survenue fréquente des épisodes lorsque le sujet doit accomplir des obligations professionnelles, scolaires**

ou universitaires, familiales ou sociales». On se souvient de ma sortie théâtrale de la bibliothèque universitaire pour rejoindre le plus vite possible les toilettes (un buisson aurait fait l'affaire tellement j'étais cuite!). Certainement un des plus chaleureux instants de gloire et de popularité de ma jeunesse. Et je ne veux même pas reparler de la soirée avec le toutou!

6. **«Activités sociales, professionnelles ou récréatives sacrifiées du fait du comportement addictif».** J'ai peur de compter à combien de «oui» j'en suis, mais je ne peux que dire «oui» à celui-ci.

7. **«Perpétuation du comportement bien que le sujet sache qu'il cause ou aggrave un problème persistant ou récurrent d'ordre social, financier, psychologique ou physique».** Je voudrais être de mauvaise foi et dire que j'ignorais que manger outre mesure et vomir étaient mauvais pour la santé, mais malheureusement, c'est impossible de le nier. Et un de plus sur la liste!

8. **«Besoin d'augmenter l'intensité ou la fréquence pour obtenir l'effet désiré, ou diminution de l'effet procuré par un comportement de même intensité».** OUI, OUI et triple OUI. Au début, je craquais une fois dans le mois, puis deux, puis toutes les semaines, puis tous les jours.

9. **«Agitation ou irritabilité en cas d'impossibilité de s'adonner au comportement».** Pour ce critère, je proteste, j'ai toujours été une personne agréable, calme, gentille,

sensible, généreuse, compatissante, loyale et surtout RAISONNABLE !

Même si je ne suis pas très forte en calcul, j'ai bien compris que ce ne sont pas deux mais PRESQUE TOUS les critères que je cochais ! Une vraie droguée ! Au secours !

Mais ne désespérons pas, voyons le paquet de bonbons à moitié plein (ça en fait toujours plus !). Même si j'avais ancré une habitude au point de tomber dans la dépendance, j'avais, comme chacun sur cette terre, une arme redoutable qui a, de tout temps, fait ses preuves. Non, ce ne sont pas mon sens de l'humour, mes blagues pas drôles et mon amour inconditionnel pour les crêpes ! C'est ma CAPACITÉ D'ADAPTATION. Par les actes, mais aussi là-haut, dans mon cerveau. C'est ce qu'on appelle la « plasticité cérébrale ». Oui, mon cerveau a été conditionné par l'habitude à agir de telle manière face à un stimulus, mais oui aussi, je pouvais le reprogrammer et créer un nouveau réseau de connexions si je lui proposais une voie inédite. Autrement dit si je créais d'autres habitudes positives que je choisissais pour guérir (et non, la monodiète n'est VRAIMENT pas une nouvelle bonne idée).

Pour sortir d'un trouble alimentaire, il faut valider par de nouvelles expériences un nouveau comportement alimentaire. En gros, faire complètement l'inverse de tout ce que je faisais jusqu'à présent, à savoir me priver. Et cela supposait aussi que je me laisse du temps pour que les connexions neuronales que j'étais en train de créer deviennent des habitudes. Les premiers mois étaient clairement les plus difficiles. Une vraie cure de désintoxication version *Top Chef* (ou plutôt *Cauchemar en cuisine* dans mon cas) !

Je me suis guérie de mon obsession alimentaire au même titre que je me suis soignée d'une maladie. Rappelez-vous, j'ai déjà fait référence à mon problème en disant que j'étais « malade de la nourriture ». Je n'avais pas tout à fait raison, au vu de ce qui vient d'être expliqué. Comme il s'agit d'une dépendance sans substance, c'est-à-dire sans psychotrope venant titiller mes neurones comme la cocaïne, on parle de dépendance « comportementale ». D'ailleurs, je n'étais pas réellement dépendante de la nourriture, malgré tout ce que j'ai pu croire. J'étais plutôt dépendante de mes propres neurotransmetteurs (ma dopamine et mon circuit de la récompense) que sucre et gras viennent stimuler : « Tous les comportements susceptibles de déclencher une dépendance chez l'homme ont en commun une propriété : ils augmentent la quantité de dopamine dans le cerveau reptilien[15]. »

Pour remettre les choses à leur place, permettez-moi un petit aparté. La dopamine qui me rendait dépendante ne se résume pas à une simple quête de plaisir. Non, les personnes accros ne plaisantent pas à longueur de journée avec leurs injections. Avez-vous déjà vu une personne dépendante heureuse ? Pensez-vous que je m'éclatais grave à mettre mes doigts dans la bouche tout ça pour me sentir bien ? Non, ce n'était pas la rigolade attendue et j'étais bien loin des femmes qui rient devant leur salade verte (par pitié, si quelqu'un sait pourquoi, venez me le dire). La dopamine, loin d'apporter uniquement son lot de réjouissances et de bonheur, se transforme plutôt en un tyran dictant sa loi, puisqu'elle est désormais le moteur de l'addiction. Elle crée le besoin, l'envie. Et plus le temps passe, plus la nourriture devient le stimulant unique de la dopamine. Et la Terre s'arrête de tourner. Seul le fait de manger est intéressant d'un point de vue cérébral. D'où l'isolement, le décrochage de la vraie vie, l'enfoncement pervers dans le trouble alimentaire et les soirées où je n'arrivais même pas à profiter d'un tour en Harley parce que je croyais être en stade terminal de l'obésité à cause d'un morceau de pain.

Pas de panique, les carottes ne sont pas cuites, des solutions existent ! C'est bien joli, mais comment on se désintoxique de la nourriture Mathilde ? Avant tout, peut-être en comprenant la maladie. J'ai choisi de vous parler des neurosciences parce qu'elles proposent une tout autre approche des troubles du comportement alimentaire et qu'elles m'ont réellement ouvert une nouvelle voie. Par convention, on peut penser que faire une psychothérapie résoudra nos soucis alimentaires, et c'est sans doute vrai pour certains. Mais lorsque des comportements trop déviants font partie de notre vie pour de bon, le problème vient de plus loin. C'est pour cela que parler de mon enfance dans le cabinet d'un professionnel de santé a été important pour moi, mais insuffisant. Parce que le passé ne peut tout simplement pas être « réparé », malgré des années de psychothérapie : il est clos, daté, fini et déterminé dans le temps (pour le coup, les carottes sont cuites avec notre passé !). Comme je l'ai signifié auparavant, cela me faisait une belle jambe de savoir que j'avais hérité de certains comportements de type anorexique qui se transmettaient depuis des générations dans ma famille ! Je continuais à être sous l'emprise de la nourriture au quotidien, malgré cette prise de conscience. Si vous le voulez bien, laissons donc derrière nous la poussière d'hier pour nous concentrer sur la beauté d'aujourd'hui et de demain !

Forte de ces nouvelles connaissances en neurosciences, j'ai pu envisager une autre solution que les interminables suivis psychothérapeutiques. Peut-être que les thérapies qui durent des années n'auraient pas pu me guérir de la boulimie. Peut-être aussi que ma boulimie n'était pas le symptôme d'une profonde faille émotionnelle, ni d'un problème psychologique insoluble. Peut-être que cela venait de ma petite boîte crânienne.

Lorsque je ressentais une envie irrépressible de manger, mon cerveau reptilien s'enclenchait, et la seule manière de le faire taire était de lui donner satisfaction, à savoir dévorer quelque chose. STOP, PAUSE, HALTE ! Il existe une autre option ! Il s'agissait d'enrayer le système en ne donnant pas de signes à mon cerveau qui s'était emballé sans raison, et donc de ne pas manger, malgré l'urgence imminente.

Attention, je vous vois déjà venir avec vos gros sabots : si mon cerveau me demandait de manger parce que j'avais BESOIN de manger, et qu'il s'agissait d'un vrai repas, et non d'une crise, je l'écoutais. Cette théorie de la non-action n'était valable que parce que j'étais dépendante de la nourriture, que j'avais complètement perdu les pédales et que je n'arrivais pas à sortir du cercle vicieux des privations extrêmes et des moments d'hyperphagie. Pas dans le cadre des repas « normaux », ni pour trouver une nouvelle raison de me priver. Dans le cas de ma maladie, il s'agissait d'avoir conscience que mon cerveau reptilien faisait de mauvaises connexions qui engendraient ce besoin urgent de manger (ou plutôt de gloutonner) et que je n'étais pas menacée, malgré tous les voyants rouges qui clignotaient. En restant simplement là, sans bouger, le cerveau a fini par s'épuiser à hurler « FAMINE ! ALERTE ! MANGER ! » et, au bout d'un moment, par se rendre compte qu'il n'y avait AUCUN danger. Les appels d'urgence se sont donc peu à peu espacés, car mon cerveau reptilien était rassuré et avait compris que je n'étais pas en situation de péril.

Casser cette habitude de manger compulsivement reste extrêmement dur à mettre en place. Je préfère être sincère, j'en ai bavé. C'est pourtant si simple de se dire d'attendre que la tempête passe ! Pour autant, au cœur des ténèbres, on est perdu. Mais en sachant tout ce dont nous venons de parler, je me réconfortais avec ces pensées :

1) je ne suis pas la seule à vivre cela ;
2) c'est mon cerveau archaïque qui fait son travail, mais c'est une réponse inappropriée ;
3) cela va finir par s'arrêter, l'envie irrépressible de manger va disparaître ;

4) il faut du temps pour enrayer une habitude ancrée depuis des jours, des mois ou des années ;

5) je vais sortir tellement forte de cela que même les moustiques n'oseront plus me piquer les coudes tellement ils auront peur de moi (raison suffisamment valable à mes yeux, vous ne trouvez pas ?).

Nous sommes vraiment bien faits et notre cerveau a une longueur d'avance sur nous. Je ne pouvais pas me feinter et croire que sauter un repas n'aurait aucune influence sur ma vie, et ce n'est pas une mauvaise chose, bien au contraire ! Nos circuits de neurones étaient complètement adaptés au mode de vie de nos ancêtres chasseurs-cueilleurs qui n'avaient aucune stabilité et aucune sécurité sur le plan alimentaire. Quand il y avait de la nourriture, il fallait manger jusqu'à s'endormir la bouche pleine de mammouth ; ils ne savaient pas de quoi serait fait leur lendemain (probablement de parties de cache-cache avec les tigres à dents de sabre ou autres activités dominicales fort sympathiques !). S'ils n'avaient pas eu cet instinct primitif de survie fondé sur la récompense, nous ne serions sans doute pas là. Et encore aujourd'hui, c'est une bonne chose que d'avoir des signaux annonçant la faim ! Si nous ne les avions pas, nous pourrions tout bonnement oublier de manger et mourir de faim sans nous en rendre compte. Cher lecteur, je pense très sincèrement que JAMAIS cela ne pourra m'arriver : même si je ne ressentais plus la faim, je continuerais à manger, parce que j'ai trop d'années de retard derrière moi, et que les madeleines, c'est rudement bon !

Alors soyons indulgents envers nous-mêmes, nos neurones font du mieux qu'ils peuvent et ils ne cherchent pas à nous tromper. Ce sont simplement de mauvaises connexions et une piètre communication entre nos cellules qui peuvent nous gâcher la vie. Mais comme souvent, quand le dialogue est rétabli, les problèmes s'envolent comme par magie (en plus cela rime) !

Agir, mais pas n'importe comment

Peut-être qu'avec tout ce que nous venons de voir ensemble, vous vous demandez comment j'ai fait concrètement pour guérir de tout ça. Parce que la théorie, c'est bien beau, mais vous attendez probablement mon plan d'action. J'aurais eu exactement la même réflexion ! Toutefois, il me paraissait fondamental de vous donner les clefs que j'ai glanées au cours de ces années, condensées en quelques chapitres. J'ai volontairement isolé tous ces exercices, ces découvertes et ces réflexions que j'ai acquis au fil du temps avec les livres, les podcasts, les conférences en ligne et les séances chez le psy. Parce qu'a posteriori, je trouve ça plus logique de commencer par la base, au lieu de brûler toutes les étapes (pour finalement retomber souvent à la case départ). Je profite de ce moment pour vous confier que ce témoignage ne cherche pas à donner un ordre bien précis de ce qu'il faudrait faire, mais plutôt à organiser les pistes que j'ai pu explorer et qui m'ont emmenée vers la guérison. Dans mon cas, c'est grâce à la compréhension en profondeur de mes limites qu'ont pu venir se greffer par la suite de nouvelles idées et des comportements sains. Je devais avoir une conscience totale (ou presque) de mes schémas de fonctionnement, des situations qui provoquaient des comportements compulsifs ainsi que des origines de mon problème pour pouvoir passer à l'action et pour que le plan de bataille soit efficace. Bien sûr, vous pouvez griller toutes ces étapes et agir sur-le-champ, mais d'expérience, ces tentatives d'action n'ont jamais porté leurs fruits, parce qu'elles étaient prématurées et pas complètement construites. Commencer par tout changer dans le désordre et sans aucun plan ne m'a conduite qu'à progresser à l'aveugle, repassant par les mêmes croisements sans m'y retrouver. En effet, c'est dans cet écueil que j'ai perdu mon temps ou, je dirais même mieux, erré pendant une dizaine d'années. Oui, je voyais le problème et oui, je pensais vraiment vouloir changer. Mais je ne savais pas comment m'y prendre : je suis passée de remèdes miracles en potions magiques, de régimes en séances de psychothérapie, de méditations en consultations chamaniques. Mais au plus profond de moi, je n'avais pas franchi les étapes initiales du processus de guérison. Obsédée par l'action et les résultats rapides, il fallait que je guérisse des troubles alimentaires dans la semaine où je commençais un nouveau programme (tout comme je voulais perdre 18 kilos en deux jours). Je me suis donc égarée, j'ai perdu toute motivation et je me suis enfoncée un peu plus dans mes travers parce que j'ai voulu aller plus vite que ma tête et mon corps. Alors qu'en me posant un moment, en respirant profondément et en reprenant les choses dès le début, j'ai enfin pu avancer.

Puisque vous mourez d'envie de savoir comment j'ai arrêté POUR DE BON ces fameux craquages alimentaires au cours desquels je pouvais manger l'intégralité du contenu de mes placards (y compris les vieilles soupes lyophilisées saveur oignon que j'avais achetées pour les besoins d'une randonnée que j'avais faite en 2006 et que j'avais gardées « au cas où »), puis dévorer mes placards eux-mêmes ainsi que le meuble TV en bois massif et mon ficus préféré, voici. Dans ces moments-là, je perdais le fil de ce qu'il se passait, je n'étais plus vraiment moi-même et j'obéissais machinalement à cette urgence du ventre. Ce n'était pas de la faim à proprement parler, même si, nous l'avons vu, la constante privation m'a amenée à cette situation. C'était de la pulsion. Quand je partais dans cette spirale, je m'arrêtais de manger soit quand la maison était vide et que je commençais à m'attaquer aux plinthes (pas très digestes), soit lorsque j'avais un sursaut en moi-même, comme si je me réveillais au milieu d'un cauchemar, alors que j'entamais ma troisième conserve de haricots verts. Cela fait rêver une crise avec des haricots, hein ? Je vous sens un peu jaloux ! Cet exemple résume bien tout le problème : je voulais manger sans grossir et ne pouvais pas lâcher cette idée que seules les calories comptaient. Alors, au lieu d'engloutir de vrais aliments bien gras et sucrés qui certes m'auraient fait culpabiliser mais qui m'auraient nourrie et comblée, je « limitais » la casse en choisissant des légumes, entraînant encore plus une fascination et un désir pour les beignets au chocolat. Ce qui me poussait d'autant plus à chercher des boîtes de haricots verts pour contrer la menace... Et ainsi de suite.

À la fin de ces craquages, je me demandais ce qu'il s'était passé ; je n'avais parfois même plus de souvenir des événements qui venaient de se dérouler. Seuls les emballages vides, les miettes sur mon pull et mon mal de ventre me confirmaient la réalité des événements survenus. Bien sûr, je me souvenais de ce besoin urgent qui me torturait l'esprit lorsque j'avais pris ma première bouchée. Je pensais d'ailleurs qu'un simple morceau de pain et de fromage suffiraient à combler ce petit creux. Mais là, à une heure improbable de la journée, seule au milieu de la cuisine, je réalisais l'ampleur du problème. Oui c'est grave, parce que ces crises me pourrissaient la vie. Je ne peux pas dire le contraire et faire semblant que tout allait bien. Je me sentais minable et honteuse d'être cette ogresse qui dévorait tout sur son passage, cet aspirateur qui avale tout dans son ventre-réservoir. Remarquez, j'aurais pu proposer mes services de nettoyage aux entreprises de transport pour leurs immenses entrepôts, car j'étais rudement efficace !

Mais voici ce qu'il s'était passé en réalité, si on sort le nez des paquets dévorés : sans doute déjà trop habitué aux régimes ou aux diktats des régimes (« faire attention », « se contrôler », « perdre deux petits kilos »), mon cerveau en a eu marre de se priver. Il n'en pouvait plus de cette restriction physique (je ne lui donnais plus assez à manger) et cognitive (je jugeais les aliments et en interdisais la consommation). Comme je lui menais la vie dure, il se sentait menacé. Mais nous l'avons vu, l'activation de la zone dite « primitive » de notre cerveau n'aura pour conséquence que la production de réactions en chaîne jusqu'à l'extinction de l'alarme.

C'est-à-dire jusqu'au moment où je sortais de ma frénésie boulimique, un peu hagarde et désorientée mais repue. Même mon cerveau en avait marre de moi, alors il m'empêchait de le déranger, d'où ces sortes d'absences. Et tous les efforts que je faisais pour limiter la casse en mangeant moins après la crise ou en sautant les repas suivants ne faisaient qu'aggraver la situation ! C'est dingue, mais toutes les fois où je me restreignais ou limitais mes calories quotidiennes, j'allais me venger sur le prochain repas ! Ou peut-être sur les repas de la semaine suivante. Je ne faisais que verser de l'huile sur le feu en essayant désespérément de me raccrocher à ce que je croyais bon : le contrôle. Cela m'a pris une décennie de comprendre que la prise compulsive de nourriture est un simple effet et que c'est bien la restriction du jeûne qui en est la cause première.

> « *La symptomatologie boulimique est alimentée précisément par le fait qu'on cherche à la réprimer*[16].

Pour éviter ces crises, la première des interrogations a été de savoir si je mangeais assez. J'entends par là durant les repas pris dans la vraie vie, en dehors des périodes de *binge*. « Mais oui, bien sûr, hier j'ai mangé au petit déjeuner un demi-abricot avec trois cuillères à soupe de fromage blanc 0 % et une cuillère à café de son d'avoine, à 10 h 17 j'ai mangé une pomme et quatre amandes, à 11 h 57 j'ai glouttonné 60 grammes de lentilles corail, 200 grammes de brocoli, deux cuillères à café d'huile, une demi-pincée de sel et TROIS carrés de chocolat 99 % de cacao, au goûter j'ai littéralement dévoré quatre biscuits et DEMI sans sucres ajoutés, et le soir (enfin à 17h36 parce que je ne pouvais plus attendre pour manger) j'ai mangé deux bols de soupe courgette-eau. Je mange vraiment trooop ! Je suis minable ! » Ces données sont véritablement issues de mes carnets alimentaires, et j'étais persuadée que c'était vraiment excessif. Avec le recul, je me dis que ce qui, à l'époque, était inconcevable est aujourd'hui un apéro pour moi ! (Enfin, pas la soupe à l'eau, ça ce n'est vraiment pas bon.)

Si je passais mon temps à dévaliser mon réfrigérateur, c'est sans doute simplement parce que JE NE MANGEAIS PAS SUFFISAMMENT. En toute honnêteté, ma psy de l'époque m'a dit cette phrase plus d'une fois (quelle patience elle avait de m'écouter faire la liste interminable des pelures de légumes que j'avais picorées dans la semaine !). Le problème, c'est que je n'étais absolument pas prête à envisager un instant que c'était vrai. Dans ma tête, j'étais très limitée : Mathilde = gros sac qui ne pense qu'à manger et qui mange constamment. Il m'était littéralement impossible d'envisager autre chose ! Je n'ai d'ailleurs pas entendu ma psy quand elle m'a suggéré que je ne mangeais pas suffisamment, et c'est seulement après, quand j'ai été enfin prête, que l'idée a percé les murailles de ma psyché. Cela m'a pris DES ANNÉES pour avoir cette lucidité ! Mais en fait, c'est évident : si j'avais toujours faim, c'est que je ne donnais jamais satisfaction à mon estomac. Et puisque je picorais au moment des repas, j'avais tout le temps envie de manger au cours de la journée. Je me forçais à ne pas m'alimenter en dehors des heures de déjeuner et de dîner, mais parfois, sans que je n'y comprenne rien, je faisais une crise. C'est normal ! Mon équilibre était rompu puisque la faim s'était immiscée dans mon quotidien au point de devenir banale. Comme nous l'avons vu, mon cerveau provoquerait des crises alimentaires jusqu'à ce que la nourriture consommée permette de rembourser la dette en nutriments que j'avais envers lui.

Une des solutions majeures pour répondre à ce problème a consisté à MANGER PLUS. Oui, vous avez bien lu. Cela semble contradictoire étant donné que je venais de faire une orgie de madeleines à la pâte à tartiner (enfin, plutôt de brocoli bouilli et de fromage allégé-tristesse ! Je crois même qu'il vaut mieux ne pas manger de fromage du tout que manger du fromage allégé !). Mais c'est le cas. Je me suis persuadée que si je m'autorisais à manger à ma faim lorsque je passais à table, il y a fort à parier que je n'aurais ni besoin ni envie de me casser le ventre par la suite. OK, c'est terrible, c'est dur, et j'en ai pleuré de devoir manger pour de vrai.

C'est une véritable rééducation qui s'est faite dans la douleur, je ne vous le cache pas. J'ai commencé par me faire de vraies assiettes, laissant tomber ainsi la dinette (de toute façon, je me resservais cinq fois dans mes petites assiettes !). Je constate que même si c'était vraiment dur de regarder en face l'assiette que j'allais manger (et pas les petits simulacres de repas qui, mis bout à bout, étaient finalement bien plus conséquents qu'une portion normale), c'était bien plus satisfaisant. Je dois ce changement à un ami qui m'a dit un jour : « Mais enfin, tu ne veux pas plutôt te servir une VRAIE assiette au lieu de te resservir cinquante fois Mathilde (sous-entendu tu nous fatigues avec tes radis!)?» Nous étions chez lui et nous mangions des coquillettes au maïs (la gastronomie étudiante, c'est quelque chose!). Il ne s'est sans doute pas rendu compte que sur le coup, c'était dur à entendre, mais que ça a été un de mes *life-changing moment*. On s'attend souvent à ce que les révélations existentielles soient baignées dans la lumière divine et que de petits anges virevoltent autour de nous. J'étais à mille lieues de me dire que j'aurais un jour une épiphanie devant des coquillettes au maïs, et en plus avec une remarque qui ne me faisait pas plaisir. Et pourtant! Cette phrase m'a fait réfléchir longtemps. Je me suis dit que si lui mangeait des portions que je jugeais astronomiques et qu'il sortait de table rassasié sans grossir alors que je mangeais davantage que lui et étais frustrée, peut-être que j'avais ma chance moi aussi!

Ce qui m'a aidée à arrêter ces craquages (je dis bien arrêter, non pas réduire), c'est aussi de laisser tomber pour de bon toute mentalité restrictive. En envoyant balader toutes les idées de minceur, de régime et de contrôle que je m'infligeais chaque jour depuis un temps très long, j'ai réussi à manger sans culpabilité. Ah cette culpabilité qui nous tord dans tous les sens! Elle nous fait nous sentir tellement mal que nous nous cachons sous des vêtements amples. C'est elle aussi qui s'occupe de nous rabaisser en nous répétant à quel point nous sommes fautifs de manger et souvent même d'exister! En nourrissant mes envies de minceur (allez, j'avoue: de maigreur) et en ouvrant la porte aux régimes restrictifs, je ne faisais qu'alimenter ce sentiment vorace. En effet, et je suis vraiment désolée de devoir le dire aussi clairement et franchement, ON NE PERD PAS DE POIDS

AVEC LES RÉGIMES. Cela ne sert à rien, c'est une perte de temps et d'énergie qui ne fait qu'engraisser les sociétés dont les revenus ne dépendent que de la détresse des gens. Je vous invite sérieusement à lire les brillantes études scientifiques des Drs Zermati et Apfeldorfer qui ont été faites dans ce domaine (voir la bibliographie en fin de livre). Les régimes sont une aberration. Si un régime amaigrissant fonctionne, ce n'est que temporaire. À moins de vouloir passer son existence à compter les calories et à réduire toujours plus ses apports énergétiques, on ne pourra jamais maintenir la cadence. La vie est suffisamment pénible, nous n'avons pas besoin de gérer cela en plus, merci. Et si, à ce stade de la lecture, vous pensez encore que les régimes sont la solution, je ne sais plus en quelle langue vous le dire !

Et puis sincèrement, QUI rêve d'une vie faite de régimes alors qu'il y a la galette des rois en janvier, les crêpes à la Chandeleur, les œufs de Pâques, les grillades au barbecue l'été, les marrons chauds l'automne et la bûche à Noël ? Et cela sans compter l'anniversaire de grand-mère et la promotion que vous obtiendrez au travail parce que vous êtes formidable.

Allez, zou ! Du balai la mentalité régime, place à la nouvelle moi qui profite de la vie ! En vrai, c'était terrifiant. Puis, le temps passant, j'ai appris à manger en accord avec ma faim et j'essayais de me laisser tranquille avec les tortures mentales de la taille 34. Les crises de boulimie se sont espacées jusqu'à ne plus faire partie de ma vie. Je ne dis pas du jour au lendemain hein ! Et encore faut-il accepter de renoncer aux régimes POUR DE BON. En m'obstinant à tout prix dans ces restrictions, aucune autre porte ne s'est ouverte. C'est un constat empirique : si tous mes régimes et toutes mes tentatives de me « ressaisir » en me privant encore plus n'ont abouti qu'à des échecs douloureux (et ce pendant plus de dix ans quand même), que pouvais-je perdre à essayer cette philosophie ? Bien sûr, je voulais être mince, mais pour le moment, ma santé physique et ma santé mentale étaient la priorité.

Ce qui m'a concrètement permis de mettre fin à ce cirque de compulsions incontrôlables, c'est tout simplement de ne rien faire. Encore une fois, je sais, c'est un moment terrible et il est presque impossible de résister à l'appel de la crise de boulimie ou à celui de la cuvette des toilettes. Je l'ai vécu. Je vous avais prévenu, le travail est dur, mais la vie sans trouble alimentaire en vaut la peine. Une fois sortie de l'engrenage, je ne me suis plus jamais souciée de ce que j'avais mangé la veille, de ce que j'allais manger et de ce que je pouvais manger. J'ai accepté les sorties sans aucune retenue ni vomissements derrière les buissons. Je n'ai plus passé mon temps à faire des joggings interminables à des heures impossibles. Je n'ai plus lu pendant des heures les étiquettes des produits au supermarché. Je n'ai plus cherché à me cacher sous des habits informes. JE NE PENSE PLUS À LA NOURRITURE. Je fais même des repas entiers de gaufres à la pâte à tartiner saveur spéculoos sans culpabilité (certes, ce n'est pas quotidien, mais cela arrive !). Promis, juré, attesté. Mais pour cela, j'ai réalisé la tâche la plus compliquée qui soit donnée dans ces moments de crise de boulimie : attendre. Attendre que cela passe. Je savais désormais quels étaient les enjeux cérébraux qui me structuraient ; je reconnaissais les neurones qui s'emballaient et cherchaient à tout prix une solution dans ce moment de fausse menace. J'ai tenu bon, car il n'y a rien d'autre à faire. N'oublions pas, entre écouter et entendre, il y a une distinction. J'entendais les cris d'alerte, mais je ne leur apportais aucun crédit.

Et si je ne pouvais pas me retenir de manger, soit 99 % du temps (vous n'avez quand même pas cru que j'étais une extraterrestre supérieure au commun des mortels et que j'arrivais facilement à résister à l'incontrôlable vidage des placards tout de même ? Que nenni ! Je suis d'une banalité et d'une prévisibilité flagrantes !), JE MANGEAIS. Mais en faisant le CHOIX de manger. Cela change TOUT, croyez-moi. Je choisissais ce que j'allais manger et je ralentissais la cadence : comme s'il s'agissait d'un vrai repas, je prenais mon temps et mangeais. Pas nécessairement en « pleine conscience », mais en étant tout de même présente à ce que je faisais. Et non, pas debout dans un coin de la cuisine, en me cachant de moi-même, et le plus vite possible. Si je voulais à tout prix un aliment, je me l'offrais et le goûtais pour de bon ; je le savourais. Les sensations ressenties étaient souvent à mille lieues de l'intensité de mon désir. Prenons l'exemple le plus parlant de ma carrière de gloutonne professionnelle (j'estime en effet que j'ai atteint le stade suprême, et si vous en doutez, je peux voir pour passer une validation des acquis ou quelque chose du genre !). Je fantasmais COMPLÈTEMENT les cookies posés sur une table à mon lieu de travail. Je les avais autant en adoration qu'en horreur.

Je résistais à peu près toute la journée pour ne pas en manger, cette pensée occupait de longues heures de mon temps, et même sur le chemin pour le travail, je commençais déjà à me monter le bourrichon à propos de cette tentation interdite. C'est bien simple, à certains moments de la journée je ne travaillais plus et pensais : « Je veux un cookie. Je ne dois pas en manger. Je veux un cookie. Je ne dois pas en manger… » Un peu à la manière de Gollum dans *Le Seigneur des Anneaux*, deux parties de moi s'affrontaient en permanence. Et oui, je pense aussi qu'on peut me donner la palme de l'employée la plus investie et la plus concentrée dans son travail à mon ancienne entreprise ! Dix minutes avant la fin de ma journée, je m'avançais MACHINALEMENT vers l'assiette et en dévorais plusieurs, les uns à la suite des autres. Je ne trompais pourtant personne puisque les cookies disparaissaient mystérieusement sur mon passage et puisque c'était bien moi qui les engloutissais rapidement. On ne peut malheureusement pas bien se voiler la face quand on a la bouche pleine de biscuits… Ce n'était pas Mademoiselle Rose dans le salon avec le chandelier, mais Mathilde dans la salle de pause avec les cookies.

Malheureusement, il faut croire que j'avais un don pour choisir le moment inopportun puisque, comme par hasard (une conspiration de l'univers très certainement), on venait me demander mon avis sur un dossier en cours, sur la dernière recrue de la boîte ou encore sur la météo du week-end à venir ! Ma collègue, que j'adorais pourtant, venait souvent choisir ce moment délicat pour qu'on refasse le monde (une de mes activités préférées sur terre) ou pour qu'on débriefe de sa soirée trop dingue avec ce mec incroyable qui est si parfait et en plus dans le bar le plus cool de la planète. Moi, j'essayais juste d'avaler mes cookies en paix! Ou plutôt en m'isolant parce que j'avais honte. Un jour, je suis même allée dans la salle à chaussures qui puent: je travaillais dans une salle d'escalade et nous avions une réserve de chaussons en location. Tous les grimpeurs venaient donc mêler leurs effluves de pieds transpirants dans ce genre de sandales fermées. Sachant que ladite salle de stockage était un cagibi d'un mètre sur 1,50 mètre, sans fenêtre et sans aération, je vous laisse imaginer l'odeur du lieu! Ils devaient vraiment être bons ces cookies pour que je les mange là-bas! Bref, tout cela pour vous montrer comment je me compliquais la vie afin de me cacher des autres, mais surtout de moi-même. Ce petit manège a duré plus d'une année. Évidemment, je n'appréciais absolument pas ces gâteaux puisque j'étais obligée de jouer à cache-cache avec mes collègues tout en essayant de ne pas être trop suspecte, de survivre aux nuages radioactifs d'odeurs de pieds du cagibi à chaussons, de ne pas vexer ma copine qui avait attendu toute la journée pour me raconter sa folle nuit avec (a priori) le nouvel homme de sa vie. J'étais d'ailleurs trop occupée à me cacher de tout le monde pour comprendre que j'étais en train de manger. Enfin, je ne fais même pas mention de la culpabilité et de la honte qui venaient gâcher le peu de plaisir qu'il me restait! Je vous jure, j'ai de la peine pour la Mathilde d'avant!

En revanche, à partir du moment où j'ai décidé d'assumer mon envie de manger deux, voire trois gros cookies par jour, tout a changé. Dit comme cela, on pourrait croire que trois cookies ce n'est pas grand-chose, mais je vous assure que même aujourd'hui j'aurais du mal à les manger. Ils étaient faits maison, et avaient la taille de ma main sur cinq centimètres d'épaisseur. Pour la recette, je pense pouvoir la deviner assez facilement : prenez une plaquette de beurre, ouvrez-là en deux dans le sens de la longueur comme un sandwich, versez un demi-kilo de sucre, refermez votre beurre-sandwich, versez l'autre demi-kilo de sucre, placez enfin une tablette de chocolat au lait sur le tout. Croquez, c'est prêt ! Le rêve ultime. Bien sûr au début, quand je mangeais « volontairement » ces cookies, je culpabilisais. Mais comme je me prenais une vraie pause et que je ne cherchais plus à dissimuler ma gourmandise à mes collègues, et puisque je goûtais réellement les saveurs, le fantasme est tombé. Finalement, l'idée était bien plus savoureuse que la réalité. C'est un peu comme la fois où j'ai croisé mon prof d'histoire-géo dont nous étions toutes amoureuses au lycée pendant qu'il faisait ses courses, avec son petit charriot, ses sandales qui couinent sur le carrelage, un short à fleurs trop serré et un marcel délavé mille fois trop grand. Vous savez quoi ? Tout comme mon prof n'était pas si renversant que ça quand il quittait son bureau d'école et ses belles chemises blanches, les cookies n'étaient finalement pas aussi magiques que ce que j'imaginais. Leur attrait s'est peu à peu volatilisé. Trop écœurants, trop sucrés, trop gras, je suis passée de trois à deux puis un cookie, pour finalement passer des journées sans même voir l'assiette tant détestée. Cela ne s'est pas fait du jour au lendemain, mais après six ou huit mois de rééducation de mes sens et de mes jugements, j'ai pu faire le deuil de ces chers biscuits tant chéris.

Cela paraît simple, et ça l'est dans les faits ; seule la résistance mentale est compliquée à gérer. Changer mon approche de la nourriture m'a demandé beaucoup d'énergie. Mais en acceptant de prendre le contre-pied de tous mes efforts pour maigrir jusqu'à présent et en prenant le risque de faire EXACTEMENT LE CONTRAIRE de tout ce que j'avais entrepris jusqu'alors, à savoir manger, mon addiction alimentaire et mes crises incontrôlables se sont résolues comme par magie. En démontant le problème à sa base, les symptômes se sont débloqués tout seuls. Alors surtout, n'oublions pas que « seul le contrôle fait perdre le contrôle[17] » et que les marcels trop grands avec les sandales à scratchs, c'est un tue-l'amour !

PARTIE 3

COMMENT TRANSFORMER SON OGRE INTÉRIEUR EN UNE *QUEEN* MAJESTUEUSE ?

Être une snob de la nourriture a parfois du bon

Puisque j'avais enfin réussi à désamorcer les bombes (à savoir les crises d'aspiration incontrôlables), il me fallait désormais faire face à la délicate question des sensations alimentaires. Vous savez, les choses banales comme la faim et la satiété que toute personne normalement constituée vit simplement ? Eh bien, malheureusement, moi la fille qui mâchait sa nourriture et qui la recrachait dans la poubelle sans l'avaler pour ne pas grossir (astucieux n'est-ce pas ?), je ne savais plus rien de ces sensations. Lorsque nous sommes nés, nous avions tous notre propre table de mixage avec nos curseurs, nos canaux et nos boutons de volume pour gérer les aigus et les basses. Tout était déjà quasiment réglé. Il n'y a qu'à regarder les enfants : ils sont capables de laisser dans leur assiette l'équivalent de trois petites bouchées, même s'il s'agit de gâteau au chocolat, parce qu'ils n'ont tout simplement plus faim. Leur estomac est satisfait, leur cerveau l'est aussi. Alors pourquoi les forcer à ne pas respecter leur équilibre et à « terminer leur assiette » ? Pourquoi chercher à remonter leur curseur alors que tout fonctionnait parfaitement ainsi ? D'autant que si je passe par là, je lui termine volontiers son dessert moi !

Nous autres, les moins jeunes, nous avons connu l'apprentissage. Je veux dire par là l'éducation de nos parents qui nous ont peut-être forcés à terminer nos assiettes, mais aussi l'éducation du goût qui nous fait aimer le roquefort avec un verre de vin. Merci la France et grand bien nous fasse, parce que c'est ça la vie : ajuster nos boutons et nos canaux pour percevoir la réalité avec plus ou moins de contrastes. Autant une modification de l'ensemble des éléments de la console est bénéfique, autant éteindre une partie de celle-ci conduit à la débandade. Je parle ici de l'alimentation, mais, vous l'aurez remarqué, c'est valable dans n'importe quelle sphère : amour, travail, sommeil… Si on bidouille trop les curseurs de la nourriture, on risque de ne plus savoir où se trouvaient les repères d'origine qui produisaient un son mélodieux. Alors, pour rétablir l'équilibre rompu, on peut avoir recours à un vaste champ d'expérimentations plus ou moins fructueuses pour essayer, en vain, de retomber sur nos pattes. Un peu comme de la musique expérimentale si vous voulez (si vous ne connaissez pas, vous pouvez aller en écouter dans n'importe quel bar branché d'une grande ville, parce que « c'est trop clââââasse cette recherche éclectique du vide, tu vois ! » vous diront des gens perfusés aux smoothies coing-topinambour-gingembre).

C'est ce qui arrive lorsque l'on ne s'écoute plus. On coupe le volume de la faim et on croit comme par magie que cela suffit à ne plus la ressentir. Oh la bonne blague ! On n'avait pas vu que le volume des crises de boulimie était aussi fort puisqu'il était justement tempéré par le son de la faim ! En retouchant le volume des crises de boulimie, on se rend compte à présent de ce grésillement qui provient du curseur de la frustration. Et ainsi de suite. Constatant la cacophonie, on se dépêche alors de tout remonter, mais les réglages ont disparu. Alors on n'arrive plus à identifier ni la faim, ni la satiété, ni le plaisir de manger. Seul un son torturé et désaccordé se fait entendre.

Il en va de même pour les aliments. Dans ma période de chasse aux sorcières de la nourriture non saine, j'ai enlevé de nombreux éléments de mon assiette. Les aliments gras, les produits laitiers, les légumineuses, la viande, le poisson, les œufs, les produits contenant du sucre, du gluten, des colorants, de l'huile de palme, de la lécithine de soja, des mono- et diglycérides d'acides gras, bref, tout ce qui n'était pas simple comme une carotte ou une poire, je l'ai enlevé. Ma table de mixage était bien triste alors ! Autant vous dire que l'on entendait presque plus aucun son, hormis une ou deux notes sombres et graves.

Alors, comment faire pour retrouver l'équilibre harmonieux que nous avons tous en nous et revenir à la belle symphonie de Mozart avec laquelle nous sommes nés ?

Pour la faim, j'ai adopté une technique assez simple à mettre en place, glanée dans une des lectures du moment. Étant donné que j'avais perdu le curseur de la faim, je suis partie à sa recherche. Cela semble logique, mais j'ai eu besoin de lire toute la bibliographie des Drs Apfeldorfer et Zermati pour me lancer. Je me suis dit que si un psychothérapeute et un nutritionniste alliaient leurs compétences pour aider les paralysés de l'assiette, cela devait certainement être utile. L'un et l'autre apportent en effet un éclairage différent et complémentaire sur la problématique alimentaire (vous voyez, je ne suis absolument pas anti-psy, car leur lecture m'a énormément aidée, simplement il manquait à ma psychothérapie un aspect plus concret).

J'ai donc volontairement (c'est-à-dire pas sous l'impulsion de mes troubles alimentaires) arrêté de manger le matin et j'ai attendu, en espérant que la faim ne me laisse pas sur le bord de la route. Vous savez quoi ? Elle est arrivée. Il devait être 13 ou 15 heures. J'avais prévu le coup et préparé mon premier « repas de la faim » à l'avance pour ne pas être prise de court. En effet, il est fortement conseillé de préparer son repas soi-même pour ne pas tomber d'hypoglycémie dans un paquet de bonbons ou dans les pains au lait débordant de pâte à tartiner. Désolée d'être la rabat-joie de service, ça m'aurait aussi arrangée de prendre ça comme excuse pour manger des sucreries ! Moi qui avais peur de me sentir mal si je sautais un repas ou que cela m'enfonce encore plus dans mes travers, ça n'a pas été le cas. D'autant plus que le but n'est absolument pas de sauter un repas mais bien de réapprivoiser sa faim.

Une fois que j'avais identifié mes signaux de la faim, je les ai gardés en tête. Le ventre qui gargouille, la tête qui tourne, la chaleur dans le corps, une légère euphorie, un état grincheux (grincheux est un doux euphémisme dans mon cas : désolée mon chéri pour tout ce que j'ai pu dire ou faire quand j'avais faim !), chacun est différent. J'ai même repris un petit carnet pour noter les sensations que je ressentais selon les jours. Cette fois-ci, il ne s'agissait pas de mesurer mon évolution et les calories mangées, mais bien plus de voir comment je me sentais. En notant tous ces états, je me suis rendu compte que la faim avait de multiples visages. En effet, elle n'est pas uniforme ; on peut même la quantifier !

J'ai vite réalisé que si j'attendais trop longtemps avant de manger, si la faim était très forte, je perdais les pédales et avais du mal à m'arrêter de manger. C'était encore mon cerveau archaïque qui avait peur que je ne sois à court de viande de mammouth. Pas de panique, je l'ai rassuré : la famine n'est pas pour aujourd'hui. Avec le temps, j'ai été en mesure de déterminer à quel moment il me convenait de manger. Sur une échelle de 0 à 10, je notais, lors de mes repas, à quelle intensité ma faim se faisait entendre. Sachant que 0 était l'équivalent de la fin du repas (donc une faim nulle) et 10 était comme si j'avais fait un camp d'entraînement où il fallait porter des troncs d'arbres en courant sur des kilomètres, le tout en ne mangeant qu'une demi-boîte de raviolis tous les trois jours. (Pourquoi cet exemple ? C'est une autre histoire !)

Je n'avais pas besoin d'attendre que la faim soit à 10 pour me mettre à table, au contraire. Je me suis rendu compte que c'était le moment de manger lorsqu'elle était à 4. Pas à 6. Parce que sinon, je réveillais de pas si vieilles blessures et j'étais angoissée à l'idée de ne plus pouvoir manger. Et si à midi ma faim était à 0, je ne me forçais plus à manger. Je prévoyais tout de même le coup pour avoir de quoi me caler l'estomac lorsque la faim se faisait sentir, une ou deux heures plus tard. De la même manière, si à 11 heures du matin je sentais que c'était le moment de manger, tant pis, je m'écoutais et je déjeunais.

Cette recherche de la faim a légèrement été contraignante dans mon emploi du temps, mais rien de comparable avec tout ce que j'avais enduré. En effet, quand ma pause déjeuner était chronométrée, ou soumise à l'habituel sushis entre collègues, il fallait que j'adapte ma rééducation sans non plus me griller socialement. N'oublions pas que personne ne savait, personne ne se doutait de rien. J'ai trouvé deux solutions à ces situations. Ou bien j'assumais et je choisissais d'attendre ma faim – au risque de manger seule à un horaire décalé mais en ayant trouvé mon curseur –, je disais simplement que j'avais un « rendez-vous médical » ou que ma grande nièce par alliance qui vit à Chicago était de passage dans le coin et que je ne pouvais absolument pas louper cet événement si formidable et patati et patata (oui, une jolie leçon au passage : on n'est pas toujours obligé d'être transparent avec son entourage !), ou bien j'accompagnais mes collègues et attendais le soir ou le week-end pour faire l'expérience de la faim. Tout dépendait de mon énergie ce jour-là : je faisais ENFIN en fonction de mes envies. Gloire à moi ! Dans tous les cas, cette période de réappropriation de la faim n'a pas duré bien longtemps, puisqu'en mangeant « normalement », on en vient à ne plus avoir faim constamment et à des heures absurdes (16 h 12 pour le repas du soir, c'est un peu tôt quand même !).

Pour la satiété, c'est un peu plus délicat, car c'est une sensation plus fugace. Je ne sais pas comment vous la vivez, mais je trouve qu'elle est plutôt dure à identifier. Lorsque je mettais le doigt dessus, c'est que j'avais largement dépassé les limites. Qui n'est jamais sorti de table en portant son ventre dans une brouette tant le repas a été gargantuesque ? Pourquoi est-ce qu'on ne s'est pas arrêté avant ? On avait pourtant toujours envie de cette troisième fournée de raclette !

Note au lecteur : si je fais souvent référence à la gastronomie de montagne et au roi Fromage (à qui je voue amour et reconnaissance éternels), ne vous étonnez pas. J'ai la chance de vivre aujourd'hui entre la Savoie (bonjour la fondue !) et la Haute-Savoie (bonjour la tartiflette !) dans les Alpes (bonjour la tarte aux myrtilles !). Alors oui, l'hiver je disparais sous d'innombrables couches de vêtements (si vous vous souvenez bien, je résiste mal au froid malgré ma vocation d'éléphant de mer) ! Mais si je m'habille autant, c'est juste pour profiter d'encore plus de poches pour mettre des bouts de reblochon et de tomme dans mes pulls, hé, hé !

Revenons à nos moutons (ou devrais-je dire à nos belles vaches beaufortaines). Si nous ne sommes pas forcément à l'écoute de notre satiété, c'est parce qu'elle doit surmonter deux obstacles majeurs. Le premier, c'est tout simplement notre gourmandise. Eh oui, si je continue à manger alors que tous les signaux m'indiquent que mon estomac est archi-plein et qu'il me dit : « Pitié, arrête-toi je t'en supplie, je meurs », c'est parce que j'y prends plaisir. Il n'y a rien de mal à cela, tant que cela reste exceptionnel. Les fêtes de fin d'année en sont un bon exemple. Zut, déculpabilisons-nous ! Oui, cette raclette est vraiment bonne, et oui, j'ai conscience que c'est trop, mais si je m'autorise à la savourer sans me sentir fautive, il n'y a aucun problème. La vie est aussi faite de ces repas de famille interminables où tout le monde se retrouve autour d'une bonne marmite. Il faut voir au-delà de la quantité ingérée : c'est un moment de partage. Bon, je n'utilise pas non plus ce prétexte tous les jours, parce que mon pauvre foie risquerait de moins apprécier ces agapes !

Le second obstacle auquel nous pouvons faire face lorsque nous partons en quête de satiété est d'ordre physiologique. Autrement dit on ne peut rien y faire, c'est notre corps qui mène la danse. Vous l'avez probablement déjà entendu quelque part, mais voilà c'est un fait : il faut à notre estomac une vingtaine de minutes pour comprendre que nous lui avons donné à manger. Il n'enverra ses messages de satiété qu'après ce délai. Aussi, si je dévore la formule entrée-plat-dessert en moins de sept minutes, il me reste le double de temps à tuer pour me sentir repue (mon calcul tient la route non ? J'ai toujours été une catastrophe en mathématiques de toute façon) ! Je ne dois donc pas en profiter pour commander une seconde formule, ce ne serait pas très respectueux pour mon petit estomac qui commence tout juste à broyer ma salade lyonnaise. Une solution toute bête consiste à simplement prendre son temps, à poser de temps en temps sa fourchette, à goûter réellement les aliments dans son assiette.

De même, lorsque j'attendais trop longtemps avant de manger et que j'étais au bord de l'évanouissement en passant à table (j'exagère, comme toujours), mon curseur de satiété était beaucoup plus difficile à trouver. Comme je mourais de faim, j'avais tendance à manger plus vite, donc à avaler de plus grandes quantités pendant les vingt minutes physiologiquement nécessaires à l'envoi du message « STOP ». Et comme mon cerveau avait eu la frousse de repartir en famine préhistorique, je cumulais les mauvais points. Les messages envoyés se contredisaient : d'une part l'estomac me demandait d'arrêter de manger après la demi-heure de festin, d'autre part le cerveau menacé me poussait à faire des réserves, au cas où le prochain mammouth ne passerait que dans une semaine. J'étais au milieu, ma fourchette à la main, et je ne savais plus où donner de la tête. Alors, petit conseil d'amie : il vaut mieux ne pas attendre que la faim soit à 12/10 pour passer à table.

Je me suis écoutée à différents moments du repas. Après la première, la sixième bouchée, quand arrivait le plateau de fromages (le fameux !). Je ne prenais pas non plus ma température, mon rythme cardiaque et ma tension toutes les cinq minutes, je ne me livrais pas à un examen de la satiété ! J'essayais juste d'être plus à l'écoute de mon estomac au cours du repas, sans tomber dans la bienveillance-gratitude à l'univers de la pleine conscience qui me hérisse les poils des coudes. Quand je ne ressentais « rien », je sortais de table avant le fromage. D'autres fois, je restais jusqu'au café. Non pas pour le café, car je n'aime pas cette boisson (c'est d'ailleurs assez terrible socialement et professionnellement parlant), mais plus pour le biscuit ou le chocolat qui l'accompagne. Et ne me dites pas que je suis la seule à faire ça, je vous vois, vous faites pareil ! Si vous le voulez, on pourra même s'organiser un « café » ensemble à base de gourmandises et on fera semblant de commander cette boisson amère en toute connivence : ce sera notre *private joke* !

Petit à petit, j'ai perçu à quel moment je passais du stade « faim » à « plus très faim », « plus faim », « pitié, stop ». Le but étant toujours de respecter mon gentil corps qui œuvre pour moi depuis ma naissance et jusqu'à la fin de ma vie. J'évitais donc de dépasser le moment où je n'avais plus d'attrait pour la nourriture, même si je ne respectais pas tout le temps ma satiété. Pour me rassurer, je me disais que j'allais remanger bientôt, dans quelques heures. Je me parlais et essayais de calmer ce cerveau qui avait tendance à s'emballer un peu vite. Sortir de table en ayant faim n'était pas le but, mais lorsque c'est arrivé pendant mes expériences de réappropriation de mes sensations (je vous rassure, cela se compte sur les doigts d'une main de paresseux), ce n'était pas grave. Je prenais une collation ou je mangeais plus tôt au repas suivant. Nous avons la chance de vivre dans une société dans laquelle la nourriture n'est pas un problème : nous en avons à profusion dans notre maison, mais aussi dès que l'on met le nez dehors. Alors la famine n'est pas une réalité pour nous, heureusement. Je me le répétais et cela m'apaisait.

Il arrivait aussi que je n'aie plus d'attrait pour un type d'aliment, mais que je ressente toujours la faim, et ce encore aujourd'hui. Explications : disons que je mange, par exemple, un rôti de porc avec un écrasé de pommes de terre. Je le savoure, et mon assiette se vide petit à petit. Mais voilà que je n'ai plus envie de viande ni de purée. Je n'ai même plus faim pour le salé. En revanche, j'ai toujours un petit creux pour une autre saveur, comme le sucré d'un dessert (le célèbre « deuxième estomac », vous le connaissez ?). Là aussi, je suis à l'écoute de mes sensations. Si je perds l'envie d'un type d'aliment au cours du repas, rien ne m'oblige à continuer à en manger. Ça a du bon d'être une snob de la nourriture : si je persiste à finir mon assiette coûte que coûte, je risque de m'en dégoûter momentanément. J'accepte mes ressentis et m'autorise à poursuivre le repas selon mes envies. Et puis je ne suis pas une poubelle de table, alors je ne me force plus à finir les assiettes sous prétexte que « c'est du gâchis ». Ne pas m'écouter et ne pas me respecter en honorant mes sensations, ça c'est du gâchis ! Je choisis donc de préserver mon envie et je sais que je pourrai toujours finir les restes plus tard. Parce que, bien sûr, il n'est pas question de gaspiller la nourriture.

Ce processus de réappropriation de mes sensations a pris un moment : deux ans à peu près. Tout dépend depuis quand la console de mixage a été déréglée. J'avais touché à tous les boutons et mis le désordre dans mon équilibre initial depuis l'adolescence, alors forcément, cela a pris du temps pour moi. Et encore, deux ans de guérison, c'est quoi comparé à quatorze années de galère et une vie entière d'insouciance ? Et ce qui est formidable, c'est que tout le monde peut y arriver, car tout cela est déjà en nous. Alors, qu'attendez-vous ?

Par-delà le bien et le mal[18]

Puisque désormais je reconnaissais ma faim et ma satiété, je me sentais bien plus libre devant mon assiette. Fini les orgies et les restrictions, je savais plus ou moins où se trouvaient mes curseurs. Je n'étais pas sortie d'affaire pour autant puisqu'il me fallait désormais réapprendre le plaisir de manger. La nourriture avait été tellement un sujet tabou pour moi que je n'arrivais plus à me connecter à mes sensations gustatives et à savoir ce qui me plaisait réellement. Pour que le plaisir soit véritable et entier, cela supposait que je mange de tout et sans complexe.

Avant de poursuivre, je peux vous assurer que oui, il est possible de manger un hamburger-frites-mayonnaise sans en faire tout un fromage, qu'il est possible de ne pas finir une assiette de nougat glacé parce que vous n'en avez plus envie, et qu'il est tout aussi possible de manger des poireaux à la vapeur en se régalant, parce que vous l'aurez choisi. Et vous pouvez aussi manger des crêpes au chocolat trois fois dans la semaine si c'est ce dont vous avez envie et besoin à ce moment-là de votre vie.

Le problème, c'est que toute cette insouciance me paraissait impossible à l'époque. Ce n'est qu'à force de combattre mes vieux schémas de pensée que j'ai enfin pu avoir la paix devant mon assiette et ma balance (d'ailleurs, vu qu'on en parle, ma balance est aujourd'hui sur Mars, elle a voyagé en aller simple et se plaît beaucoup au milieu des cailloux et de l'air irrespirable. Un vrai club Med !).

Il a fallu que je m'accroche pour continuer dans cette guérison, mais j'ai réussi ! (Applaudissements d'une foule en délire.) Je l'ai fait, alors que mon passé ne me destinait ABSOLUMENT PAS à ces comportements simples et insouciants. J'ai volontairement montré, en toute transparence, les impasses et les interdits alimentaires dans lesquels je m'étais moi-même empêtrée pour justement revendiquer ce message ! Tout le monde peut le faire, et ça, c'est quand même une sacrée bonne nouvelle. Note : j'ai toujours détesté les gens qui disaient : « Si je l'ai fait, c'est que tout le monde peut le faire gnagnagna » alors qu'ils sont au sommet de l'Everest, qu'ils ont obtenu la meilleure mention à Harvard ou qu'ils partent voyager dans l'espace pour une mission scientifique, et que cela semble complètement irréalisable pour le commun des mortels. Alors certes, on est sur un autre registre avec les troubles alimentaires, mais l'idée reste identique. Bizarrement, je me retrouve aujourd'hui du côté obscur où je professe moi-même de tels clichés, et le PIRE, c'est que j'en suis RÉELLEMENT convaincue. Alors je vous en prie, ne me jugez pas trop vite, je sais que ce n'est pas évident de se sortir de ce pétrin, mais c'est POSSIBLE. Vous pouvez le faire et je crois en vous.

Puisque faim et satiété refaisaient partie de ma vie, il fallait que « j'ouvre » à nouveau mon alimentation à autre chose qu'à des légumes bouillis. Alors oui, j'avais toujours des barrières alimentaires, comme le fameux « Je ne mange pas de croissants le matin, ce n'est pas bon », ou encore « Les frites ce n'est pas mon truc », « Les sodas sont mauvais » (ah ça, c'est difficile de dire le contraire, c'est tellement sucré que cela pourrait servir de carburant aux fusées, vous savez, celles pour envoyer les balances sur Mars !), « Je ne mange pas de chocolat car ça fait grossir », etc. Je m'interdisais encore un certain nombre d'aliments, ou des catégories entières d'aliments, par conviction, par goût, ou encore par appréhension.

Bref, je n'ai pas abandonné mes fausses bonnes idées du jour au lendemain !

Pourtant, étais-je bien sûre que ces aliments ne me plaisaient pas ? Pensais-je réellement aimer le chocolat de manière démesurée, au point de le bannir de mon alimentation puisque je ne savais pas me contrôler face à une tablette ? Pourquoi avais-je réellement supprimé cet aliment de mon régime alimentaire ?

J'ai donc cherché à oublier TOUT ce que je savais au sujet de l'alimentation. Qu'il s'agisse de mes préférences ou de mes connaissances diététiques, j'ai tout mis de côté. J'ai pris cela comme un jeu : le jeu de la redécouverte (aussi connu sous le nom de « Boucle-la Mathilde et MANGE, nom d'une endive ! »). Comme les enfants qui goûtent à tout pour la première fois, je suis repartie à la découverte des saveurs.

« Oui mais si j'ouvre les vannes, je vais manger des glaces par litres jusqu'à la fin des temps et je serai tellement énorme que je ne pourrai même plus passer par la porte d'entrée de la maison et qu'il faudra un hélicoptère pour me déloger. Non, deux hélicoptères ! » C'est ce que je croyais. En réalité, il en a fallu trois. Je plaisante. Tous ces scénarios n'étaient que la manifestation d'une peur plus profonde. Je m'étais tellement interdit de tout manger pendant ces longues années, que je pensais sincèrement que ces crèmes glacées allaient m'engloutir, et non l'inverse. Et c'est justement cette pensée-là qui m'empêchait d'en manger et qui me faisait compenser autrement cette frustration. Mais soyons réalistes, si je mange de la glace au petit-déjeuner, au déjeuner, au goûter, au dîner, combien de temps pensez-vous que je tiendrai ce régime ? La première journée sera peut-être rigolote. Allons-y essayons, je vous en prie, c'est la meilleure manière de faire tomber le « tabou » des glaces. La deuxième journée un peu moins, et au bout de dix jours de crèmes glacées, nous rêverons tous d'une bonne assiette de haricots verts.

C'est tout le principe de mon propos. Non, nous ne sommes pas des ogres à l'estomac insatiable. Faisons-nous confiance, notre corps SAIT ce dont il a besoin. Il nous dira quoi manger à quel moment si nous lui laissons (enfin) la parole. En outre, gardons en tête que l'équilibre alimentaire se fait non pas sur la journée ni sur la semaine, mais sur le mois voire le trimestre. Que ce soit sur la quantité ou sur la nature de ce que nous mangeons, nous devons tous nous DÉ-TEN-DRE. Une salade ne me fera pas maigrir, tout comme un plat de pâtes à la carbonara ne me fera pas grossir. Et c'est valable pour tout le monde. Au risque de me répéter, je vous invite chaudement à lire quelques ouvrages des Drs Zermati et Apfeldorfer (rendons aux Césars leurs lauriers). Ils nous montrent, au moyen d'études menées sur plus de vingt ans, comment la restriction est une des causes premières de l'obésité et des troubles alimentaires. D'ailleurs, l'exercice de manger notre aliment « tabou » comme plat unique vient d'un de leurs ouvrages !

Pour commencer, j'ai fait la liste de tous mes aliments « même pas en rêve ». Vous savez, ceux que je m'interdisais sous différents prétextes. Je me suis déjà entendue dire que je ne mangeais pas les chouquettes qu'on m'offrait parce que le gluten est mauvais pour la santé et qu'en plus c'est plein de sirop de glucose qui nous rend accro et patati et patata. Pourtant, je n'avais qu'une seule et véritable envie, je vous laisse deviner laquelle. J'invoquais mille raisons pour me convaincre que je ne devais pas manger telle ou telle chose, mais j'étais complètement frustrée (donc assez pénible, je le reconnais). Le soir, de retour chez moi, je vidais un paquet de fruits secs de 500 grammes à moi toute seule (oui, car je n'avais rien qui ne soit pas « sain » à la maison). À 426 calories les 100 grammes, il valait mieux manger une chouquette, croyez-moi ! Cette liste des aliments interdits m'a aidée à m'orienter dans ce jeu des saveurs. J'ai cherché à déceler les raisons apparentes, mais aussi les raisons réelles, qui faisaient qu'un aliment était « tabou » pour moi. Pour revenir à l'exemple des chouquettes, ce n'étaient ni le gluten ni le sucre qui m'empêchaient de les manger. Sans grand suspense (navrée), c'était plutôt la peur de grossir.

Une fois mes aliments détestés bien identifiés, j'ai fait une seconde liste avec les aliments que je jugeais bons. Pour leur goût ou leurs vertus, peu importe. Je pensais donc que les protéines végétales comme le tofu ainsi que les légumes vapeur étaient le nec plus ultra de l'alimentation. D'une part parce que les protéines font maigrir (ah tiens ?), d'autre part parce que la cuisson vapeur préserve les vitamines, et puis les courgettes ce n'est pas très calorique, alors ça m'arrangeait bien.

Tout cela constitue un bel ensemble, celui des croyances alimentaires. Et chacun a le sien ! Tout ce que j'avais écrit n'était que le fruit de mon propre jugement à un moment donné. Même les épinards que je pensais sincèrement détester (on se rappelle de l'immonde tas verdâtre de la cantine), je les ai remis en question. Comment ? En expérimentant chaque ligne de mes listes. J'ai tout goûté (au sens de « tester avec curiosité »). Je me suis refait un avis. Malgré mes convictions scientifiques ou éthiques, j'ai fait l'effort de mettre sur un même plan tous les aliments. Oui, peut-être que le gluten n'est pas excellent pour la santé (je ne parle pas des personnes qui ont une vraie allergie à cette protéine, c'est différent pour elles), mais je ne dois pas m'enfermer dans une théorie par facilité. Si je m'empêche de manger du gluten mais que je rêve au quotidien d'une bonne baguette bien chaude et croustillante, c'est qu'il y a un problème.

J'ai mangé ce qui me faisait peur, ce que je pensais ne pas aimer, ce que je pensais adorer, et j'ai été très surprise par mes constats. Un aliment dont je pensais raffoler me semblait finalement dégoûtant. Au contraire, celui que je croyais fade s'est révélé très fin. À vrai dire, j'ai aussi eu ce premier coup de pouce de la part d'une diététicienne que j'ai rencontrée lors d'un atelier « alimentation en pleine conscience ». Je vais vous raconter ce moment, parce qu'il s'est quand même passé quelque chose de dingue. Pour l'atelier, nous devions apporter notre aliment fétiche.

Bizarrement, les autres participantes ont pris, comme moi, du chocolat. C'était important de ne pas venir avec par exemple du chocolat noir 90 % qu'on n'aime pas trop mais qui nous donne bonne conscience. Non, là il s'agissait de venir avec du « vrai » chocolat : celui d'une grande marque industrielle, blanc, au lait, avec des noisettes, du caramel, des copeaux de noix de coco ou que sais-je encore. Nous nous sommes assises en rond assez solennellement et avons coupé notre carré de chocolat en trois morceaux. « Quoi ? Couper un malheureux carré en trois parties ? Mais c'est une blague ? Je suis venue ici pour me faire péter le ventre avec du chocolat blanc en toute impunité moi ! Dans "manger en conscience", il y a bien le verbe manger, non ? C'est quoi cette secte encore plus restrictive que mes régimes surréalistes ? » J'ai fait taire mon ogre intérieur déçu, me consolant avec la perspective qu'il me restait encore quarante-cinq minutes à tenir avant de me retrouver en tête à tête avec la tablette restante dans le fond de mon sac.

Nous avons ensuite fermé les yeux. J'ai un peu hésité à profiter de cet instant pour voler le chocolat de ma voisine qui faisait de la respiration abdominale et qui ouvrait ses chakras pour l'expérience à venir, mais comme la diététicienne avait encore les yeux ouverts et qu'elle nous surveillait, j'ai laissé tomber mon élan de kleptomanie alimentaire. Après un « échauffement » (genre il faut s'échauffer pour manger ! Mais quelle bande de novices ! Elles ne me connaissent pas !) durant lequel nous nous sommes simplement détendues (pas moi), nous avons pris le premier bout de chocolat et l'avons mangé. Je devrais plutôt dire la miette microscopique et résiduelle de chocolat, parce que le mot « bout » n'est pas tout à fait contractuel. Nous nous sommes attardées sur son odeur, sa texture, sa température. Nous avons laissé le goût s'infuser dans notre bouche, senti le sucre nous chatouiller les papilles, savouré le croustillant des morceaux de fruits secs, et nous avons essayé de sentir le moment ultime où le carreau entre dans notre système digestif, juste avant qu'il ne fasse le grand plongeon dans notre œsophage. Sans mentir, sur le coup ça m'a un peu stupéfaite, on arrive vraiment à percevoir tout cela si on est attentif. Puis, nous avons réitéré l'exercice avec le deuxième morceau. Je vous jure sur la tête de toutes les cuvettes de toilettes que j'ai pu croiser dans ma vie, ce tiers de carré supplémentaire m'a suffi et je n'ai pas mangé le dernier bout. J'ai même été presque écœurée par les sensations : saturé en sucre, trop huileux en bouche, ça donne soif, et ce n'est finalement pas si bon que ça.

Vous devez croire que j'invente cette histoire, tellement c'est énorme (et je fus la première surprise par cette révélation), mais pour la première fois de ma vie, je n'ai pas eu envie de finir le tiers de carré de chocolat restant. Je ne vois que deux options : ou bien la diététicienne nous a ensorcelées avec son encens et a profité de nos yeux fermés pour mettre de la poudre magique sur nos maigres victuailles, provoquant une hallucination collective, ou bien ça marchait vraiment (les autres aussi avaient fait le même constat). Quand je suis rentrée chez moi, j'ai fixé mon plafond un moment pour me remettre de ce chamboulement. Je me suis juré que, désormais, je mangerais uniquement de cette manière (un tiers de carré de chocolat par repas, c'est plutôt économique et ça fait même peut-être maigrir ! Mais enfin TAIS-TOI vilaine voix, je suis en train de guérir !). Je l'ai fait une fois ou deux, puis j'ai repris ma vie normale. Dans les faits, c'est un peu impossible à mettre en place quotidiennement : imaginez le temps qu'il faudrait pour un plat normal si nous devions à chaque fois nous recueillir devant notre assiette !

Néanmoins, j'ai mis cette expérience dans mon baluchon et je l'ai ressortie lorsque j'avais de gros blocages. Par exemple, ces fois où je voulais à tout prix manger quelque chose de sucré mais que je ne me l'autorisais pas. J'étais déjà sortie des vomissements, mais je continuais à me restreindre et à fantasmer sur pas mal d'aliments « interdits ». Donc, au lieu de me goinfrer rapidement de biscuits apéro, j'en mangeais quelques-uns en les goûtant pour de vrai. Moi qui avais passé une grande partie de la journée à penser à ces crackers, me disant qu'il n'y avait certainement rien de plus désirable sur terre, je me retrouvais finalement à en déguster une petite poignée, pour me rendre compte rapidement que je m'en lassais. Promis, juré, attesté, vous ne regretterez pas cette expérience !

Vous pensez probablement que c'est un peu trop simple non ? J'avoue humblement avoir moi-même paniqué à l'idée de banaliser tous les aliments qui existent d'un coup. J'ai donc réintroduit un aliment à la fois. Pendant une semaine, c'étaient les féculents, puis la suivante les choux de Bruxelles ! Et puis j'avais, comme tout le monde, ma bête noire. Vous savez, ce plat qu'on ne peut pas manger sans prendre le risque d'en faire une overdose. Tant mieux ! Je me suis régalée à me soigner de cet aliment. En faisant simplement tomber le voile de fantasme, de mystère et de fascination qui l'entourait, je m'en suis guérie.

Comment ? Comme je l'ai suggéré plus haut : en le consommant comme plat unique jusqu'à ce que j'en ai ras-la-carotte. Oui, on a le droit de manger du risotto au petit-déjeuner, au déjeuner et au dîner. Tant que cela nous fait plaisir ! Quand je me sentais écœurée et que j'avais envie de passer à autre chose, je me savais guérie de cet aliment (parce que oui, des bêtes noires j'en avais un paquet !). Cette méthode fonctionne à chaque coup, pourvu que l'on soit entier dans cette démarche. C'est-à-dire que quoiqu'il arrive, je n'avais pas honte de moi, je ne me cachais pas pour manger et je ne me culpabilisais pas à chaque bouchée. Je n'allais évidemment pas vomir non plus, mais je crois que ça, vous l'aviez déjà compris ! Et enfin, je n'allais pas essayer de « redresser la barre » en mangeant de la soupe pour les dix-huit prochains repas !

C'est ainsi que j'ai pu me soigner de ma supposée addiction au chocolat, aux cookies, aux crêpes et j'en passe. Pendant cette période, j'ai redéfini mes goûts, j'ai rééduqué mon palais, et surtout, je me suis fait plaisir. Je savais que cela ne durerait pas toute ma vie, que j'en aurais assez des expériences culinaires et des fantaisies improbables. Et effectivement, c'est ce qui est arrivé : de moi-même j'ai voulu revenir à une alimentation « normale », c'est-à-dire une alimentation dans laquelle plus rien n'est problématique.

Enfin, je terminerai par vous rassurer en vous confiant que même les mangeurs « normaux » ont leur péché mignon. Vous savez, ce plat que vous pouvez manger sans faim ni fin, sans pour autant qu'il s'agisse d'un trouble du comportement alimentaire. Typiquement, j'adore les Oreo. Alors oui, JE SAIS. Ce sont des biscuits industriels, il y a mieux en matière d'équilibre nutritionnel, c'est fait avec des ingrédients chimiques... bref, la liste est longue ! Cela ne m'empêche pas d'en avoir dans les placards et d'en savourer. Le souci, c'est que j'ai du mal à n'en manger qu'un ou deux (même si je suis « sevrée » et que ces biscuits sont tout à fait banals pour mon cerveau et mon ventre). C'est bien simple, si ma maison était faite d'Oreo, je pourrais la manger en entier. Quitte à avoir mal au ventre pendant un mois et à dormir en plein air, même sous la pluie (vu que j'aurais mangé ma maison, vous me suivez ?). J'assume. Encore une fois, ce n'est pas grave. Et cela ne signifie pas que les Oreo me font faire des crises de boulimie. Je sais simplement que lorsque je mange ces biscuits, le paquet a peu de chances de terminer la journée. Dédramatisons. Oui, c'est bon (et c'est étudié pour l'être !), et oui, j'en mange plus qu'il ne faudrait. ET ALORS ?! Est-ce puni par la loi ? Pensez-vous que le GIGN ou la CIA vont venir forcer ma porte alors que je savoure la dernière bouchée du paquet de biscuits en hurlant : « LÂCHEZ-LE TOUT DE SUITE », puis que je vais être embarquée pour comparaître devant la Cour suprême (qui s'est réunie en une assemblée extraordinaire pour l'occasion) et que je vais devoir justifier l'outrage fait par cet excès de gourmandise ? Non ! Mon voisin s'en fiche, vous vous en fichez, tout le monde s'en fiche ! Il suffit juste d'être au clair avec soi-même et peut-être aussi d'éviter d'en manger tous les jours. Mais se priver et bannir l'aliment en question, alors là, jamais !

(Re)vivre normalement, ou presque !

Maintenant que j'avais banalisé tout ce qui était problématique dans mon alimentation, je souhaitais retomber sur mes pieds et reprendre une vie normale. C'est ce qui montre que j'étais quasiment sortie d'affaire, même si je ne m'en rendais pas forcément compte. Bravo à moi ! Parce que oui, avec tous ces exercices et ces remises en question, je me sentais parfois perdue quant à mon rapport à l'alimentation. C'est normal, car je venais de déconstruire les théories alimentaires qui me structuraient depuis des années. Encouragée par les succès rencontrés lors de mes expériences précédentes, j'ai donc choisi de continuer sur ma lancée. Puisque manger librement ne me rendait pas folle et que je ne sombrais pas dans une taille 190 de pantalon, je me suis fait confiance pour la suite. À cette période, je ne voyais plus de psy et consultais très épisodiquement certains praticiens, comme la diététicienne de l'atelier pleine conscience ou encore une microkinésithérapeute qui massait mon crâne pour me faire lâcher prise et me détendre ! Je regardais en revanche pas mal de conférences sur le développement personnel, et à force, quelques messages ont dû passer dans mon inconscient. C'est vrai, peut-être que tous les professionnels que j'ai croisés qui dédramatisaient la nourriture avaient raison. Les pâtes à la carbonara sont probablement très banales, alors que j'en faisais tout un « plat » !

Pour manger « normalement » (ou plutôt simplement), j'ai laissé mon corps me guider. Je ne me suis plus forcée à manger quoi que ce soit (fini le verre avec du son d'avoine et du vinaigre de cidre à 6 heures du matin) ! Mon estomac me remercie du fond du cœur (anatomiquement je ne sais pas si c'est possible, je veux dire un estomac qui a un cœur). Au contraire, j'ai savouré ce que je voulais. J'avais réintégré – ou non – les aliments qui me faisaient défaut, j'avais ôté, par choix éclairé, ce dont je ne voulais plus, bref, j'étais prête à sauter dans le grand bain de la vie.

Pour la toute première fois, je me suis laissé le choix de manger ce que je voulais vraiment. LIBÉRÉÉÉE, DELIVRÉÉÉE ? Pas tant que cela ! Le souci, c'est que je n'avais strictement AUCUNE idée de ce qui me faisait plaisir. Après avoir tout remis à plat, j'étais bel et bien incapable d'identifier ce qui me faisait envie. Tous les jours je me demandais ce que je voulais manger (et non ce que je devais ou pouvais manger !), et c'était souvent le néant. Mais avec le temps (au bout d'un mois, puis de six mois), je suis arrivée à savoir ce dont j'avais besoin dans mon assiette, mais aussi dans ma vie. Alors oui, j'avais toujours la petite voix qui me poussait à manger des légumes vapeur et à oublier mes folies. Je ne me forçais pas pour autant à avaler des litres de soupe. Et puis, j'ai changé ma manière de cuisiner. Si je n'aimais pas les légumes bouillis, c'était plutôt compréhensible. En revanche, une bonne tarte aux poireaux avec une pointe de moutarde et de la crème fraîche (la vraie, pas celle allégée que je diluais dans l'eau du robinet, ni celle au soja !) ? Cela change tout !

Réapprendre à manger passe par le stade de la cuisine. J'ai enfin pris le temps de me concocter de bons petits plats. Internet est une mine d'or de recettes en cas de manque d'inspiration. Je me suis lancée dans des aventures culinaires inconnues. J'ai fait le marché, me suis laissé tenter par des produits dont je ne connaissais même pas le nom (vous me direz d'ailleurs ce que vous pensez sincèrement du rutabaga s'il vous plaît, parce que c'est la mode, mais je ne comprends pas vraiment pourquoi !). Ce sont mes repas, pour moi, alors je me fais plaisir. Le changement s'est produit autant dans ma tête que dans mon estomac. Je me suis laissée vivre et j'ai enfin connu la légèreté dans ma vie.

Je ne peux pas vous laisser croire que mes problèmes alimentaires ont été de l'histoire ancienne du jour au lendemain. Ce travail m'a demandé du temps et de la persévérance. J'ai vécu des moments difficiles où je n'avais qu'une envie, celle de reprendre mes vieux schémas de pensée. Voyant que j'avais pris environ 5 kilos (bon d'accord, 6,5) durant ma « rééducation » alimentaire, j'ai voulu tout arrêter, faire marche arrière et retourner brouter ma salade sans sauce. Mais j'ai maintenu le cap. Malgré la pression que je me mettais, j'ai résisté à l'appel des « spaghettis » de courgette à 30 calories l'assiette (encore une fois, ce ne sont PAS des spaghettis, c'est juste de la courgette coupée différemment, alors arrêtez de nous prendre pour des nouilles !). Combien de fois je me suis jetée sur mon lit en pleurant de découragement, luttant dans mes tripes contre l'envie d'aller me faire vomir ou d'aller courir un énième marathon de la punition ? Je n'en suis ressortie que plus forte.

Oui, je suis rentrée un soir chez moi en ayant du mal à fermer mon pantalon tant j'avais mangé. Au lieu de me culpabiliser et de m'apitoyer sur mon pauvre sort (ce que j'aimais par-dessus tout, ne l'oublions pas), je suis restée attentive à moi-même. Mon mal-être ne faisait que cacher la réalité qui, elle, m'apprenait quelque chose. J'avais mal au ventre ? Eh bien, que j'assume ! J'acceptais d'avoir trop mangé, de me sentir trop pleine. J'imprimais mon ressenti afin que cela me serve pour plus tard, lorsque je serais tentée de reprendre de la charlotte aux fraises et au mascarpone pour la troisième fois. J'essayais de comprendre cette douleur, de visualiser comment mon estomac se trouvait à ce moment-là. Avant, j'étais très forte pour me détourner de mon mal-être dans ces situations. Pour me cacher de cette souffrance physique et morale (j'avais échoué puisque j'avais trop mangé), je me plongeais dans de vastes opérations de reconquête de mon corps, surfant sur Internet et me complaisant dans les nouveaux régimes qui venaient de sortir (tiens, une cure de légumes lactofermentés et de jus de navet à 3 000 € la semaine, quelle belle idée !). Je me coupais une fois de plus de mon corps pour partir dans des schémas destructeurs qui ne feraient que perpétuer mon erreur. Alors qu'à partir du moment où j'ai accepté de ne rien faire et de vivre avec ce ventre à la peau tendue sans me juger, j'ai avancé. J'étais mal, je laissais sa place à la douleur et je relativisais. Non, cette situation ne durerait pas jusqu'à la fin de mes jours, malgré ce que pouvait dire ma *drama queen* intérieure (et Dieu sait qu'elle parle fort!). Et puis de toute façon, c'était fait. Pourquoi batailler pour changer les causes et conséquences de ce moment alors que si je m'ouvre à cette détresse, j'en ressors plus forte et avertie? En restant calme, j'ai pu apprendre à me réguler et à manger par envie (et non plus par contrainte). Ainsi, nul besoin de se punir par de la culpabilité, du sport ou tout autre moyen que le cerveau inventerait. Il suffit de se laisser tranquille.

Si un dérapage me mettait particulièrement le moral à zéro, je laissais vraiment faire les choses. Non, ma vie ne va pas s'effondrer parce que j'ai trop mangé. Et oui, il est FONDAMENTAL de continuer à manger selon mes sensations pour me soigner. Si je cherchais à nouveau à me punir en «faisant attention» au prochain repas, je savais que je mettrais en l'air tous les magnifiques efforts que j'avais faits jusqu'à présent. Je me forçais à me remémorer tout ce que j'avais appris et expérimenté, sans me laisser avoir par le tyran, car il n'attendait que cela pour reprendre le contrôle.

Arrivée à cette étape du cheminement, les seuls conseils que je puisse vous donner sont de vous faire confiance et surtout de tenir bon! Notre corps est intelligent et nous ne pouvons pas partir en roue libre si nous l'écoutons.

On pourrait objecter que les aliments nous trompent, malgré notre bon vouloir, que les index glycémiques nous poussent dans certains schémas vicieux, comme celui du sucre qui appelle le sucre. Oui, c'est vrai. Mais ce n'était encore une fois pas ma priorité. Je devais avant tout déconstruire toutes les barrières mentales que j'avais mises en place et donc accepter de manger de tout.

Je me faisais désormais plaisir, je savais ce que je voulais manger la plupart du temps, mais j'avais toujours des croyances alimentaires. Rien de grave, au contraire ! C'est parfaitement normal. Ce sont mes repères. Tout le monde en a besoin. Et ce n'est pas être malade de la nourriture de dire que je ne mange pas un type d'aliments par conviction. C'est, par exemple, mon cas avec la viande. Comme je vous l'ai dit, je suis devenue végane pour les mauvaises raisons. C'était une torture pour moi de ne plus manger d'œufs et de produits laitiers. Je ne faisais que rêver de yaourt fermier et d'omelettes bien cuites. Quand venait l'heure du plateau de fromages lors des repas, je mangeais la panière de pain entière pour éviter de tomber dans le gruyère. Je sortais du dîner non rassasiée, quand bien même j'avais mangé trois fois plus que mes proches qui avaient pris du fromage sans pain (puisque j'étais passée par là et que j'avais fait une razzia !). Mais rien à faire, mon cerveau s'était focalisé non pas sur tout ce que j'avais ingéré, mais plutôt sur la seule chose que je m'étais interdite. Une fois les pendules remises à l'heure avec moi-même, j'ai assumé que ce choix ne me correspondait pas, malgré les thèses que je trouvais justes d'un point de vue éthique.

Avec tout mon passé de privations et de frustrations, c'était un peu mission impossible de m'imposer un cadre aussi strict. J'avais besoin de plus de flexibilité, de liberté et de spontanéité. Parce qu'être végane, c'est compliqué, malgré tout ce que l'on peut entendre. On ne peut pas sortir manger (sauf dans des restaurants spécialisés), on ne peut pas manger chez nos amis omnivores, on doit tout le temps cuisiner et avoir un Tupperware prêt pour faire face à toute éventualité. Or, je ne voulais pas d'une vie où j'arrive chez mes proches avec ma nourriture préparée à l'avance et où je mange mon repas pendant que tout le monde partage ce moment dans une grande insouciance. C'est mon choix, je ne cherche pas à convaincre qui que ce soit d'adhérer à ma philosophie, ni à lancer une polémique sur ce régime alimentaire. Je souhaite simplement montrer quels ont été mes freins dans ce mode de vie et pourquoi mon choix du véganisme il y a quelques années est différent de celui de ne pas manger de viande aujourd'hui.

Au vu de tout cela, j'ai décidé de remanger ce qui me faisait défaut. J'ai bien évidemment englouti des quantités astronomiques de crottins de chèvre, et une fois le mode « survie/famine » désactivé dans mon cerveau, j'ai retrouvé un rapport tout à fait normal avec les produits laitiers. Je pourrais même dire que nous nous entendons bien ! En revanche, je ne mange plus de viande aujourd'hui. C'est un choix consenti qui repose sur des convictions autres que celles d'un régime amaigrissant. Je ne souffre pas de cette décision, je ne fantasme pas devant un magret de canard. Bref, je suis en paix. C'est assez étrange de se dire que si j'avais voulu me priver de chipolatas pour perdre quelques kilos, j'aurais probablement pensé à un bon barbecue toute la journée, même au mois de janvier. Alors qu'en constatant simplement que je n'en avais pas envie, cette idée ne faisait même pas partie de ma vie ! Je ne sais pas si je serai végétarienne pour toujours, si j'aurai cet état d'esprit dans un mois ou dans dix ans. Je me contente d'être en accord avec mes envies et mes croyances alimentaires du moment. Étant donné le lourd passé que j'ai avec la nourriture, je pense avoir bien mérité ce lâcher-prise ! Le jour où je ne me reconnaîtrai plus dans mon assiette, je m'adapterai à mes nouvelles envies. C'est aussi simple que cela.

Vous avez le droit de ne pas manger de gluten, de poires ou encore de cornichons ! Tout comme vous avez le droit d'adorer les coquillettes jambon-beurre et le jus de fruits industriel. Il suffit d'être honnête envers soi-même. Se mentir ne servirait à rien, d'une part parce que, vous l'aurez compris, notre cerveau est bien plus intelligent que nous le croyons, d'autre part parce que passer sa vie à essayer de ne pas être tels que nous sommes réellement, c'est la rater (pas dans l'idée d'échec, mais plutôt dans l'idée de manquer le sens véritable de notre propre existence). Je dis ça comme ça, en passant, sans vous mettre la pression ! Vous n'êtes pas obligé de m'écouter. Mais si j'étais vous...

No pain, no gain?

Pendant que je réapprenais à manger, j'ai aussi dû régler un « léger » détail de mon quotidien qui ne m'aidait pas à me guérir, et pour cause ! En effet, j'étais cette fille hyperactive qui faisait des squats pendant qu'elle se brossait les dents, se déplaçait constamment en contractant ses abdominaux et faisait des pompes en cachette dans les vestiaires au travail entre deux rendez-vous. Vous l'aurez compris, je ne pouvais pas ignorer que l'activité physique était un gros problème pour ma nouvelle vie de mangeuse libérée et décomplexée.

Et pourtant, quand je regardais autour de moi, sur les réseaux sociaux, je ne voyais que ce genre de slogans : « *Just do it ! Be a HERO !* », « Retrouver la forme, un jeu d'enfant ! », « Pratiquez une activité physique régulière ! », « Ton travail d'aujourd'hui est ton sourire de demain ! », « Pas d'excuses, que de l'effort ! », « Ta sueur, c'est ta graisse qui pleure » (cette dernière est de loin ma préférée, j'en ai même fait mon fond d'écran pendant un moment !).

Toutes ces injonctions à se bouger me culpabilisaient lorsque j'étais inactive, et j'avais un mal fou à débrancher mon cerveau pour me laisser enfin tranquille. À chaque fois que je voyais des amis, je me plaignais de ma fatigue et de mes courbatures, sans pour autant changer quoi que ce soit à mon planning de ministre (des Sports, évidemment !). Je pense qu'à force d'entendre leurs conseils avisés sur les bienfaits du repos et des matinées oisives où ils ne faisaient « rien » (l'angoisse !), j'ai dû m'intéresser de plus près à tous ces concepts que j'avais perdus de vue depuis pas mal d'années. Tout compte fait, peut-être que le sommeil était bon pour le corps humain…

Modelée par les injonctions sociales du « faire à tout prix », je reconnaissais que je n'avais pas un comportement sain (et que c'était même assez pathologique !). Tel un hamster dans sa cage, je courais dans ma petite roue jusqu'à ce qu'elle m'embarque et tourne malgré moi. Vous m'imaginez en train de faire la machine à laver dans ma cage à hamster au milieu de mes brassières de sport, des posters de Rocky Balboa et de mes barres protéinées ? La vérité n'est pas si éloignée. J'étais obnubilée par les fameux il « faut » aller courir, il « faut » s'inscrire à une salle de musculation, il « faut » rester mince et tonique (et jeune, cela va sans dire). Même le cours de Zumba, où les habits fluo semblent de rigueur, me faisait presque envie !

On ne va pas discuter ici des bienfaits indéniables de l'activité physique sur la santé. C'est acquis. Néanmoins, on peut se demander si ma frénésie du *fit body* (qui est complètement dans l'air du temps : j'assume le fait d'être un mouton qui suit bêtement les modes du moment !) était si *healthy*. Aujourd'hui, on veut nous faire croire qu'avoir des abdominaux visibles, des biceps dessinés et un fessier bombé fait de nous une bonne personne. Ni plus ni moins. Il n'y a qu'à voir l'engouement des foules pour les salles de fitness, le nombre d'adeptes du CrossFit® ou encore l'explosion du marché des compléments alimentaires pour sportifs (je faisais monter la moyenne de ces statistiques, rassurez-vous). Chacun veut avoir le corps qui circule sur papier glacé dans les publicités, sur Instagram ou à la télévision. Alors tout le monde va acheter des baskets, et c'est ainsi que l'on se retrouve comme moi il y a dix ans, en train de lutter contre la suffocation lors d'un footing que l'on déteste pourtant. Je me traînais dehors pour courir en plein soleil avec un pull parce que « le sport, c'est bon pour la santé, ça fait maigrir, ça rend beau et tout le monde m'aimera enfin pour ce à quoi je ressemble (et non qui je suis, nuance importante) ».

Et puis c'est un cercle vicieux ! On se donne comme bonne résolution de faire du sport pour diverses raisons (en tête : l'envie de mincir, puis pour des motifs sous-jacents de santé), on s'y met avec un semblant de motivation, on se donne les moyens en investissant dans des poudres ultra-protéinées qui nous vendent le rêve de passer de M. Tout-le-Monde à Captain America en trois jours (si cela a marché pour vous, vous pouvez m'appeler s'il vous plaît ?), on se lève plus tôt, on subit les séances de cuisses-abdos-fessiers, on va surfer sur les réseaux sociaux pour trouver de l'inspiration. Mais en réalité, ces images faussées par Internet nous rabaissent et nous culpabilisent. Parce qu'on ne voit nulle part de bodybuilder avec un petit ventre et des bras normaux et qu'on ne croise pas non plus dans la vraie vie des personnes aussi musclées que Hulk. Les gens au physique digne d'une compétition de bikinis sont une minorité. Et ils passent leur temps à cela ! Leur vie se résume à leurs entraînements en salle, leur balance et le calcul de leurs macronutriments. Sans oublier le shaker de protéines de 10 heures du matin. Est-ce que vous voulez cette vie ? Sachant que dans les faits, vous vous rapprocherez probablement plus du hamster qui se fait malmener par sa propre roue que d'un champion de développé couché sur son podium. Moi, j'ai déjà donné, ça ne m'intéresse plus !

On se force à cette mascarade pour avoir bonne conscience et manger sa pizza du samedi soir. Mais arrêtons-nous un instant. Posons notre corde à sauter, nos haltères et réfléchissons ensemble un moment.

Pour quelles raisons fait-on du sport ? Aimez-vous vraiment ces cours de Zumba ? Vous avez le droit, et tant mieux si c'est le cas. Allez vous défouler sur la musique en compagnie de vos amis, il n'y a rien de tel pour le moral ! Si, en revanche, vous faites du sport pour vous sentir mieux dans votre corps ou pour perdre du poids, attention. Est-ce que vous vous sentez réellement mieux dans votre corps ? Soyons francs et ne nous mentons pas. Est-ce qu'aller dans une salle où tout le monde se regarde et fait des selfies devant des miroirs (le comble du mythe de Narcisse !), où le legging et le maquillage sont plus importants que l'effort fourni, pour souffrir une petite heure et revenir à la maison avec le MÊME CORPS que lorsqu'on est parti, bref, est-ce que tout cela nous fait nous sentir mieux dans notre corps ? En toute honnêteté, notre corps n'aura pas changé avec une séance de musculation. Est-ce que soulever mon tee-shirt toutes les minutes pour voir si les abdominaux de la veille ont eu raison de mon ventre m'a aidée à me sentir bien dans mes baskets de sport ultrachères ? Est-ce que partager des photographies de moi avant et après m'a poussée à m'accepter ou est-ce que ça ne m'a pas plutôt enfermée dans cette nécessité d'être toujours plus mince, plus musclée, plus *fit* qu'hier ? C'est sans fin et sans faim.

Là encore, je me suis forcée à réfléchir avant d'agir (très dur à réaliser pour moi). La stratégie gagnante que j'appliquais à mon assiette semblait porter ses fruits, alors j'ai visé la simplicité. Qu'est-ce que j'aime? Si aller courir vous enchante, parce que c'est un effort qui vous plaît, que c'est votre moment à vous où vous écoutez votre musique préférée et que vous ne vous faites pas mal aux genoux, posez ce livre et foncez! Si vous aimez plutôt vous promener mais que « le docteur a dit de faire du sport », alors vous vous forcez à courir, arrêtez ce carnage! Se balader est une activité physique. Décomplexez-vous! L'important n'est pas d'avoir un rythme cardiaque de 220 battements par minute, ni des articulations cassées dans dix ans. L'important, c'est de se mettre en mouvement, de fuir l'appel de la télévision dès que nous rentrons du travail, de nous oxygéner. Pas besoin d'investir une fortune dans un abonnement à la salle ou dans les dernières baskets ultratendance qui peuvent même courir à notre place. Si vous aimez danser, alors tentez une école de danse! C'est une activité physique. Si vous aimez débrancher le cerveau et vous épuiser dans un cours de RPM (voir page 44), grand bien vous fasse! N'oubliez pas votre bouteille d'eau, vos cachets pour l'épilepsie et en selle! Le sport doit rester un moment qui vous fait du bien.

En ce qui me concerne, je suis passée de la philosophie de la haine du jogging à celle du besoin de mettre mes baskets pour me faire plaisir. J'ai redécouvert la course à pied grâce à l'approche nature du trail. J'ai aussi appris à courir, grâce à mon compagnon, puisque finalement, je faisais mes séances de sport n'importe comment. À force de respecter la mise en route de mon corps par un échauffement (vous savez, ce moment gênant où il faut faire des montées de genoux, des rotations de chevilles, le tout dans la rue devant tout le monde ?), d'accepter d'y aller progressivement (et pas en sprint), de me forcer à respirer (parce que oui, je courais en apnée !), j'ai ôté le voile qui entourait le running. J'aime courir, j'aime être en montagne et me gorger de la lumière du petit matin sur la cime des arbres. Bon d'accord, ça c'est quand j'arrive à me lever aux aurores ! C'est dur mais ça vaut vraiment le coup ! Parfois, je n'ai pas envie de courir, alors je n'y vais pas. Tenez, cela doit faire plus d'un mois que je ne suis pas allée courir ! J'ai simplement d'autres priorités en ce moment et ce n'est pas grave, c'est une période de ma vie. Cela ne m'empêche pas de dormir le soir. D'autres fois, j'ai de l'énergie à revendre, alors j'enfourche le vélo après avoir couru. Et certains jours, même si je n'ai pas de réelle envie de mettre mes baskets, je me motive parce que je sais que cela me fera du bien. Et puis courir en couple, avec un club ou des amis, c'est tout de même bien différent !

Ainsi, pour terminer sur la thématique du sport, je ne peux que mettre en garde contre la philosophie du « *no pain, no gain* ». Cela ne sert à rien de se pousser dans de sombres retranchements à cause de cet effet boule de neige de notre société ! Vouloir changer son corps pour s'aimer enfin n'est pas le bon angle d'attaque du sport. Cela ne veut pas dire qu'il faille aimer son corps inconditionnellement sans chercher à changer notre manière de manger ou de faire du sport. Vous avez le droit de ne pas vous aimer ; je ne prétends pas être à l'aise avec mes formes tous les jours. Il y a cependant une grande différence entre vouloir se faire du bien avec un mode de vie équilibré et se faire payer son insatisfaction personnelle. Se lancer à corps perdu dans une hyperactivité malsaine ne peut que faire du mal à l'esprit et au corps. Alors au « *no pain, no gain* », j'ai plutôt envie de répondre « *No* pain ? *No* baguette ! »

Je suis ce que je mange... mais je suis avant tout ce que je vis

Lorsque j'étais à fond dans les réseaux sociaux et dans le sport-pour-perdre-du-poids (qui est bien différent du sport-pour-se-faire-plaisir), je tombais aussi souvent sur des slogans comme « Tu es ce que tu manges ».

Je pense qu'initialement ces formules toutes prêtes sont censées nous motiver et nous donner un coup de pied aux fesses pour aller transpirer ou faire des efforts au niveau de notre alimentation. Sauf qu'à la longue, cela devient hyper-culpabilisant. Déjà, ce sont souvent des phrases à caractère injonctif. Aussi, elles se présentent comme si elles étaient des vérités absolues, un peu comme la théorie de la relativité générale ou le théorème de Pythagore (ne me demandez surtout pas de vous les expliquer !). Bref, des vérités inébranlables. Mais ce n'est pas le cas.

Alors oui, il est vrai que ce que je mange aujourd'hui va se transformer en cellules plus tard. Et comme mon corps est fait de cellules, il est un peu fait de ce gratin dauphinois que j'ai mangé hier soir. Pour autant, cela ne fait pas tout. J'ai passé des années entières à ne manger que des salades. Est-ce que je suis une laitue aujourd'hui ? Lorsque j'ai réintégré le chocolat dans mon alimentation, j'en ai mangé bien plus que de raison. Cela fait-il de moi une tablette de chocolat ? Pas de suspense, la réponse est bien évidemment non, et désolée si vous aviez l'espoir de rencontrer une femme-chocolat (coucou Olivia Ruiz !).

Il est bien certain que ce que nous mangeons a un impact sur notre santé. On ne me fera jamais dire que 100 grammes d'asperges sont équivalents à 100 grammes de beurre. Le « *no* régime » n'est pas un « régime YOLO[19] » : je pense en effet que se laisser vivre et ne pas s'imposer de règles alimentaires strictes n'est pas du tout la même chose que faire de la malbouffe son unique source d'alimentation sous prétexte que rien n'a d'importance. Pour autant, à trop me mettre la pression sur ce que je devais manger pour paraître « bien », je n'ai fait que m'enfoncer un peu plus dans le dédale alimentaire. Dois-je manger moins ? Ou dois-je prendre une collation ? Si l'index glycémique de la banane est élevé, qu'est-ce que je peux prendre comme fruit ? Cette salade rentre dans mon plan alimentaire, mais je meurs d'envie de manger cette quiche aux poivrons, qu'est-ce que je fais ? C'est l'anniversaire de ma cousine et on me propose une coupe de champagne accompagnée d'un sublime gâteau plein de crème qui ne doit certainement pas être « light » ou « 0 % de matière grasse », est-ce que je me dois de refuser ? Sachant que, bien évidemment, je n'avais pas envie de me transformer en gâteau plein de crème bien grasse. Ces pensées me hantaient.

Combien de moments de partage et de bonheur me suis-je déjà refusés sous prétexte que c'était incompatible avec mes objectifs ? J'en viens à réfléchir à toutes ces occasions de sortir en famille, entre amis, en amoureux que j'ai déclinées ou que je me suis gâchées parce que, au lieu d'être attentive au moment présent, j'étais ailleurs, dans la culpabilité, dans la comptabilité rigoureuse des calories de mon assiette, ou même en train de me convaincre de prendre un soda light et une salade sans sauce.

Je vais vous dire une chose qui me pèse toujours aujourd'hui, malgré le fait que tout cela ne fasse plus partie de ma vie. Je suis triste de voir que L'INTÉGRALITÉ de mes souvenirs de ces quatorze dernières années est entachée de cette souffrance et de toute cette culpabilité. Il n'y a PAS UN SEUL MOMENT de ma vie durant cette période où je n'avais pas ce filtre de l'obsession alimentaire. Toutes les soirées entre copines, tous les rencards amoureux, les fêtes en famille, mais aussi tout ce que j'ai accompli seule, comme gravir des montagnes, traverser un continent entier avec mon sac à dos, intégrer une prestigieuse entreprise hyper sélective, bref, TOUS mes souvenirs sont pollués par le mal-être que je ressentais, les calories que je comptais et le sentiment d'être un échec à moi toute seule. Chaque moment intense, en positif ou en négatif, se terminait toujours la tête dans la cuvette des toilettes ou avec des bandages autour du ventre.

Et sincèrement, est-ce que nous voulons passer notre vie à nous trouver gros, à faire des régimes, à culpabiliser, à pleurer, à nous priver ? Ne faites pas la même erreur que moi.

J'ai donné ma jeunesse entière à tout cela. La décennie de mes vingt ans a été entièrement dédiée à « Tu es ce que tu manges » et à toute la tyrannie qui va avec. Cela me fait de la peine de voir que j'ai été aussi dure avec moi-même, surtout que j'aurais pu faire mille autres choses bien plus stimulantes et intéressantes.

Toutefois, j'ai aussi conscience que c'était mon chemin, et m'en vouloir pour le temps perdu ne servirait à rien à part à en perdre encore plus. Je pourrais très bien vous dire que c'était important que je passe par là, tout comme ça l'est peut-être pour vous, que vous devez aller jusqu'au bout des choses, même de vos erreurs, pour prendre les bonnes décisions, blablabla. Je ne le ferai pas, tout simplement car je ne le pense pas. Si j'avais pu m'en sortir avant, et si vous pouvez vous en sortir dès aujourd'hui, pourquoi attendre de se faire encore plus mal ? Pourquoi s'enfoncer encore plus dans le mépris de soi, sachant que de toute manière, c'est une pente qu'il va falloir durement remonter ? Alors arrêtons avec la culpabilité et les regrets, mais aussi avec les attitudes destructrices quotidiennes et avançons.

Au vu de tout ce que nous venons de traverser ensemble (et je vous remercie de m'avoir suivie jusqu'à présent), est-ce que vous pensez que votre vie se résume à être ce que vous mangez ? Ne croyez-vous pas que vous valez mieux qu'un simple pancake au miel saupoudré de mépris et d'auto-apitoiement ?

Pour conclure ce chapitre, j'aimerais vous raconter une vieille histoire amérindienne que j'ai dû entendre dans une conférence TEDx (si vous ne connaissez pas les conférences TEDx, faites-moi le plaisir d'en regarder juste une aujourd'hui, s'il vous plaît !). Promis, ce n'est pas un truc de hippie ringard. Peut-être connaissez-vous déjà cette histoire. Pour moi, elle a pris tout son sens lorsque j'ai enfin remis la nourriture à sa place et que j'ai envisagé la vie autrement qu'une succession de régimes.

« C'est un combat terrible qui se produit entre deux loups. L'un est mauvais, il n'est que colère, tristesse, regret, auto-apitoiement, culpabilité et sentiment d'infériorité. L'autre loup est bon et n'est que joie, paix, amour, espoir, bonté, bienveillance et générosité. Ce combat terrible se passe aussi en toi et à l'intérieur de chacun d'entre nous sur cette terre. Lequel des deux loups gagnera ? Celui que tu vas nourrir. »

Jusqu'à présent, je n'avais nourri que mon premier loup, celui qui aime m'humilier. Il a pris l'ascendant sur ma bienveillance envers moi-même. Plus j'écoutais et accordais du crédit à cette vilaine voix, plus elle devenait importante. D'ailleurs, n'est-il pas vrai qu'au début je n'étais pas aussi dure envers moi-même, mais que le temps passant je me suis traitée avec plus de rigidité et de sévérité ? En privant mon mauvais loup de sa nourriture, autrement dit en n'accordant plus d'attention ni de crédit à cette petite voix qui me culpabilisait et me dévalorisait constamment, j'ai rétabli l'équilibre. Il ne sert à rien de chercher à tuer le mauvais loup, puisqu'il fait partie de nous. Nous sommes tous faits ainsi. Pour autant, celui-ci doit rester à sa place.

Je préfère vous prévenir, c'est une tâche bien compliquée de renvoyer le méchant loup à la niche. Il ne voudra pas abandonner le territoire qu'il a conquis. Je ne peux pas lui en vouloir, personne ne se laisserait marcher sur les pieds. Pour autant, il a fallu être forte et le laisser aboyer en ayant conscience qu'il faisait du bruit pour rien. En aboyant ainsi nuit et jour, il m'a bien fatiguée et j'ai même pensé qu'il avait toujours l'ascendant. Mais au bout d'un moment, il a compris qu'il s'épuisait vainement à attirer une attention que je ne lui accordais plus, et mon gentil loup a osé repointer le bout de son museau dehors. C'est comme pour le cerveau reptilien !

Rétablir l'ordre entre les loups m'a permis de ne plus me sentir coupable à chaque instant de ma vie et j'ai pu renouer des liens avec moi-même. Des liens qui ne sont plus fondés sur le mépris et le dégoût, mais sur la tolérance et la patience (oui, c'est bien moi qui dis cela !). À l'aide de cette autoréhabilitation, j'ai compris que la vie n'était pas aussi simple que le fameux « tu es ce que tu manges ». Ainsi, j'ai pris conscience que j'étais avant tout des expériences, des rencontres, du partage. Mais aussi que la nourriture n'était qu'une des composantes de mon existence parmi tant d'autres.

Et vous, quel loup comptez-vous nourrir ?

J'arrête d'être un aimant à situations embarrassantes

Bien que je sois vraiment sceptique quant à la philosophie néobohème du « donne de l'amour, tu recevras de l'amour », j'ai tout de même constaté des corrélations entre des événements assez surprenants pendant mes années sombres. En effet, je ne crois pas à ces messages spirituels de communication avec l'univers selon lesquels il suffirait que l'on veuille une chose pour que celui-ci nous entende et nous renvoie, par un effet boomerang, la chose désirée. Je trouve cette vision des choses un peu trop mielleuse, et mon expérience de vie (et cela n'engage que moi) m'empêche d'y croire. Si j'avais dû attendre le bon vouloir de l'univers pour guérir, j'en serais probablement au même point ! Cependant, j'ai vécu de nombreuses situations qui faisaient écho à mes problématiques du moment, et il me semble intéressant de vous les partager, si le cœur vous en dit. Je ne pense pas que ces événements soient un message de l'univers. Je crois plutôt que c'est une sorte d'autoprophétie. J'étais en effet tellement focalisée sur une pensée que je la voyais partout et que j'étais plus sensible à tout ce qui pouvait y toucher, de près ou de loin. Comme lorsque l'on décide d'acheter une voiture d'une certaine marque : on repère tout de suite les autres voitures de la même marque ! Désolée pour cet exemple trivial qui n'a pas beaucoup de rapport avec mon histoire, mais il est plutôt parlant. C'est ce qu'on appelle en psychologie comportementale « l'illusion de la fréquence ».

Ainsi, il m'est arrivé de vivre des situations bien précises qui tombaient à pic. Par exemple, le premier livre de régime que j'ai acheté à 18 ans dont le titre devait ressembler à *Enfin mince!* ou encore *Petit manuel à l'usage des futures minces*, bref, un titre bien accusateur. Ce livre, je l'ai acheté avec des étoiles dans les yeux et le cœur rempli d'espoir. J'allais y arriver, j'allais enfin être mince sans avoir besoin de vomir trois fois par jour. J'ouvre ce livre, et là, BAM! Au chapitre 1, il y avait écrit: «Arrêtez de vous trouver des excuses pour commencer un régime. Pas besoin d'attendre le 1er janvier. Vous pouvez commencer dès aujourd'hui, même si on est le 23 octobre.» NOUS ÉTIONS LE 23 OCTOBRE. J'ai acheté ce livre et je l'ai lu PILE le jour qui était mentionné en première page. Certes, c'est une petite coïncidence, mais à cette époque, je me suis dit que ce livre allait devenir ma bible et que c'était LE signe. Une chance sur trois cent soixante-cinq, ce n'est pas rien. J'allais enfin maigrir. J'ai donc lu ce livre sans aucun recul et en m'engouffrant complètement dans les philosophies toutes faites de: «Retiens-toi de manger, et au pire, prends une demi-pomme et un petit-suisse light! Sinon, sors faire un tour ou appelle une amie.» Alors déjà, monsieur le-livre-qui-sait-tout, je n'ai ni envie de sortir me «promener» ni envie de parler. Tout ce que je veux, c'est manger. Quant à la demi-pomme et au petit-suisse light, je préfère en rire qu'en pleurer!

Selon moi, cette synchronicité m'indiquait le chemin vers la minceur. La suite a montré que non… Même si parfois certaines choses vous semblent énormes, essayez de garder un peu les pieds sur terre ainsi qu'un un soupçon de lucidité (je sais, ce n'est pas évident), parce que nous sommes doués pour trouver des sens cachés là où il n'y en a pas forcément. Typiquement, la vie et l'univers n'ont pas conspiré pour me faire acheter ce livre-là, ce 23 octobre précisément, malgré tout ce que je voulais croire (sinon, ce n'est pas très gentil de leur part !).

Pour continuer sur la lancée des correspondances entre mon état d'esprit et les événements de la vie, je vais vous raconter des anecdotes qui datent du lycée. À cette époque, je ne me faisais pas encore vomir fréquemment, même si cela m'arrivait. Je n'étais pas pour autant heureuse et je détestais déjà mon corps. Rappelez-vous, les examens interminables que je faisais de mon ventre devant le miroir. Tous les jours. Je voulais déjà perdre du poids et tentais désespérément de réduire les quantités et le gras de mon assiette. Bref, j'étais déjà bien malade. Figurez-vous que mes camarades de classe, des jeunes filles, m'ont presque harcelée toute l'année en me demandant pourquoi j'avais « le ventre qui pointait », si « un enfant se cachait dans mon ventre » et pourquoi j'avais une « bosse qui poussait ». Ces mots sont gravés en moi et je les ai malheureusement entendus plus d'une fois durant le lycée. Je ne vais pas me justifier sur mon anatomie, mais sachez que morphologiquement j'ai un petit ventre prononcé, car j'ai tendance à stocker plus à cet endroit, même si je suis « mince » (je n'aime pas cette désignation) et que la fameuse bosse correspond en grande partie aussi à la forme de mon utérus (c'est pareil pour nous toutes, anatomiquement nous sommes faites ainsi). S'il y a bien une « bosse » sur mon bas-ventre, c'est parce que je suis faite ainsi et que mes organes internes sont bien protégés par ma morphologie. Voilà, vous savez tout ! Pas de bébé à 16 ou 17 ans donc, juste un corps parfaitement normal (et des camarades pas très sympathiques !).

À côté de ces remarques déplacées, je devais essuyer tous les matins une autre humiliation. Pour aller en cours, je devais passer devant le banc des garçons populaires. Chez moi, c'étaient les surfeurs blonds, beaux et bronzés dont toutes les filles sont amoureuses et qui se croyaient tout permis sous prétexte qu'ils avaient une gueule d'ange. Ceux qui se moquaient de tout le monde et prenaient déjà les femmes pour des mouchoirs à usage unique. Un peu comme les personnages des mauvaises séries américaines, sauf que ce n'était pas *Alerte à Malibu* mais la vraie vie. Donc, chaque matin avant de retrouver mes chères « copines » de classe qui se demandaient si j'allais accoucher cette année (« Désolée les filles, mais les triplés n'ont pas encore envie de sortir de mon bidou pour voir vos sales têtes boutonneuses. Allez, bisous les jaloux ! »), je devais affronter le regard pas si bienveillant de ces garçons à la testostérone élevée. Je devais être à leur goût puisque j'ai rapidement eu un surnom qu'ils hurlaient à mon passage. Au début, je ne prêtais pas attention à ce concours de cris de babouins et tentais de traverser la cour la tête haute, comme si je n'entendais pas. Mais ce harcèlement est devenu bien trop fréquent et bruyant pour que je fasse comme si de rien n'était. Du coup, il a fallu que j'adopte des choix stratégiques de passage (mode « rasage de mur » activé, mode « arrivée avant tout le monde » enclenché, mode « copines qui me cachent » déployé). Bref, le lycée a été une grande période de ma vie (on me paierait une fortune, je n'y retournerais pas !).

Comment voulez-vous qu'une jeune femme puisse construire sa féminité, son estime personnelle et sa confiance en la vie lorsqu'elle doit affronter tous ces jugements froids, méchants et déplacés en permanence, et qui plus est, à l'adolescence ? Soyons clairs, je ne vous raconte pas toutes mes misères pour gagner votre pitié et jouer les Calimero, victime et seule contre tous. Même si c'est gentil de vous ranger de mon côté et que j'apprécie votre empathie ! Non, si je fais mention de ces scènes que j'ai vécues comme humiliantes, c'est pour vous montrer que tomber dans un trouble alimentaire est plus facile qu'on ne le pense. Pour que vous preniez conscience que le regard des autres est extrêmement important dans la construction de son identité et que le moindre petit accrochage (ou les insultes et le harcèlement) peut avoir des conséquences qu'on ne soupçonne même pas. Et surtout, que notre perception des choses conditionne en partie nos expériences de vie. En l'occurrence, mon corps était ma seule préoccupation à cette époque. Cela devait sans doute se voir puisque le harcèlement que j'ai subi faisait, comme par hasard, référence à mon apparence physique. C'est vrai, on aurait pu me voler mon goûter ou m'attaquer sur mon petit côté « première de la classe », et bien rien ! Juste mon ventre qui était déjà le centre de mon attention à cette époque.

Une autre fois, en faisant un énième marathon de la punition vers 23 heures, je suis passée sur une grande place à Lyon. C'était un soir de finale de Coupe du monde de football ou un événement similaire. Quelque chose de bien intelligent quoi. Les rues étaient noires de monde et j'essayais de me frayer un passage au milieu des badauds éméchés. Moi, dans ma tête, je tournais en boucle: «Tu dois courir, tu dois perdre du poids, tu dois courir», bref, une rengaine assez sympa qui me poussait à chaque foulée. Quand tout à coup, j'ai croisé deux hommes que j'ai évités de peu au vu de la foule. Ils ont relevé leurs yeux vitreux et alcoolisés sur moi et l'un d'eux a beuglé: «Waouh! L'autre! T'as vu, elle fait un footing à minuit!» Et son ami, tout aussi charmant, de répondre sur le même ton: «Ça ne sert à rien de courir, t'es déjà trop grosse!» Je ne l'invente pas. Et je précise qu'à cette époque, je pesais entre 58 et 60 kilos pour 1,61 mètre, soit un poids tout à fait «normal». Je n'étais pas «grosse». Mais moi, j'étais persuadée que j'étais grosse. Et là, horreur: deux hommes m'interpellent dans la rue devant une foule et me renvoient à la figure que je suis grosse. «Ma peur la plus profonde est une vérité. Il n'y a pas que dans ma tête que je suis grosse. La terre entière voit que je suis grosse. Même si ce soir j'ai mis un pull qui m'arrive aux genoux pour cacher mon gras (pas très pratique pour courir), je ne fais pas illusion.» Après cette mésaventure, j'ai eu envie de disparaître. De mourir. De ne plus jamais sortir. Mais surtout, de ne plus jamais être moi. Autant il est possible de se calfeutrer chez soi à broyer du noir en chantant la complainte de «j'suis bonne à rien» en *do* majeur, autant il est plus compliqué de ne pas être soi. Je me haïssais déjà, mais à la suite de cet incident, j'ai passé une des pires semaines de ma maladie. Je n'ai rien mangé pendant deux jours, puis j'ai mangé des soupes lyophilisées à 50 calories le litre que je suis allée vomir (et vomir de la soupe ce n'est vraiment pas la meilleure des idées que j'ai pu avoir, je ne vous fais pas de dessin), puis j'ai mangé un paquet entier de pain de mie avec du beurre que je suis allée vomir dans la minute. Et ainsi de suite pendant une semaine. Je n'ai pas gardé dans mon estomac un seul des repas que j'ai pu manger pendant toutes ces longues journées et je n'ai pas non plus perdu de poids pour autant.

J'ai été constamment tiraillée entre le fait de me battre et me priver encore plus, quitte à passer toutes mes nuits à courir pour brûler quelques dizaines de calories en plus, et le fait de baisser les bras, d'abandonner et de me laisser aller à ma grosseur et mon obésité naissante, vu que j'étais déjà fichue (ça sentait bien la fin des haricots tout ça!). Alors parfois je reprenais le livre *Enfin mince!*, je relisais les pages que je connaissais déjà par cœur pour trouver un second souffle, un nouvel élan à ma vie ratée. D'autres fois, je restais au fond de mon lit à pleurer, pleurer, pleurer jusqu'à ne plus avoir de larmes et fixer le plafond en étant complètement vide et désintéressée par l'existence. Je l'ai tellement fixé qu'il a dû se sentir mal à l'aise d'être observé ainsi, lui qui ne demande jamais rien à personne.

Quelle malchance j'ai eu ce jour-là de tomber sur deux idiots avinés qui en ont déduit que si une femme courait, c'était pour perdre du poids (et non par plaisir ou pour un entraînement en vue d'une compétition par exemple) ! Alors effectivement, je ne courais pas pour le plaisir à presque minuit, et peut-être que les mots « je me hais, je suis grosse » clignotaient sur mon front comme des guirlandes un soir de Noël. Mais tout de même. De quoi se mêlaient-ils ? Pourquoi autant de petitesse et de méchanceté gratuite ? Je ne vais pas refaire le monde et la société, mais de cette triste rencontre, j'ai retenu que le jugement était une arme redoutable. C'est pourquoi je cherche toujours à mettre en perspective mes propres jugements sur les autres, et sur moi-même, puisqu'il est impossible de les étouffer complètement. Je m'interdis de céder à la facilité en catégorisant des gens dont j'ignore tout, selon mes étiquettes à moi. Si cette fille est maigre à faire peur, c'est probablement parce qu'elle traverse une période de vie éprouvante. Si cet homme est tellement gros qu'il peine à marcher, ce n'est pas simplement parce qu'il mange trop et qu'il n'a pas de volonté. Si cette femme a l'air tellement sûre d'elle qu'elle en est presque énervante, cela ne signifie pas qu'elle a véritablement confiance en elle. Et si je me trouve nulle, moche et que rien ne me va (on a tous en tête l'image d'une penderie débordante et du fameux « Mais j'ai rien à me mettreeee ! »), c'est peut-être parce que je délire un peu.

Il y a une histoire derrière chaque individu.
Vous ne savez jamais quelle bataille cette personne est en train de livrer.

Toutes ces expériences (et j'en aurais mille autres ainsi ; si vous voulez qu'on prenne une limonade ensemble, je me ferai un plaisir de vous les conter) me font dire que là où notre attention sera, la vie se manifestera. Nous créons en quelque sorte ce que nous vivons. Plus je pensais à mon ventre, plus il gonflait. Plus je me focalisais sur mon poids, plus j'étais sensible à tout ce qui pouvait toucher à mon corps. Ce n'est pas l'univers qui m'envoie des messages, ce serait prétentieux de le croire et il doit bien avoir d'autres chats à fouetter (mais y a-t-il des chats dans l'univers ?). C'est moi seule qui veux bien accorder mon attention et donner de l'importance à ces choses-là. Parce que oui, durant toutes ces années, je ne vous ai pas parlé du nombre incalculable de fois où ma mère, mon amoureux de l'époque ou encore de parfaits inconnus m'ont complimentée sur mon physique. Toutes ces douces paroles ont glissé sur moi, sans laisser de trace. Trois mots de badauds en état d'ébriété ont suffi à faire des ravages indélébiles et à définir mes actes. De la même manière, aujourd'hui je suis guérie et en paix avec tout ça. Pensez-vous qu'on m'arrête dans la rue pour me faire des remarques sur mon ventre ? Absolument jamais, alors que ça m'est arrivé plusieurs fois par le passé. À présent, je n'en ai rien à faire, donc je n'attire plus vers moi ces remarques déplacées. J'ai toujours rêvé d'être perçue comme une fille tonique, sportive et affûtée. Pour moi, c'était synonyme de contrôle, d'hygiène de vie, de rigueur, de valeur (sous-entendu : « Moi je me lève à 5 heures pour courir 10 kilomètres pendant que vous dormez tous dans un lit chaud en bavant sur votre oreiller, bande de fainéants. Regardez comme je suis heureuse dans le froid et dans la nuit, et par pitié, dites-moi que je suis quelqu'un de bien ! »). Je pensais qu'on m'estimerait seulement si je faisais des trucs extraordinaires dans ma vie. D'où le fait que ces dernières années ont été un condensé d'expériences, une fuite en avant pour en faire « toujours plus ». Petit conseil : ça ne sert à rien de vouloir émerveiller la terre entière avec un footing matinal. Les gens n'en ont rien à faire, et moi non plus par la même occasion. D'ailleurs, c'est quoi cette idée un peu pourrie là ? Je veux qu'on m'aime et qu'on me respecte pour qui je suis, et non pour ce que je fais ! Alors fais-moi plaisir Mathilde, la prochaine fois que tu voudras traverser un pays seule en faisant de l'auto-stop, sauter d'un avion en vol, faire 200 kilomètres à vélo dans la journée quitte à avoir les fesses brûlées sur la selle, respire un bon coup et demande-toi si c'est TOI qui le veux ou si tu ne te forces pas à jouer un rôle pour qu'on t'estime.

Le souci, c'est qu'on ne m'a jamais dit que j'étais *fit* avant que j'abandonne l'idée d'être *fit*. Aujourd'hui je suis quelqu'un de dynamique, mais je peux passer des semaines sans me bouger. Et paradoxalement, c'est maintenant que mon entourage ou des inconnus soulignent le fait que je sois tonique et musclée. Le surnom de « la sportive » tant attendu pendant ces longues années n'arrive qu'aujourd'hui, au moment où je n'en ai plus rien à faire d'être considérée par rapport à mon activité physique et où je dors sous ma couette chaude le matin (mais attention, moi je ne bave jamais sur mon oreiller) !

Aussi, au lieu d'envoyer de l'amour à l'univers en espérant qu'il nous revienne (laissons tranquille ce pauvre univers voyons, il ne nous a rien demandé !), je pense qu'il est plus sain de modérer nos jugements et d'élargir notre perception des choses. J'ai conscience que c'est compliqué lorsque l'on a un comportement obsessionnel, cela a mis du temps à se mettre en place, mais il est urgent de sortir le nez de nos complexes. Car cela ne nous apporte que des raisons de nous enfoncer davantage dans ces soucis. Imaginez ce à quoi aurait pu ressembler cette fameuse semaine si je n'avais pas donné d'importance aux paroles amères des deux soûlards. Voyez comment je me suis fait payer ces mots. Ne laissons pas notre attention nous convaincre que notre vie tourne autour de la nourriture ou de notre poids. Levons la tête et regardons l'horizon (enfin, pas à 5 heures du matin avec une paire de baskets et une montre connectée non plus, il ne faut pas exagérer !). Le monde nous appartient (tadaaaaa !).

Je me respecte parce que je le vaux bien

Petit à petit, je sortais le nez de mon assiette et comprenais que ma guérison passerait forcément par la reconquête de moi-même, en tant que personne qui a de la valeur et qui mérite de vivre telle qu'elle est. Si j'avais entendu cette phrase avant, je crois que j'en aurais eu la nausée tellement j'étais loin de tout ça. Pourtant, il m'a bien fallu constater que vouloir avancer tout en me traitant de boudin inutile à longueur de temps n'était pas super productif. Mais alors, comment faire pour ne pas me détester ? Comment rétablir une bonne image de moi-même sachant que je n'ai jamais cru un instant que j'étais capable de quoi que ce soit dans ma vie ?

Pour moi, l'étape primordiale de la reconquête de mon estime personnelle est passée par trois mots : SAVOIR DIRE « NON ». En toute honnêteté, cette posture n'a pas été facile à adopter. Mais avec tout ce que j'avais traversé, je ne pouvais pas ignorer cette étape fondamentale pour continuer mon cheminement. Finalement, c'est plus une question d'habitude à prendre, il est désormais difficile de me passer de ces trois mots ! Eh oui, qui n'a pas envie de se respecter dans la vie ?

Je pense que mettre des limites est un pilier énorme de notre stabilité et de notre liberté. Et cela passe avant tout par nous ! Rien n'est pire que d'être son propre esclave. Et c'est une ancienne toxicomane de la nourriture qui se faisait des shoots de beurre de cacahuète en intraveineuse qui le dit, alors vous pouvez me croire. En acceptant toutes les injures, les situations déplaisantes, les fausses concessions et tous les arrangements passés avec soi-même entre deux portes, on se fait finalement plus de mal qu'autre chose. On croit bien faire, pour faire plaisir, pour paraître sous son meilleur jour, pour ne pas sortir de sa zone de confort, mais en réalité, c'est de l'autosabotage. Tant que je ne savais pas me dire « non », je ne pouvais pas avancer. Et je ne parle pas ici de me dire « non » devant un cookie, je parle plutôt de dire « non » à la voix qui me dit « non » devant ce fameux cookie. Vous voyez la différence ?

Pour me dire « non », il m'a fallu avant tout une bonne dose de courage et de lucidité, des qualités qui font souvent défaut dans les addictions. Mais je gardais tout de même en tête ce « non » et je m'efforçais de le mettre en application, au moins une fois par jour. Alors bien sûr, j'ai évité de me transformer en harpie cassant toutes les idées sur son passage juste pour le plaisir de la contradiction. Au contraire, voyons plutôt la construction, le débat qu'offre ce « non ». L'ouverture donnée par cette négation.

Dans mon passé, j'ai accepté des situations, des relations, des pensées qui auraient largement valu un veto à l'unanimité. Mais je n'ai pas écouté ma petite voix qui pointait du doigt mon inconfort ; j'ai préféré serrer les dents et endurer, pour ne pas avoir à dire « non ». C'est ainsi que je me suis retrouvée à travailler dans pas moins de CINQ restaurants au cours de mes premières expériences professionnelles. Vous savez, un restaurant, c'est un endroit où la nourriture abonde, où le gaspillage alimentaire est monstrueux et où les plats et les odeurs vous font perdre toute notion de limite, même pour les gens normaux. Eh bien, moi, l'addict à la nourriture dont l'existence se résumait à penser à la nourriture, à se gaver, à se faire vomir pour retourner gloutonner juste après, je me suis dit que ce serait une super « méga giga » bonne idée d'aller travailler en tant que serveuse. Je précise que c'était un travail « alimentaire » (tiens, tiens !) pour dépanner, je n'ai jamais eu envie d'orienter ma vie professionnelle dans le domaine de l'hôtellerie-restauration. Et sur les milliers de métiers alimentaires, j'ai choisi le pire. Le pire pour moi. Dites à un junkie d'aller travailler dans un magasin de crack et vous verrez ce que ça donne. C'est vrai, j'aurais pu tenir la billetterie à la patinoire ou vider les cages des animaux dans un zoo ; ou encore vendre des fleurs, tiens !

C'est bien les fleurs : ça sent bon, ça ne se mange pas, c'est coloré. Mais non, je me suis délibérément (bien qu'inconsciemment) mise dans cette situation absurde.

Obnubilée par cette omniprésence de nourriture, je me suis encore plus enfermée dans mes travers. Et me voilà à vider les assiettes des clients en cachette (oui, je sais, cela ne se fait pas et c'est malpoli), à ramener chez moi des quantités de nourriture dont je ne savais que faire ensuite, à aller me faire vomir en plein milieu du service, à avaler des plats qui ne me faisaient même pas envie à des horaires où je n'avais pas faim (la dure loi du métier fait que lorsque les clients mangent, vous ne mangez pas, logique !), à fantasmer devant des recettes, à terminer des marmites « parce qu'on ne va pas jeter ». Bref, le vrai bagne. Mais j'ai continué, souffrant de tout cet environnement, sans jamais me dire : « Mathilde, c'est terminé, stop, tu arrêtes de te faire du mal et tu trouves un autre travail ». Même quand mon manager m'a surprise en train d'engloutir en cachette les frites froides qui restaient dans l'assiette d'un client que je venais de débarrasser, je n'ai pas cherché à changer quoi que ce soit. Entre mille autres moments gênants de mon existence que mon cerveau adore se repasser en boucle histoire de bien enfoncer le clou du malaise (pour une obscure raison, je ne repense jamais à mes vacances aux Maldives ou à ma joie quand j'ai signé mon premier contrat d'embauche pour un poste qui me plaisait vraiment), je me souviens encore de son regard gêné et de la honte intense que j'ai pu ressentir à ce moment précis. Nous n'avons pas échangé un mot. Il m'a dévisagée des pieds à la tête puis a simplement fait demi-tour, me laissant seule, la bouche pleine et grasse devant la poubelle dans laquelle j'étais censée jeter les restes des assiettes. Et même lorsque j'en suis venue à me faire vomir avant et après chaque service, je n'ai pas eu le courage de ME dire « non ».

C'est souvent une fois l'orage passé que l'on se rend compte à quel point la tempête a été violente. Pour moi, c'est seulement avec du recul que j'ai pu constater l'ampleur des dégâts causés par ces expériences professionnelles (dont une a duré tout de même deux ans et demi). Je vivais un enfer, mais je n'avais même pas la lucidité suffisante pour postuler dans une autre société pour me protéger des situations à risque. Aussi, je ne vous encourage que trop à prendre une pause dans votre vie et à vous demander si oui ou non vous vous respectez, s'il ne faut pas renoncer à certaines choses, certains comportements, certaines habitudes, certaines personnes qui, lentement mais sûrement, vous pourrissent la vie et ne font que vous enfoncer.

Une fois que j'ai su me dire « non », dire « non » aux autres a été un jeu d'enfant. C'est ainsi que j'ai pu mettre un terme à une relation complètement toxique où j'ai dit « oui » bien trop souvent, et à tort, alors que je pensais non. Même sur des sujets intimes : je préférais ne rien dire (à défaut de consentir) pour avoir la paix. Pour ne pas me sentir abandonnée. Pour ne pas me retrouver seule dans un monde déjà si compliqué. Mais en me pliant à des actes que je ne voulais pas, je me rendais la vie encore plus dure. Parce que figurez-vous qu'une fois seule, je n'ai pas seulement survécu, j'ai vécu. Et bien mieux qu'accompagnée ! Prends-toi ça dans les dents, cher ex pervers narcissique ! Les terribles épreuves de l'existence qui me semblaient insurmontables toute seule se sont révélées dures à traverser, mais pas impossibles. En disant « non » à cet homme, je me suis débarrassée d'un poids terriblement lourd à porter (exactement 85 kilos pour 1,90 mètre si vous voulez le détail !). Au risque de vous décevoir, je n'ai pas mis un coup de pied au méchant copain tyrannique en me transformant en Wonder Woman qui soulève des montagnes dans la minute qui a suivi cette rupture. Oui, j'ai pleuré toutes les larmes de mon corps et j'ai presque voulu revenir dans cette routine infernale, terrorisée par toute la liberté qui venait de s'ouvrir à moi. Concrètement, j'étais à la rue avec un sac à dos qui contenait trois culottes, deux pulls et un pantalon pas lavé. J'aurais pourtant adoré jeter toutes les affaires de monsieur par la fenêtre et hurler fièrement dans tout le quartier « je ne veux plus jamais te voir ! », mais il se trouve que c'était son appartement, je ne pouvais malheureusement pas le mettre dehors. Tant pis pour le mélodrame. En revanche, j'ai eu la chance d'avoir des amis qui m'ont accueillie dans ce moment décisif et qui ont supporté mes monologues larmoyants et la constellation de mouchoirs usagés autour de leur canapé. J'aimerais enjoliver l'histoire en inventant une rupture joyeuse et classe, même si ces mots ne vont pas bien ensemble. Je pourrais me jeter des paillettes pour que vous me trouviez « trop cool » et que je me sente acceptée (qui n'a pas envie de cela ?). Mais ce ne serait pas honnête et je préfère vous montrer la vérité, dans un monde où Instagram nous fait croire que tout va toujours bien. Je pense qu'on a besoin de cette franchise pour ne pas finir complètement frustrés par l'existence qui semble si simple pour les autres et très complexe pour nous.

Ma vie ne s'est effectivement pas transformée du jour au lendemain. Encore une fois, il faut savoir se laisser le temps. Le temps d'être soi. J'avais passé la presque totalité des dix dernières années à m'ignorer et à me mépriser, seul le temps m'a permis de réapprivoiser la personne que j'étais. Pour cela, je me suis laissé guider par ma petite voix, celle qui m'indique lorsque malaise il y a. Et je n'ai plus cherché à résister à mon envie de refuser des choses qui ne me conviennent pas. Non, je ne suis pas égoïste. Le monde est de toute manière égoïste, alors pourquoi serais-je la seule personne à ne pas dire « non » ?

Parfois, j'avais encore quelques réticences à assumer mes choix et ma nouvelle vie. Je me cachais encore derrière des excuses comme « ce n'est pas le bon moment » pour être enfin moi-même. Car je n'étais pas suffisamment sûre de moi et je ne le suis pas encore tout le temps malgré ce que vous pouvez penser en lisant ce témoignage. Mais en fait, qu'est ce qui se cache réellement derrière cette excuse ? Pourquoi est-ce si difficile de m'affirmer et de m'assumer ?

Nos cellules grises sont vraiment très fortes et performantes lorsqu'il s'agit de nous protéger et de s'assurer que nous sommes bien en sécurité. L'essentiel pour notre cerveau, c'est de nous garder dans les espaces bien délimités qu'il maîtrise. Sauf que tout ce dont on vient de parler, c'est hors limites. Car je ne l'ai jamais fait. Mon cerveau a peur et redoute l'échec, la chute, la souffrance. C'est normal, c'est son rôle, nous ne le blâmerons pas. Nous n'allons pas reprocher à un oiseau d'utiliser ses ailes pour voler ? Eh bien, c'est la même chose pour notre cerveau. Il est conditionné pour assurer la survie de son hôte, à savoir nous, et pour ce faire, il évite au maximum les prises de risques et tout ce qui pourrait nous faire sentir en danger.

C'est exactement pour cette raison que ce n'est jamais le bon moment.

Vous savez, le bon moment pour mettre ce joli short qui dévoile mes cuisses, le bon moment pour changer mon rapport à la nourriture, le bon moment pour me f*utre enfin la paix avec tous ces abdos à une heure du matin, le bon moment pour marcher la tête haute dans la rue, le bon moment pour allumer cette jolie bougie qui sent si bon (« mais ça va la consumer et je ne le mérite pas » n'est pas un argument valable), le bon moment pour postuler à un travail qui me correspond vraiment, le bon moment pour être enfin moi-même.

Aujourd'hui, je semble avoir des raisons qui me paraissent vraiment valables : non, ce n'est décidément pas le bon jour pour m'habiller comme je le veux, pour faire ce que je rêve de faire, pour oser être non pas la personne que je veux être, mais MOI, tout simplement. Car la meilleure version de moi-même est déjà là, devant moi dans le miroir.

Mais je ne dois pas oublier que c'est moi qui ai les commandes ! Je peux faire ce que je veux. Alors bien entendu, je ne vais pas me forcer à porter une combinaison jaune moulante à pois rouges si je n'en ai pas envie, sous prétexte que j'assume mon corps et que je prends un nouveau départ, YOLO. En revanche, je me force à faire tomber le masque et à oser être celle que je suis au fond de moi. C'est-à-dire à être le genre de personne qui rigole quand on lui demande si elle a compris, qui répond « très bien, merci » lorsque son boss lui dit « bonjour » et qui se retrouve à passer la serpillère devant tous ses collègues le premier jour dans sa nouvelle entreprise parce qu'elle a cassé une caisse entière de bouteilles de vin. (Le pire, c'est que c'était un grand cru ET que le grand chef a reçu des éclaboussures sur sa chemise blanche. J'ai envie de mourir quand j'y repense et ne me demandez pas pourquoi je portais des caisses de vin, je ne le sais toujours pas.) Ma vie est-elle aussi catastrophique ? Je n'irai pas jusqu'à employer ce terme. Disons que je fais toujours de mon mieux même si le résultat n'est pas forcément à la hauteur de mes attentes ! Bref, une vraie #sansfiltre qui s'assume et reste authentique dans son entièreté. Et tant pis si je chante faux dans la rue : je suis heureuse de le faire, c'est le principal. De même, mon corps n'est que mon corps et il y a bien mieux à faire dans la vie que de se regarder le nombril. Oui, c'est le bon moment pour m'écouter et faire de ma vie ce que je veux qu'elle soit.

Ne croyez-vous pas que, dans deux, cinq, trente ans, je n'aurai strictement RIEN À FAIRE du poids que je pesais le

1er janvier 2004 ? Peut-être que je me souviendrai plutôt de cette superbe journée où je suis allée à la plage sans rentrer le ventre tout l'après-midi, trop occupée à jouer dans les grosses vagues et à ne pas boire tout l'océan ; de cette soirée où je me suis blottie dans les bras de mon amoureux et que nous avons dévoré des M&M's® devant un super film, ou encore du Noël que j'ai fêté sans compter les calories, me surprenant même à être en paix et à rire aux blagues de mon père que je connais pourtant par cœur.

Enfin, je ne pourrais pas clore ce chapitre si important sans vous parler concrètement de ce que « se respecter » signifie vraiment. Au-delà de savoir dire « non » et d'assumer ses idées jusqu'au bout, se respecter, c'est aussi se considérer comme une personne ayant de la valeur et qu'il faut honorer correctement. Ne vous étouffez pas avec votre verre d'eau pétillante, tout va bien. Je vous invite juste à prendre conscience que vous êtes une personne qui mérite tout autant qu'une autre de mener la vie qu'elle veut. Attention, séquence « émotion » à venir. Le plus grand trésor que j'ai découvert dans ma vie, c'est moi, car je suis unique. Voilà, c'est dit. La prochaine fois que je me surprendrai à énoncer : « Je ne suis pas assez si, je ne suis pas assez ça, non mais regarde quand je me penche cela fait un pli ici », je pourrai ravaler mes paroles et relire cette phrase que j'ai moi-même écrite ! C'est vrai : je suis amenée à traverser l'existence avec moi-même, alors autant ne pas me mettre des bâtons dans les roues (j'adore cette expression) et veiller sur mon bien-être ! Et lorsque je parle de prendre soin de soi, ce n'est pas simplement en se faisant plaisir avec de bons aliments et de bons plats qui nous font envie. Certes, ç'a été primordial pour rétablir une relation saine avec la nourriture, mais se faire du bien est bien plus vaste. Parce que si j'avais ce souci avec la nourriture, c'est aussi parce que je ne me supportais pas et que je me méprisais. J'estimais que ma personne ne pouvait pas avoir de la valeur.

Par exemple, je faisais cadeau des cadeaux qu'on m'offrait car je trouvais ça « dommage » de les garder pour moi alors qu'ils feraient super plaisir à d'autres personnes. Pourtant, je les trouvais plutôt bien ces boucles d'oreilles, ces pantoufles nounours ou ce tee-shirt ! Mais à croire que je n'étais pas assez bien pour les garder. Alors là, j'ai envie de dire « stop » à la punition et de faire preuve d'un peu de bon sens. Déjà, si on m'offre ça à MOI, c'est que c'est pour MOI et que je le mérite. Ensuite, pourquoi suis-je prête à faire moi-même des cadeaux qui représentent 15 % de mon salaire à des proches, alors que je suis incapable de m'acheter une paire de chaussettes parce que « ce n'est pas très utile, je peux recoudre mes vieilles guenilles trouées » ? NON MATHILDE, tu mérites d'avoir ce qui te plaît. Qu'il s'agisse de nourriture, de vêtements, de meubles ou de gadgets inutiles (et pourtant essentiels) ! Je vous dis ça mais j'ai encore beaucoup de mal à lâcher prise sur mes dépenses personnelles. Je trouve toujours que c'est « gâché ». Mais il faut aussi savoir se mettre un coup de pied au derrière quand cela est nécessaire.

Note : je ne suis pas du tout quelqu'un d'avare et je n'encourage pas non plus la surconsommation. Ce n'est pas ça l'idée. Je suis quelqu'un qui adore dépenser pour les autres, mais dès qu'il s'agit de ma personne, je verrouille tout. Même si ce sont des achats de première nécessité et réalisés avec bon sens, je vais me limiter car j'estime que ces dépenses ne sont pas justifiées et n'impactent pas mon bien-être alors que SI, avoir des chaussettes trouées rentre dans la balance ! L'argent est fait pour se faciliter la vie, pas pour être une angoisse permanente. Rassurez-vous, je me soigne.

C'est donc avec tous ces menus détails du quotidien que mon estime personnelle s'est reconstruite. On a tendance à croire que seule la communion avec son âme profonde ou un événement extraordinaire nous permettra, comme par magie, de nous respecter. Mais vous n'avez pas besoin de faire une retraite de yoga à Bali pour vous aimer ! C'est comme la nourriture : une action à la fois, des choses simples et ordinaires, et un jour on se rend compte qu'on a changé pour de bon. Pas besoin d'aller payer une fortune pour un relooking duquel on ressortira avec les cheveux rouges, une robe Dior et un maquillage de diva, si on a toujours des chaussettes trouées aux pieds ! Paradoxalement, une simple paire de chaussettes neuves avec des petits renards dessinés dessus peut faire la différence.

La leçon que j'ai tirée de tout cela est la suivante :

Prenez soin de vous comme vous prenez soin des autres et comme vous souhaiteriez qu'on prenne soin de vous.

C'est valable pour moi aussi !

Le jour où j'ai arrêté de vouloir avoir un *summer body*

Après quelques mois de mise en pratique des nouveaux principes et rituels décrits précédemment, j'allais bien mieux. Du moins je n'avais plus peur d'un bol de riz ou d'un bon flan pâtissier. Mais pour être tout à fait honnête avec vous, je n'avais pas perdu de vue l'idée d'avoir un certain type de corps. Être maigrichonne me collait toujours à la peau. Certes, c'était en arrière-plan, cela ne me paralysait pas autant que les crises de boulimie ou les périodes d'anorexie, mais quand même. Je savais au fond de moi que si je ne m'y confrontais pas un jour, je passerais le restant de mes jours à fantasmer une autre existence.

Une fois de plus, j'ai pris mon stylo préféré, mon carnet à frous-frous colorés et j'ai cherché une solution à ce problème. Je désirais plus que tout ressembler à un de ces mannequins sans complexe (du moins, je le pensais) et pouvoir être aussi à l'aise en maillot de bain qu'en robe de soirée moulante et sexy ou qu'en jean-baskets. Enfin, pour être plus précise, je ne voulais pas de mon jean-baskets très banal, je voulais le leur. Parce que les filles des publicités ou d'Instagram n'ont pas du tout le même rendu que le commun des mortels lorsqu'elles s'habillent. Je voulais comprendre leur secret. Être mince (pour ne pas dire maigre) était pour moi le critère numéro un de toutes ces beautés. Pour le reste, cela relevait probablement d'une crème miracle, d'un shampooing à la formule unique que je devais découvrir ou encore d'une nonchalance que je devrais travailler. J'ai réfléchi à la raison ultime de cette envie de ressembler à une autre. Pourquoi était-il si vital que j'aie le même ventre et les mêmes cuisses que cette fille que je ne connaissais absolument pas, que je n'avais jamais vue de ma vie et qui pourtant me hantait toutes les nuits ? Qu'est ce qui changerait réellement dans ma vie si je me réveillais un beau matin avec le même corps ?

La Mathilde d'avant a sauté sur l'occasion pour hurler : « TOUT changerait, ma vie serait tellemeeeent merveilleuse ! » J'en étais aussi plutôt convaincue, mais comme je ne lui fais pas confiance parce qu'elle m'a souvent donné de fausses bonnes idées, je me suis dit que ça valait peut-être le coup de me pencher là-dessus. Et puis, cette Mathilde faisait tellement de bruit en trouvant cette nouvelle existence si fantastiiiique et si incroyaaable que je lui ai laissé la parole. Sur une des pages, j'ai donc commencé à noter ce qui serait différent si j'étais comme « cette fille ». Alors, pourquoi ma vie serait-elle si extraordinaire si j'avais un *bikini body* ? Il y a eu un petit silence radio, parce que jamais ne j'avais réfléchi plus loin que « ce serait si parfait ». Or, ce n'est pas un argument. Ma vieille, si tu veux que je te croie, il va bien falloir me convaincre, alors vas-y, dis-moi pourquoi tout changerait ? Après quelques hésitations, voici ce que j'ai noté.

Quand j'aurai un *bikini body* :

1) je serai heureuse ;
2) je ne rentrerai plus le ventre à m'en faire des crampes ;
3) je ne penserai plus à avoir un ventre plat puisque j'aurai un ventre plat ;
4) je pourrai m'habiller comme je le souhaite ;
5) j'attirerai les regards et on me trouvera jolie ;
6) je m'aimerai enfin.

Je me suis encore creusé la tête un moment, mais comme je ne trouvais plus d'autre argument (malgré tout le boucan que ma voix intérieure avait fait !), je suis partie sur cette base. J'ai ensuite décidé de regarder un à un ces arguments afin de savoir s'ils étaient fondés, et si je leur donnais suffisamment de valeur pour continuer avec eux. Sur la page d'en face j'ai donc repris les différents points soulevés.

1) Je serai heureuse

Mathilde, Mathilde, Mathilde… Tu n'es pourtant plus un bébé. Tu SAIS, au fond de toi, qu'être mince ne signifie pas forcément être heureuse. J'ai croisé beaucoup de filles formidables et minces qui, malheureusement, n'étaient jamais contentes. J'étais moi-même une de ces filles maigrichonnes à un moment donné et j'étais pourtant au plus bas.

Alors s'il te plaît arrête avec cette idée toute faite qui n'a aucun fondement, parce qu'être en maillot de bain sur une plage et sans complexe ne veut pas dire bonheur, grâce et volupté. Peut-être que je me trouverai d'autres bobos, comme la dépression, les galères d'argent, l'instabilité sentimentale et j'en passe. Je me fais effectivement confiance pour trouver mille nouvelles névroses pour me pourrir la vie le jour où je serai ENFIN maigre. Parce que cette image faisait partie de moi jusqu'à présent et que je ne l'avais pas (encore) changée.

L'argument du bonheur ne tient donc pas, au suivant !

2) Je ne rentrerai plus le ventre à m'en faire des crampes

Un peu de bon sens par pitié ! Si rentrer le ventre me cause des douleurs abdominales de dingue, pourquoi je n'arrête tout simplement pas de le faire ? J'entends que c'est parce qu'on verra mon gras après. Bon, par où commencer ? Rentrer le ventre, c'est comme soulever les orteils sur la balance, ça ne sert à rien et personne (moi la première) n'est dupe. Si j'ai envie de passer un bon moment de vacances au bord de l'eau, je n'ai qu'à arrêter de me le pourrir toute seule avec des habitudes ringardes qui, en plus, n'ont aucune utilité. Fais-moi plaisir, la prochaine fois que tu seras en maillot, F*US-TOI LA PAIX et va plutôt jouer au ballon dans l'eau.

3) Je ne penserai plus à avoir un ventre plat puisque j'aurai un ventre plat

Ha, ha! Cet argument est assez infaillible! C'est vrai, il dit exactement la même chose! On pourrait le reformuler ainsi : si j'ai un ventre plat, j'ai un ventre plat. Est-ce que j'ai fait six années d'études de philosophie pour me retrouver à sortir des banalités aussi... banales ?

Et qui me dit que je ne voudrai pas avoir un ventre encore plus plat (je me connais, c'est souvent comme ça!) ? Ou encore, qu'est-ce qui me garantit que je ne penserai pas à mes cheveux, mes fesses ou mon grille-pain ? C'est vrai, peut-être que j'aurai un ventre plat, mais peut-être aussi que je passerai mon temps à acheter des grille-pains, à faire des tableaux comparatifs des prix, à arpenter les rayons « électroménager » des grandes surfaces, à coller dans un cahier les nouveaux modèles de grille-pain de l'année et que sais-je encore! Bref, cet argument vide tombe aussi à l'eau.

4) Je pourrai m'habiller comme je le souhaite

Dis-moi, pourquoi je ne m'habille pas aujourd'hui comme je le souhaite ? Pourquoi je me sens obligée de porter des fringues qui ne me plaisent pas et qui ne me mettent pas en valeur ? Je vais vous faire un petit récap de ma garde-robe de ces dernières années pour que vous compreniez un peu plus l'enjeu. Croyez-moi, c'est triste à en mourir. Je ne me suis jamais acheté d'habits, jusqu'à il y a un an. C'est à 26 ans que j'ai commencé à faire du shopping. Je ne m'habillais jusqu'alors qu'avec de vieux habits de mes 18 ans, et tout le reste de ma penderie provenait des déménagements de ma sœur (nous étions complètement opposées là-dessus : elle toujours belle et bien habillée, moi avec mon short de sport décoloré et mes tee-shirts d'un autre temps qui sentaient toujours l'acide de la transpiration malgré toutes les lessives que j'avais pu faire !) ou de mes amies qui se séparaient de certaines pièces. Bref, de la récup'. J'adore ce principe de donner une seconde vie à un habit, surtout que mes proches ne me refilaient pas des guenilles ! En revanche, j'avais un sérieux problème car j'usais moi-même mes vêtements jusqu'à ce qu'ils tombent en lambeaux. En plus, je ne choisissais jamais mon style. Je prenais un peu tout ce qui me tombait entre les mains, pourvu que ce ne soit pas trop moulant.

Certes, je ne suis pas une grande fashionista, mais je n'étais jamais vraiment bien. Les habits ne tombaient pas forcément comme il fallait sur moi ; parfois il manquait un bouton à une veste ; jamais je n'aurais acheté ce tee-shirt à motifs, mais comme je l'avais récupéré, pourquoi pas… Tout cela pour vous dire que je faisais des concessions sur chaque vêtement de ma maigre garde-robe. On a beau dire que la mode et les habits, c'est superficiel, je pense qu'au contraire, c'est super important. Je précise que je suis contre le fait de suivre les tendances à tout prix parce qu'il faut être dans le coup et que c'est la classe d'avoir des baskets blanches à 160 € qui perdront leur éclat après une semaine d'utilisation. En revanche, s'habiller avec des vêtements qu'on choisit soi-même parce qu'on les trouve jolis, qu'on est bien dedans (critère numéro un!), qu'ils nous donnent confiance en nous, ça c'est la base. Une base que j'ai ignorée bien longtemps, mais rassurez-vous, je suis en train de rattraper ces années d'absence dans ma penderie. Je pense aussi que je m'intéresse aujourd'hui à tout cela parce que je suis mieux dans ma tête et dans ma peau. J'estime que j'ai le droit d'être mise en valeur par des habits que j'adore et qui me rendent confiante toute la journée. Je n'ai plus peur non plus des miroirs dans les cabines d'essayage (mon allergie aux magasins venait en grande partie de cette épreuve) !

Je vous raconte ces anecdotes pour vous montrer que peu importe où et quand, on peut s'habiller comme on le veut. Ce n'est pas un type de corps qui me rendra à l'aise, mais la façon dont je le traite et le respecte. Aussi, si vous avez l'impression que vous n'êtes jamais à l'aise dans votre maillot de bain, c'est peut-être que celui-ci ne vous va tout simplement pas. Il y a des habits et des tailles qui nous conviennent, d'autres pas du tout. Je vous invite à regarder de plus près votre penderie afin que chaque jour vous vous sentiez super *badass* avec votre tenue.

5) J'attirerai les regards et on me trouvera jolie

Ah oui ? C'est ce que je crois ? Comment être sûre que je ferai autant d'effet ? Si ça se trouve, je serai transparente et on ne remarquera même pas que j'ai perdu ces 5 kilos ! Mais encore, suis-je certaine de ne pas attirer les regards aujourd'hui ? Vous commencez à me connaître, je ne suis pas trop du genre à avoir confiance en moi et en ce que je dégage. Je dis ça sans aucune prétention, ni aucune arrogance, j'essaie juste de renverser mes schémas de pensée et d'ouvrir la porte à une autre réalité. Parce que si ça se trouve, on pense déjà que je suis jolie, sans que j'aie besoin d'avoir un *summer body* ou que je ressemble à une affiche de publicité ! J'ai peut-être un fan-club en délire qui feraient tout pour que je leur jette ne serait-ce qu'un regard (on peut rêver non ?) ! Allez, argument suivant !

6) Je m'aimerai enfin

Celui-là est vraiment trop énorme pour que je n'explose pas de rire à l'instant où je le lis. C'est de bonne foi que ma voix intérieure m'a dit que je m'aimerai quand je serai plus mince : elle en est convaincue. Toutefois, on n'apprend pas à un vieux singe à faire la grimace (j'aime la langue française pour toutes ses expressions !). Je crois que j'ai suffisamment donné à ce niveau pour ne pas savoir d'avance que cette idée est juste naze. Il n'y a pas d'autre mot. Enfin quoi, je suis plus mince et, comme par magie, tous mes soucis s'envolent ? Très peu pour moi, j'y ai cru longtemps, mais aujourd'hui on ne m'aura pas là-dessus. Bien essayé, mais c'est mort, je ne signe pas !

Bon, je crois que vous en venez à la même conclusion que moi : avoir un corps de mannequin est un mirage, un fantasme que j'ai trop longtemps entretenu (au point de ne même plus savoir ce que cela représentait pour moi). Rien ne m'obligeait donc à perpétuer cette croyance selon laquelle mon poids changerait ma vie. D'ailleurs, vous savez quoi ? J'ai déjà mon *summer body*. Comment ? C'est simple, il faut trois ingrédients. *Primo*, il faut que ce soit l'été, parce qu'en automne ou en hiver, ça marche moins bien (oui, mon excellente maîtrise de la langue anglaise me permet de vous traduire le mot *summer*. Non, ne me remerciez pas, c'est normal). *Deusio*, il me faut un corps. Jusque-là ça devrait aller, je crois que j'en ai un quelque part ! *Tertio*, j'ai besoin d'un maillot de bain. Ça tombe à pic, j'en ai un super mimi avec des fleurs (que j'ai choisi !) qui n'attend que de sortir le bout de son tissu dehors ! Qu'à cela ne tienne, voici mon *bikini body* !

Lettre à mon enfant intérieur

Au vu de tout ce qui précède, j'espère vous avoir convaincu que chacun de nous a de la valeur, tel qu'il est aujourd'hui. Pas demain. Ni quand je pèserai x kilos en moins. Et si vous en doutez encore, alors je le répète : vous êtes unique et parfait tel que vous êtes maintenant. Et ne me parlez pas de cellulite ou je ne sais quoi. J'ai de la cellulite. Tout le monde a de la cellulite. ET ALORS? La Terre s'arrête-t-elle de tourner? ON S'EN FICHE! Votre vie ne doit pas dépendre de critères aussi aléatoires que votre apparence physique.

Facile à dire? Non, pas tant que cela. J'ai été dans la même situation et j'avais beau me dire que mon reflet dans le miroir n'était pas important, j'étais mal dans ma peau et je me détestais toujours. Parfois je n'osais même plus sortir de chez moi tellement j'avais honte de ce que j'étais (et non de «qui» j'étais, nuance!). Je donnais ainsi une importance démesurée à mon corps. Alors, même si je voulais avancer, de gros boulets à mes pieds me retenaient prisonnière.

Grâce à toutes mes lectures de développement personnel (si cela vous intéresse, vous trouverez pour inspiration une petite liste d'ouvrages dans la bibliographie finale), aux podcasts, aux blogs et aux conférences que j'ai pu visionner ces dernières années, je me suis construit un joli «cocon» d'idées pour se faire du bien au moral. Tous ces outils glanés çà et là m'ont beaucoup aidée pour apprendre à m'accepter, et c'est avec plaisir que je vous les partage ici. Nous allons donc travailler sur ce point précis: pourquoi, malgré ma détermination à m'aimer, j'avais toujours honte de moi? J'ai appris que cela ne servait à rien de filer devant mon miroir pour me dire des «tu es magnifique telle que tu es» en me scrutant le ventre. Tout comme l'eau n'éteint pas l'huile qui est en feu, cette technique a été vaine. Pis encore, mon sentiment de mal-être n'en était que renforcé, car comme nous l'avons vu, si je ne jouais pas cartes sur table avec moi-même, je savais que je me manipulais.

J'ai donc procédé différemment. Au lieu d'affronter mes souffrances en bloc, j'ai communiqué avec elles d'une manière originale. Inspirée par mes lectures du moment, je me suis dit que j'allais tenter quelque chose de nouveau. J'ai cherché une photographie de moi enfant, de préférence, un cliché que j'aimais bien et synonyme de bons souvenirs. Je l'ai regardé longuement pour bien m'en imprégner. Je réalisais que la petite fille que je regardais ce jour-là, c'était moi.

À la lumière de toutes mes expériences de vie, je lui ai écrit une lettre. J'ai dit à cette enfant ce que je lui souhaitais pour plus tard ; je lui ai donné tous les conseils, les mises en garde, auxquels j'ai pensé pour que sa vie soit plus douce. J'ai essayé de retrouver ses rêves, ses envies et ses joies, pour l'orienter dans sa vie future.

J'ai ensuite regardé ce que j'avais fait de cette petite fille, tout ce qu'elle avait dû traverser pour être moi et je lui ai laissé la place de s'exprimer.

L'exercice m'a semblé étrange au premier abord : j'étais face à une page blanche (« écrire une lettre à mon enfant intérieur, n'est-ce pas un peu de la psychologie *new age* bas de gamme par hasard ? »). Mais bon, après tout, j'étais bien capable de me rendre à un cours de CrossFit® à 6 heures du matin le ventre vide (je vous laisse calculer l'heure à laquelle il faut se réveiller pour faire ça !) pour m'abîmer les articulations, alors je n'avais pas grand-chose à perdre à essayer ! Je me suis donc lancée. Il a fallu que je me laisse un peu de temps pour apprivoiser cette nouvelle interlocutrice, puis j'ai été surprise par l'abondance des choses que j'avais à lui dire. J'ai pleuré, j'ai ri, j'ai laissé les émotions me submerger. J'étais en train de me pardonner et de me respecter. C'est un moment très fort et bouleversant, aussi, j'ai pris mon temps pour faire cet exercice. Je m'y suis attelée plusieurs jours d'affilée, et ce n'est pas un problème, au contraire, car j'ai pu écrire tout ce que j'avais sur le cœur. Qu'est-ce que ça m'a fait du bien !

J'ai aussi réalisé cet exercice avec mon futur moi, dans cinq ou dix ans. Qu'est-ce que j'aurais envie de me dire, qu'est-ce que je veux que mon futur moi sache de ma vie aujourd'hui ? Qu'est-ce qui me semble important à garder et transmettre dans ma vie ?

J'ai bien évidemment gardé ces lettres. J'ai de jolies « boîtes à souvenirs » (je préfère les appeler ainsi que « boîtes dans lesquelles je stocke ce que je ne sais pas où ranger mais qui a une importance capitale » : dites-moi que vous aussi vous avez ces boîtes indispensables chez vous, sinon je vous invite vivement à en créer une à votre image !) dans lesquelles je garde tous mes grigris, les premières lettres d'amour de mon chéri, un ticket de bus d'un voyage à Madère, des figurines de mon enfance, une fleur séchée d'un autre temps… Ces lettres à mon enfant intérieur avaient tout à fait leur place ici ! Je les ai cachetées et j'ai inscrit la date à laquelle je souhaiterais les ouvrir. Peut-être que je suis trop sentimentale, mais je pense que c'est un formidable cadeau que je vais me faire dans quelques années.

Si cette expérience vous inspire, je vous encourage à tenter l'aventure, car vous serez certainement surpris du résultat !

Chéri, il faut qu'on parle...

Au bout d'un an de rituels bien-être et de rééducation alimentaire, j'allais mieux. Beaucoup mieux. Le mot guérison n'était plus ce concept lointain et flou auquel je m'accrochais sans trop y croire. Non, cette fois-ci c'était différent : j'étais moi-même différente ! Il me restait pourtant un « léger » détail à aborder. Celui-ci arrive à la fin de ce témoignage, car j'ai toujours repoussé sa mise en place dans ma vie. Je trouve en effet que c'est une des choses les plus dures à réaliser. Et non, je ne parle pas de rupture ! C'est plutôt le contraire : la Communication (avec une majuscule). Dans mon histoire, ce qui ressort de manière flagrante, c'est l'isolement dans lequel j'étais. C'était moi, mon trouble alimentaire, mes mélodrames intérieurs et c'est tout. C'est bien simple : personne ne se doutait de mon combat ; ou bien personne n'osait en parler. À commencer par moi. Le premier obstacle à ce néant de communication vient, principalement, de ma difficulté à m'ouvrir et à partager mes failles.

Que ce soit clair, je ne me suis pas tue pour faire la belle. Si j'ai aussi bien caché mon malheur, c'est parce que j'avais HONTE. Je me détestais d'être ainsi et je ne voulais en aucun cas montrer mes souffrances en plein jour. Parler, c'était avouer que j'avais besoin d'aide sur un sujet aussi basique que manger un bout de pain. Mon ego de femme forte et indépendante auquel je me suis longtemps accrochée, par désespoir bien plus que par fierté, m'empêchait d'avancer. Je ne pouvais pas m'ouvrir et raconter mon combat. Ma chair était bien trop à vif pour m'exposer à un regard. Celui-ci m'aurait directement pénétrée, au plus profond de moi, dans mon intimité la plus totale. J'ai refusé de me mettre à nu, murant mon secret dans une forteresse imprenable. Là a été une de mes plus grosses erreurs. Ne faites pas comme moi, je n'ai gagné aucune médaille à me guérir toute seule et à me cacher pendant une dizaine d'années des autres. Et malheureusement, aucun prince charmant n'est venu me délivrer de mon donjon au milieu de tous les pièges que j'avais cachés pour qu'on ne trouve pas mon secret !

J'en ai longtemps voulu à mes proches de ne rien voir. S'ils avaient abordé le sujet avec moi, la tâche aurait été plus simple. La glace aurait été brisée. Mais cela n'a pas été le cas. Quant à moi, impossible de me livrer. Personne n'a envie de dire de but en blanc : « Papa, Maman, j'ai quelque chose à vous dire : je me fais vomir, et parfois même il y a du sang. Depuis plus de dix ans. Voilà, c'est dit, maintenant vous pouvez me passer le sel s'il vous plaît et oublier ce que je viens de dire ? » C'est le serpent qui se mord la queue. En ne parlant pas, je dissimulais mon mal-être : je paraissais donc tout à fait « normale ». Mes proches ne voyaient pas où était le problème, alors je m'efforçais de le cacher encore plus. Tout cela pour rester la jeune fille sans souci aux yeux de tous. Cela renforçait donc l'impression positive que mes parents avaient de moi. Et ainsi de suite. Une grande comédie.

Pour ne pas être démasquée, j'ai répondu par de nombreuses pirouettes grossières qui auraient rapidement pu être détectées par un œil averti. Pour autant, personne n'est censé deviner quelque chose qui est caché. Je crois toujours que mon entourage le plus proche a préféré fermer les yeux sur tout ce qu'il se passait malgré mes rares tentatives de communication et mes comportements absurdes. J'en éprouve toujours une certaine amertume, mais j'en suis en partie responsable.

En me renfermant en moi-même, j'ai caché ma souffrance face aux troubles alimentaires sous un masque social du « tout va bien ». Mais si ma vie tournait autour de la nourriture, de mon poids et de mon corps, c'est qu'il y avait un souci majeur. Non, tout ne va pas bien. C'était très honorable de vouloir m'en sortir sans l'aide de personne. Mais l'honneur n'a pas sa place dans la guérison. Est-ce qu'on trouve ça humiliant qu'une personne malade se fasse soigner et accompagner par ses proches ? Absolument pas ! Cette prétendue valeur à laquelle je me suis accrochée est sans doute le reflet d'un ego mal placé. Je croyais en effet être une personne forte qui n'a plus besoin qu'on lui donne la main pour marcher, « merci bien ». En suis-je si sûre ? Si rien n'allait, pourquoi faire semblant d'avoir une vie équilibrée ? Si je dévalisais mes placards en cachette, pourquoi faire comme si de rien n'était ? Si je pleurais en me regardant dans un miroir, si je culpabilisais pour le gâteau que j'avais mangé il y a de cela trois jours, à quoi servait toute cette mascarade ? En trompant les autres, ce n'est que moi-même que je roulais dans la farine, comme une bonne friture. Pardonnez-moi le trait d'humour.

C'est dur de s'ouvrir, je sais. J'ai refusé de le faire pendant un bon paquet d'années. À partir du moment où j'ai trouvé le « bon » interlocuteur en qui j'avais confiance (et il y a eu quelques loupés comme vous avez pu le constater) et que je me suis livrée pas à pas, mon combat contre cette maladie a pris une tout autre tournure. Loin de moi l'idée de faire passer un message du genre « Il faut partager ses peines avec le monde entier » et de laisser croire que la solution viendrait en s'affichant publiquement en pleine crise de boulimie. Négatif, on annule la mission ! Les « gens » ne sauront probablement pas comment réagir devant une telle effusion de sentiments, de douleur et face à un appel à l'aide aussi fort. Cependant, la personne de confiance (et dans la vie, nous n'en avons pas mille !) peut déjà écouter. Il est probable que nos confidents ne sauront pas comment faire pour nous aider et que leur comportement sera un peu maladroit. Ou encore qu'on se trompera sur l'interlocuteur en question.

Il y a peu de temps, j'ai tenté d'ouvrir le débat avec une personne de ma famille très proche de moi. Pas un cousin avec qui j'ai vingt ans de différence et que je croise vaguement une fois par an, non, quelqu'un de proche. Je lui ai montré une photographie de moi à la plage « avant », quand j'étais maigre et que je me faisais vomir six fois par jour. Bref, quand ça n'allait pas du tout dans ma vie. Cette personne, qui m'aime pourtant et me veut du bien, m'a dit de but en blanc : « Mais non, arrête, tu n'es pas maigre sur cette photo ! » Je vous jure. En fait, je n'ai pas envie de savoir si oui ou non je suis maigre sur cette photo. J'ai juste besoin de te dire que cette période était vraiment « *hardcore* ». J'ai envie que tu comprennes ce qui se passait derrière le sourire forcé de l'ado que j'étais. La goutte d'eau qui a fait déborder le vase a quand même été quand j'ai été félicitée sur le nombre de kilos perdus alors que je confiais à cette personne que j'avais perdu pas mal de poids depuis que je m'étais sortie de cet enfer parce que mon corps retrouvait enfin son équilibre. Quelques jours après, j'ai même été questionnée sur « comment perdre du poids dans les bras ». C'est encore une des nombreuses blagues tordantes de ma vie d'outremangeuse repentie.

Je ne vois que deux options. Soit je n'avais pas réalisé que la personne en face de moi ne parlait pas français, soit j'avais vraiment très mal choisi mon interlocuteur. Parce que le but de cette confession était de montrer que j'avais confiance en cette personne, de célébrer avec elle le fait que je n'ai plus rien à faire de mon poids et de ce que je mange ; de dire qu'avec tout ça, je m'en suis sortie et j'ai guéri ; qu'on fasse une danse de la victoire pour ce parcours du combattant enfin terminé ; pas de me vanter de la réussite d'un régime ou de faire l'apologie des kilos envolés ! D'autant plus qu'il est juste impossible de perdre du poids de manière localisée (trop facile sinon), et que mon diplôme d'anorexique ne me donne pas de certification sur le module « bras ». « Alors ne viens pas me s*ûler avec ça, tu garderas tes bras qui pendent toute ta vie! » Argh, je lui aurais fait bouffer la table autour de laquelle nous étions assises à ce moment-là tellement j'étais choquée/déçue/en colère. Une table en bois massif, ça doit être pénible à avaler J'ESPÈRE. Mais je ne peux pas non plus en vouloir à mes proches de ne pas avoir de master en psychologie (bon, un peu quand même) ! Au moins, je sais ce qu'il en est avec cette personne. Je sais qu'on peut passer de bons moments ensemble, qu'elle m'aime à sa manière (et ce n'est pas forcément la manière que j'espérais : *life is life*, c'est comme ça), mais que je ne partagerai jamais de discussion profonde sur les « vraies » choses de la vie avec elle.

Rassurez-vous, il y a des proches qui savent écouter. Ce qui m'a vraiment aidée à mettre de la distance avec mon passé, c'est simplement de confier cet enfer à mon compagnon dès le début de notre relation, alors que j'étais encore pas mal bloquée sur le sport et la nourriture, pas d'attendre deux ans pour essayer d'amorcer un semblant d'introduction frileuse sur les comportements alimentaires. Je lui ai avoué que j'étais perdue, sans espoir et que je ne savais plus quoi faire parce que j'avais tout tenté. Ce qui est formidable, c'est qu'il me comprenait lorsque je lui disais : « Là, ça ne va pas, je dois manger », et qu'il se débrouillait pour me trouver dans les dix minutes un repas que nous partagions ensemble ; qu'il me faisait doucement remarquer lorsque mes côtes commençaient à se voir ou que je ne mangeais plus grand-chose ; qu'il ne me forçait pas à montrer mon corps si je n'en avais pas envie ; qu'il savait pourquoi je pleurais et qu'il me prenait simplement dans ses bras en me disant que j'allais y arriver et que j'étais bien plus forte que ça ; qu'il me disait de me calmer quand je faisais trop de sport ; qu'il croyait en moi tous les jours et me poussait dans mes projets. Oui, j'ai vraiment le plus formidable des chéris !

Je me permets d'ailleurs une petite parenthèse sur les relations amoureuses. Je n'ai absolument rien à dire concernant votre vie sentimentale, mais par pitié, rappelez-vous que les personnes qui ne pensent qu'à elles et qui ne vous écoutent pas ne vous méritent PAS. La personne la plus proche de vous n'est PAS quelqu'un qui va vous juger. Je me suis plutôt mal entourée dans ma jeunesse, pensant que si mon copain ne se mêlait pas de mon problème parce qu'il n'y « connaissait rien » (je ne te demande pas de connaître les troubles alimentaires « banane », je te demande de m'écouter !), c'était après tout normal. Euh, on peut la refaire celle-là ? NON, si la personne à côté de qui je me réveille tous les jours ne veut rien savoir de moi, alors oust ! Du balai ! Loin de moi l'envie de semer la zizanie dans votre couple (et je ne vous souhaite pas ce genre de situation), mais ne vous rabaissez pas sous prétexte que cela ne concerne pas la personne qui partage votre vie ! Elle a signé pour le package complet, alors elle aura le package complet ! Même si cela implique quelques réveils à 3 heures du matin et de supporter votre nez coulant sur son tee-shirt doudou. Attention tout de même à ne pas confondre le rôle d'un confident et d'un psy et d'avoir des attentes irréalistes envers elle. Vous êtes une super-héroïne ou un super-héros qui déchire, et votre moitié veille sur vous, un peu comme Batman et Robin !

Ce qui me terrorisait en me confiant, c'était que mon copain change son regard sur moi. Qu'il se mette à inspecter tous mes actes et tous mes repas pour scruter mes déviances. Je ne voulais pas que le filtre de ma maladie se place entre nous, parce que je ne veux surtout pas être définie par celle-ci. Encore aujourd'hui (et pourtant j'écris un livre sur le sujet !), je ne veux pas me résumer à Mathilde, « la fille qui ne savait pas manger » (ça c'est de la *punchline* à insérer sur mon CV !). C'est aussi et principalement pour cette raison que je n'ai pas trop creusé le sujet avec mes amis. Ils voyaient bien que j'étais accro au sport et que je mangeais bizarrement, et je laissais entendre ce comportement à demi-mot. Mais je ne passais pas le cap de la vraie discussion. Vous savez, comme les réunions avec un bâton de parole qu'on voit dans les films. Rien que de l'évoquer, c'est l'angoisse, pas pour vous ? Bref, je ne voulais pas que nos apéros, nos brunchs, nos déjeuners deviennent des moments où je suis épiée et où tous mes gestes deviennent suspects. Si je me ressers, je ne veux pas qu'ils s'imaginent que je fais une crise de boulimie. Et si, par malheur, je vais aux toilettes en fin de repas, je n'ai pas envie de devoir fournir une attestation de non-vomissement et un justificatif de bonne conduite pendant qu'ils sentent mes amygdales. Et c'est tout l'enjeu lorsque nous nous confions (j'entends sur des sujets profonds, pas sur son opinion à propos du dernier épisode de *Koh-Lanta*, que je ne regarde même pas !) : nous ne pouvons jamais savoir quel impact cela aura sur notre relation avec la personne. Mais vivre dans la peur et la solitude est bien pire que vivre authentiquement, même avec des maladresses de nos proches. Note personnelle : pour mon ex qui m'a fait la réflexion sur les « restaurants qu'il paie » et que j'ai le culot d'aller gâcher dans une cuvette, ce n'est pas de la maladresse mais de la stupidité, alors vous aussi, sachez faire la différence entre une personne digne de confiance et quelqu'un qui doit dégager rapidement de votre vie !

Accepter de se confier, c'est aussi faire le deuil d'attentes irréalistes. Mon confident n'a pas résolu mon problème. Ce n'est pas mon sauveur. Ni mon psy (ce n'est d'ailleurs pas ce dernier non plus qui pourra me sauver). Mon confident ne m'a pas sorti miraculeusement de ma prison. Moi seule en détenais les clefs. Je suis mon propre sauveur. Le rôle de ce confident a été de m'accompagner. De me soulager d'un poids. Car vivre avec un trouble alimentaire c'est un secret bien trop lourd à porter seule. En acceptant de partager le fardeau qui me brisait dans tous les sens, j'ai vite vu que j'avançais mieux. Certes, la souffrance n'avait pas disparu, mais mes épaules me remerciaient déjà de cette charge allégée.

Concrètement, commet ai-je réussi à aborder le sujet ? Je ne suis pas de ceux qui prennent des pincettes et qui disent les choses à demi-mot (au cas où vous ne l'auriez pas encore remarqué à travers toutes ces pages !). Je préfère mettre les pieds dans le plat, bien comme il faut. Je n'ai pas attendu d'être prête, sinon je ne l'aurais probablement jamais fait. J'ai certes trouvé un moment de confiance, mais je n'avais rien préparé à l'avance. Pour tout vous dire, nous étions justement au restaurant avec mon chéri et je ne sais comment nous en sommes venus à aborder le sujet (désolée pour le faux suspense, vous n'apprendrez pas grand-chose avec cette anecdote !). Et quel soulagement de me dire qu'avec la personne qui partage ma vie je n'ai pas besoin de jouer un jeu, et qu'il m'accepte exactement telle que je suis !

Aussi, je voulais vous confier ici que malgré toutes les péripéties que vous vivez et qui vous semblent insurmontables, vous avez toujours la possibilité de partager votre peine. Dans mon cas, c'est mon compagnon, mais cela peut être qui vous voulez : votre colocataire, votre meilleure amie, vos parents, votre frère, ou encore cette charmante petite vieille qui habite à l'étage d'en dessous et à qui vous montez les packs d'eau le week-end ! Et si vous pensez être seul et que vous n'avez pas de voisins, je suis là pour vous !

Et vous?

- Connaissez-vous les personnes-ressources autour de vous? Qui sont-elles? Vous pouvez faire un petit schéma qui vous permettra de visualiser plus clairement vos relations. Quand je le fais, j'écris « moi » au centre de la page, puis j'identifie tout autour les personnes importantes: plus elles sont proches de « moi », plus la relation est importante à mes yeux. Le résultat me fait souvent penser à des ondes sur l'eau! Vous aurez ainsi une représentation fidèle de votre entourage à ce jour – car cela peut changer selon les périodes de vie!
- Les rapports que vous entretenez avec vos (plus) proches sont-ils profonds?
- Avez-vous confiance en vos amis? Sous-entendu, si vous vous livrez sur un sujet douloureux, est-ce qu'ils vous écoutent avec compassion ou continuent-ils à surfer sur Internet? Si vous avez une super nouvelle à annoncer, est-ce que vous entendez les personnes hurler de joie à l'autre bout du fil ou est-ce plutôt leurs répondeurs qui ont l'honneur de vous écouter?
- Avez-vous déjà tenté d'aborder certains sujets sensibles, comme votre rapport à l'alimentation, vos schémas familiaux avec tout le pathos que cela implique?
- Que risquez-vous à vous ouvrir?

Note : rappelez-vous qu'on m'a soutenu que je n'étais pas maigre sur une photo sur laquelle on voit clairement mon squelette et qu'on m'a félicitée pour le poids perdu à la suite de ma guérison (non pas pour ma guérison), me demandant des conseils minceur. Même si j'ai été soufflée, je n'en suis pas morte. Alors, que risquez-vous ?

Adopter la *queen attitude*

Nous arrivons déjà au terme de cette aventure. Je vous ai livré tous mes petits rituels, les exercices et les expériences qui m'ont permis de guérir de mon obsession alimentaire. Après toutes ces découvertes et une bonne dose de travail, j'étais enfin prête à croquer la (vraie) vie à pleines dents. Vous savez, la vie où il y a ces repas de famille du dimanche midi (mais qui, en réalité, se terminent le soir !), où vous ne choisissez bien-sûr pas le menu et où votre belle-tante vous parle de son caniche adoré pendant trois heures. Monique, je SAIS que tu as un formidable toutou, on en parle une fois par mois depuis des années, alors par pitié, change de disque ! La vie où je dîne au restaurant avec mon amoureux et que nous passons plus de temps à rire pour pas grand-chose (ce qui me fait souvent recracher mon verre d'eau par le nez en société : c'est très élégant et distingué !) ; ou encore la vie où mes collègues me proposent un *afterwork* branché avec des tables remplies de toasts et où je deviens trop bavarde à cause des cocktails. La vie, c'est aussi ne pas avoir le temps de manger à midi parce qu'il faut déposer des papiers à la banque avant qu'elle ne ferme (mon Dieu, j'ai horreur d'être adulte parfois) ; manger des pop-corns devant mon film préféré ; avoir envie de rester à la maison plutôt que de sortir sous la pluie pour aller courir (même si parfois je trouve ça vraiment chouette) ; perdre mon appétit parce que j'ai un chagrin ; devoir manger des pâtes jusqu'à la fin du mois parce que j'ai enfin décidé de refaire ma garde-robe ; accepter qu'on me resserve une deuxième assiette par politesse (tout sauf des huîtres !) ; vider un paquet de biscuits sans m'en rendre compte ; manger un repas qui ne correspond pas exactement à ce que je souhaite ; mettre mes baskets pour mon cours de sport tout en grignotant un bout de fromage ; voler le goûter de mon fils dans son sac à dos… Je plaisante, je n'ai pas d'enfants (mais l'idée est bonne, imaginez sa tête à la récréation !).

Retrouver mon équilibre alimentaire m'a demandé beaucoup d'énergie, de temps et de réflexion. La nourriture a peut-être même été encore plus centrale dans ma vie durant cette période. Il est grand temps de la laisser reprendre sa place. Manger n'est que manger, voilà tout. Alors même si mes démons ont eu besoin de temps pour disparaître et que j'étais tentée de retomber dans mes anciens schémas de fonctionnement, j'essayais de me souvenir que la vie, ce n'est pas manger. Comme le dit ce cher Valère : « Il faut manger pour vivre et non pas vivre pour manger[20]. » C'est un des millions de plaisirs que l'on peut expérimenter sur cette terre. Je parle bien de plaisir, pas de malédiction. Manger est un besoin vital de notre corps pour assurer correctement ses fonctions, à savoir nous permettre de nous rendre à notre cours de chant, de savourer la petite sieste de l'après-midi, de nous promener avec notre famille, de bouquiner dans notre canapé, de rire avec nos amis, de construire une cabane dans la forêt, d'aller travailler le matin, de prendre une douche brûlante en hiver, de faire un câlin à notre chien. Et ainsi de suite.

Oui, j'ai pris du poids pendant cette période de transition, mais j'ai fait quelque chose d'encore plus fort et inattendu : j'ai DÉ-DRA-MA-TI-SÉ ! Depuis quand l'existence se résume-t-elle à 2, 3 ou 8 « kilos de vie » ? L'idée de perdre du poids m'avait-elle apporté ne serait-ce qu'une seule chose positive dans ma vie ? La perspective de faire un régime à perpétuité me comble-t-elle ? Si je gagne une taille de pantalon, c'est que moi et mon corps avons besoin de passer par là pour faire la paix avec mon assiette. La prise de poids n'a pas duré, j'ai retrouvé mon équilibre. Peut-être que mon équilibre ne se situait pas là où je l'attendais (30 kilos, ce n'est pas raisonnable Mathilde !). Mais encore une fois, il ne s'agit que d'une croyance que j'avais érigée en vérité. Je m'étais persuadée que je devais peser un certain poids, mais est-ce le plus important ? Pour aller encore plus loin, pensez-vous que nous sommes nés pour être minces et faire des abdominaux tous les matins ? La vie est-elle apparue dans l'univers pour que l'on fasse un régime, ici, sur la planète Terre ? Tout de suite, ça met un peu de distance, non ? Alors faites-moi plaisir et pensez aux dinosaures de temps en temps. Demandez-vous s'ils seraient fiers et contents de voir que l'évolution et la sélection naturelle ont donné un être formidable : *Homo sapiens* incarné en VOUS ! Vous me promettez de ne pas oublier les dinos ?

Dans cette aventure, je me suis aussi rendu compte que culpabiliser avait le même effet que la restriction physique, à savoir la mise en place de toute la chaîne de menaces pour la survie. Et c'est à nouveau le cercle vicieux. De même, me traiter comme une serpillère ne m'apportera rien de bon ni de positif. Alors au lieu de me fustiger en attendant une miséricorde divine qui me délivrerait, je laisse ces pensées négatives passer, sans les attraper au vol. Elles ne méritent ni mon attention, ni que je me regarde dans le miroir en me disant « je t'aime ». En les privant de ce dont elles se nourrissent, à savoir mon intérêt, elles ne pourront survivre bien longtemps. Je crois en moi. Je fais d'ailleurs du mieux que je peux à chaque instant, même lorsque je pense avoir mal agi. C'est faire preuve d'indulgence que de reconnaître nos limites et nos faiblesses. J'essaie de me traiter comme je traiterais un proche qui aurait du mal à se sortir d'une situation complexe. Est-ce que je vais le traiter comme un moins que rien ? Est-ce que je vais lui dire durement : « Tu es NUL, tu n'y arriveras JAMAIS espèce de looser » ? Bien sûr que non ! Alors je dois faire en sorte de me considérer comme cet ami.

Et pour les gros coups durs, je m'encourage en me remémorant tout le chemin parcouru. Je me souviens pourquoi j'en suis là aujourd'hui. Ce qui m'a poussée à vouloir me battre, à sortir de ma zone de confort et à affronter mon obsession alimentaire. Même lorsque tout me semble compliqué, je me rappelle que RIEN n'est comparable avec avant. Et pour ça, j'ai trouvé LE remède miracle! C'est ma liste «*I'M A QUEEN*» (c'est toujours plus *fancy* en anglais qu'en français, non?). J'ai dressé une liste des points positifs qui me maintiennent dans l'arène et me donnent le courage et l'énergie de faire face au combat. C'est une très bonne manière de rester concentrée sur mes objectifs. Comme je suis sympa, je vous partage pourquoi je suis une *queen*. Voici ce que j'ai gagné en arrêtant mes comportements compulsifs et malsains avec la nourriture:

– je mange de tout, quand je veux. Je n'ai absolument aucun interdit alimentaire et j'écoute mes envies. Je ne m'interdis plus de manger des chips, des biscuits ou du chocolat; j'en mange même régulièrement (et je ne grossis pas). C'est bon pour les papilles, c'est bon pour le moral!;

– je ne regarde plus l'assiette de mes voisins de table. J'ai enfin la paix pendant les repas partagés. Avant, je décryptais la moindre bouchée de mon entourage. Je me disais qu'ils mangeaient moins ou plus que moi, que je devais manger de la même manière pour leur ressembler et ainsi de suite. Aujourd'hui, je n'ai que faire de ce que les autres mangent, je suis comblée par ce qu'il y a dans MON assiette;

– je ne perds plus mon argent dans la cuvette des toilettes ou en pilules miracles qui vendent une minceur sans effort. J'ai un budget alimentaire assez important, mais parce que j'ai envie de manger de bons produits (et accessoirement parce que mon copain mange comme un vrai bonhomme !) ;

– J'AI DU TEMPS. Enfin, ma vie ne tourne plus autour de la nourriture, du sport et de la purge. Je ne réfléchis plus pendant des heures avant chaque repas pour savoir quel aliment je vais mettre dans mon assiette et en quelle quantité. Je ne pèse plus aucun aliment (sauf pour la pâtisserie, sinon ça fait des « gâteaux-pâte à sel » ou des « gâteaux-limace » !). J'oublie complètement ce que j'ai bien pu manger la veille et je ne passe plus des heures enfermée à me scruter sous tous les angles. Oui, je me regarde, mais de manière tout à fait banale. De même, je ne monte plus sur aucune balance et je m'en porte très bien. Et la mienne aussi a l'air d'apprécier ses vacances prolongées sur Mars ! ;

– je me fais plaisir et je savoure chaque repas, chaque aliment. Et la cuisine avec de vrais ingrédients, c'est drôlement bon ! ;

– j'écoute mes sensations : certaines semaines j'ai un appétit d'ogre, d'autres semaines j'ai un appétit de moineau. Il en va de même pour le sport. Certains jours je déborde d'énergie, d'autres jours je préfère rester au chaud et prendre un livre. Et c'est OK. Je respecte mon horloge interne. Notre corps sait parfaitement se réguler tout seul ;

– désolée d'avance pour le glamour, mais je ne pue plus le vomi. J'ai arrêté de détruire mon estomac et mon œsophage en vomissant à répétition ;

– je n'ai plus de problèmes intestinaux. Comme je mange simplement et que je ne me torture avec mon poids, je vais aux toilettes comme tout le monde. Fini les périodes de constipation où je restais une semaine sans aller aux toilettes, ou les diarrhées à répétition. Navrée une fois de plus pour ce moment sexy, mais c'était important de le souligner, parce que personne n'ose en parler mais beaucoup sont concernés. Je n'ai plus mal au ventre et je suis vraiment moins ballonnée. Même si cela m'arrive parfois, comme tout le monde. Et ça aussi c'est OK ;

– je n'ai plus honte de qui je suis. J'assume complètement mon passé ainsi que le fait d'avoir eu de grosses zones d'ombre. Bien sûr, je ne crie pas sur tous les toits que j'ai été anorexique, mais je ne me cache plus derrière un masque ;

– je DORS la nuit. J'ai arrêté les footings à des heures impossibles et les séances d'abdominaux à 3 heures du matin (véridique). J'ai aussi arrêté de perdre mon temps sur Internet à des heures improbables de la nuit pour voir les derniers régimes et les dernières solutions miracles pour perdre du poids. Bref, je dors. Et le sommeil a une importance capitale dans la vie, mais aussi dans l'alimentation. Si vous êtes constamment fatigué, vous serez plus susceptible d'être irrité au moindre événement et vous aurez plus tendance à manger de manière déséquilibrée. Le cerveau cherche du sommeil mais vous envoie souvent un besoin de sucre pour compenser. Veillez à votre sommeil comme vous veillez à votre guérison ;

– je n'ai plus besoin de me cacher pour manger. Je mange au grand jour, devant les autres, mais SURTOUT devant moi-même ;

– je n'ai plus de voix qui m'impose un comportement (comme celui d'aller vomir ou de manger). J'ai même du mal à comprendre comment j'ai pu passer de la tyrannie obsessionnelle à aujourd'hui tellement l'état d'esprit est différent. JE SUIS LIBRE ;

– je vis pleinement sans avoir besoin d'une béquille (la nourriture, les vomissements) sur laquelle me reposer. Si je suis heureuse, je n'ai pas besoin d'étouffer mon bonheur sous des litres de crème glacée. Si je suis malheureuse, je ne vais pas substituer des tartines de roquefort à ma tristesse. Même si parfois, ça fait du bien ;

– je me passionne pour les neurosciences et trouve un réel intérêt à découvrir et apprendre de nouvelles choses. Podcasts, conférences, livres, je me régale depuis que j'ai ouvert la porte à la compréhension de notre cerveau ;

– je ne me prive plus de moments conviviaux. Je n'ai plus peur d'affronter un buffet, un anniversaire ou un repas de Noël ;

– je me suis éloignée des environnements et des personnes nocives pour moi. Travailler dans un restaurant en tant que serveuse quand on est atteint d'un trouble alimentaire, c'est comme dire à un alcoolique qui veut décrocher d'aller travailler dans un bar. De même, partager ma vie avec un homme qui ne se rend même pas compte que j'ai un œil au beurre noir ou que je pars marcher seule au beau milieu de la nuit, c'est ter-mi-né ;

– je sais dire « non ». Aux autres, et à moi-même ;

– j'ai compris une chose très importante : comme tout le monde, j'ai été conditionnée à vouloir être mince. Mais je préfère être heureuse ;

– je sais qui je suis. Une femme forte qui s'est battue et qui a sauvé sa peau. Les dinosaures peuvent être fiers de moi !

Cette liste me donne la patate chaque jour ! Elle me booste pour avancer, et je l'étoffe au fur et à mesure que je prends conscience de ma *queen attitude*. Je l'ai affichée sur mon miroir, ma table de nuit ou le frigo. En visualisant mon futur sans obsessions alimentaires, mes actions et ma manière de penser se sont orientées vers la guérison. Et si un soir je rentrais après une journée particulièrement compliquée d'un point de vue alimentaire, au lieu de baisser les bras et de tomber dans le « Foutu pour foutu, de toute façon je n'y arriverai jamais et je suis condamnée à vivre avec ça, en plus personne ne m'aime, pauvre de moi », je lisais, relisais et lisais encore ma liste. Je ne perdais pas espoir. C'est normal d'avoir des coups de blues et des moments difficiles. Même Wonder Woman en a parfois ras-le-bol et a juste envie de se terrer sous sa couette. Je le sais, elle me l'a confié. La guérison n'est pas un progrès linéaire. C'est une succession de montagnes, avec des montées raides, des cols, des plateaux, et parfois des descentes dans des vallées. Ma liste est comme une boussole pour m'orienter en cas de doute sur le chemin à prendre. Et puis sérieusement, qui n'a pas envie d'être une *queen* ?

Avec ce témoignage, je cherche à bousculer certaines habitudes de pensée à propos de l'alimentation, car ce sont elles qui sèment la confusion dans nos esprits. En abandonnant certaines manières de voir les choses, nous pouvons embrasser une nouvelle vie, sans doute plus simple et plus légère. Mon histoire vous a prouvé qu'on peut réellement changer la manière dont on perçoit les événements et ainsi changer son existence. Mon bonheur a été d'accepter tous les poids que je pourrais faire pendant ma vie, pourvu que je puisse prendre le goûter avec mes amies, que j'aille promener mon chien en courant sans souffrir, que je vive les repas comme un partage et non comme une malédiction. En levant le nez de mon assiette, j'ai pris conscience de mes priorités de vie ; j'ai réalisé que peu importe ce qu'il y a à manger, je passerai un bon moment. J'ai même oublié toute notion de poids, de quantité, d'aliments, pour ne garder que l'essentiel : VIVRE. Parce que c'est bien de cela qu'il s'agit : vivre.

En accordant trop d'importance à la nourriture et à mon apparence physique, je me suis privée de choses bien plus essentielles avec lesquelles j'ai pu renouer aujourd'hui. Et c'est peut-être valable pour vous ! Alors allez-y ! Vous avez désormais tout un espace jusqu'alors inutilement occupé qui s'est libéré. Prenez du temps pour vous, pour vos proches, et faites ce qui vous tient à cœur. Je ne veux pas faire comme les anciens avec le fameux « Il n'y a plus de saisons », mais tant pis, j'assume : « Le temps passe trop vite ». Comme moi, vous avez déjà peut-être passé trop de mois ou d'années à vous autodétruire. J'ai passé plus de quatorze années à ne regarder que mon ventre, mon frigo et ma balance. Imaginez-vous tout ce que j'aurais pu vivre si seulement j'avais levé la tête plus tôt ! Arrêtons le sabordage et hissons la grand-voile ! Allons découvrir les océans avec leurs créatures inconnues, leurs horizons lointains et leurs couchers de soleil aux mille reflets. Affrontons les flots tumultueux de l'existence, émerveillons-nous de ses terres étrangères et célébrons le port où nous irons nous amarrer, puisque de toute manière, nous sommes toutes la *queen* ou le *king* d'un royaume.

Vous méritez de vivre la vie que vous voulez avoir.

CONCLUSION

Il y a quelque temps, j'étais complètement perdue. Obsédée par mon poids, par mon apparence et par ce que je mettais dans mon assiette, je ne savais plus quoi faire. Manger était devenu un supplice biblique où se mêlaient restriction, compulsion et culpabilité. Je ne pouvais pas concevoir de laisser de la nourriture dans mon assiette. J'étais abasourdie de voir que certaines personnes refusent une part de tiramisu après le repas parce qu'elles n'ont tout simplement plus faim. Plus faim ? Qu'est-ce-que cela veut dire ?

Je jugeais constamment ce que je mangeais, mais en me comportant ainsi, c'est moi-même que j'arbitrais. Je m'interdisais tout un tas d'aliments pour des raisons les plus innovantes les unes que les autres, « nourrie » que j'étais par la peur de grossir. Et si, par malheur, je venais à déroger à mes sacro-saintes règles, j'ouvrais la porte au terrible « foutu pour foutu ». Alors, après ce que je jugeais comme un échec cuisant, je me promettais de revenir dans le droit chemin de manière encore plus stricte et sévère. Je mangeais en imaginant toutes les nouvelles règles et astuces qui m'empêcheraient d'échouer dans ce nouveau régime. Mais rien qu'à cette idée, je retombais dans la mentalité du « dernier repas ». Oui, je pensais que ce serait la dernière fois que je mangerais vraiment au vu des jours qui m'attendaient, alors je m'en donnais à cœur joie. Je culpabilisais encore plus et me jurais que ce serait différent demain. Et ainsi de suite.

Mais en fait, pourquoi m'imposer de tels schémas de pensée? Pourquoi m'enfermer dans ces restrictions à n'en plus finir? Puisqu'au final, toute restriction et toute culpabilité n'ont pour conséquences que les mêmes comportements déviants? Si j'ai perdu les pédales et que je me suis enfoncée aussi loin dans les troubles du comportement alimentaire, c'est parce que je m'interdisais de vivre. À partir du moment où, aidée par de nouveaux outils et une nouvelle manière de voir les choses, je me suis accordé la permission de manger et d'être enfin moi-même, mon rapport à la nourriture a durablement changé. Arrêter de m'empêcher de manger a tout de suite rendu la nourriture moins attirante; ne plus me tyranniser par rapport à mon apparence m'a aidée à me voir différemment. Et j'ai guéri. Ma muraille de restrictions alimentaires n'a pas tenu devant la force de cette nouvelle approche pourtant extrêmement simple. Parce que je n'avais jamais abordé le problème de cette manière-là. Et c'est justement pour cette raison que je faisais encore des régimes.

Ainsi, à la question «Comment perdre 8 kilos en mangeant des crêpes au chocolat?», je vous répondrai avec la plus grande simplicité: «En mangeant des crêpes au chocolat voyons!» La simplicité est souvent décriée: on croit que si les choses sont faciles, c'est qu'elles ne sont pas dignes de notre intérêt. *No pain, no gain.* Mais concrètement, d'où vient cette terrible idée? Si c'est simple, c'est justement car les choses sont simples. Alors restons simples et écoutons-nous, nom d'un brocoli!

J'espère que ce témoignage vous a donné quelques clefs de compréhension et que vous êtes mieux équipé pour faire face aux peurs et aux schémas de fonctionnement qui vous pourrissent probablement l'existence. Ou qui touchent peut-être vos proches. Je suis de tout cœur avec vous et sachez que vous n'êtes pas seul.

Tâchez de croire en votre corps, en ses formidables capacités d'adaptation et de guérison. Si vous êtes perdu, lui sait où vous vous trouvez. Il peut vous guider sur le bon chemin jusqu'à ce que vous repreniez vos esprits. Si seulement vous le laissez faire. Accorder sa confiance à un corps qui a toujours été considéré comme une chose qui nous trompait et qui était la source de nos problèmes est un véritable défi. Mais si vous acceptez de remettre en question vos croyances et que vous adoptez une position radicalement différente de celle que vous avez l'habitude d'avoir, le ciel peut tout à coup se dégager. N'oubliez pas que votre corps sait. Qu'il n'est pas votre ennemi et qu'il vous appartient. Votre équilibre est personnel, alors ne paniquez pas si vous voyez votre voisin agir différemment. Cette pression, c'est vous qui vous la mettez inutilement. Et puis, vous aurez beau manger et vous entraîner de la même manière que n'importe qui, vous n'aurez jamais les mêmes résultats. Célébrez plutôt cette richesse qui fait de vous une personne à part entière, une *queen* ou un *king* unique en son genre.

J'ai beaucoup parlé de l'importance du lâcher-prise dans tout ce livre. Je ne prône en aucun cas une forme de laisser-aller dans cet appel à se laisser vivre. Vous êtes responsable de votre santé, de votre avenir et de votre bonheur, pour peu que vous ne preniez rien trop au sérieux, surtout en matière d'alimentation. Faites confiance à votre corps ; faites-vous confiance. Vous avez toutes les ressources en vous pour avancer. Toutes les astuces que je viens de vous confier sont simples dans les faits, mais si je peux vous donner un conseil, c'est de tenir bon. À certains moments, vous penserez être complètement sorti des troubles alimentaires. Puis il y aura des jours où ce sera plus compliqué. C'est aussi valable pour moi. Mais maintenant que je connais mes rituels de guérison, je ne pourrai plus jamais retomber aussi bas. Et je sais que je pourrai lire et relire tous ces précieux conseils pour ne plus repasser par là. J'ai une confiance totale en l'avenir parce que j'ai enfin décidé de vivre.

Loin de la tyrannie personnelle, des tabous alimentaires, de la honte, des restrictions physiques et mentales, de la dévalorisation de vous-même, du désespoir du non-respect de votre personne, vous êtes désormais libre. Savourez le plaisir d'une vie simple où la nourriture reste à sa place, vous laissant tout un espace d'expression à explorer. La nourriture n'est que ce qu'elle est, de la nourriture. Accordez-vous donc cette permission d'être vous-même et de vous écouter. Pour de vrai ; pour la première fois.

C'est un nouveau chapitre de ma vie qui s'est ouvert, et peut-être aussi pour vous. Nous devons nous en réjouir, parce qu'être une *queen* ou un *king*, c'est quand même trop la classe.

Je vous remercie de tout mon cœur de m'avoir suivie dans cette aventure et j'espère que le voyage a été agréable (malgré le temps passé dans la cuvette des toilettes) !

Je vous souhaite à présent une magnifique nouvelle vie : qu'elle soit à la hauteur de votre formidable potentiel.

Et je vous souhaite surtout un excellent appétit !

REMERCIEMENTS

À vous, cher lecteur. Je vous remercie chaudement d'avoir accepté ce voyage et espère que certains de mes rituels vous aideront à apaiser votre relation avec la nourriture. J'ai une pensée pleine d'amour pour toutes celles et tous ceux qui paniquent devant leur assiette et qui ont longtemps cru que les régimes restrictifs les rendraient enfin heureux ; pour les personnes qui pensent que la salade verte sans sauce est la seule manière de s'accepter ou qui dévalisent leurs placards en se sentant minables. Vous n'êtes ni minables ni seuls, et vous allez vous en sortir, je vous le promets (et je ne fais jamais de promesses à moins d'en être convaincue). Ne désespérez pas. Je vous souhaite de trouver la paix avec vous-mêmes, car c'est la plus belle chose qui me soit arrivée, avec les blinis au tarama et à l'avocat.

Aux Éditions Jouvence et à leur adorable équipe qui a cru en mon histoire et qui m'a guidée dans l'écriture de ce témoignage. Merci du fond du cœur pour votre accompagnement et votre confiance.

Aux personnes qui ont croisé mon chemin et qui m'ont fait avancer, rire, et réfléchir. Vous avez ma gratitude éternelle pour votre soutien dans cette odyssée riche en péripéties.

Une pensée particulière

… pour mon Romain qui est là pour moi au quotidien et qui m'a toujours poussée à rêver plus grand. Merci de ne m'avoir jamais regardée différemment et de m'avoir aidée à croire en moi malgré ma prédisposition naturelle à l'autosabotage. Ta vision de la vie m'inspire et me donne envie d'être toujours meilleure à tes côtés.

… pour ma chère amie Alison dont l'écoute est sincère et sans limites, les conseils précieux comme des diamants, et le soutien inconditionnel depuis le début de notre amitié. Je suis vraiment reconnaissante pour ton implication et nos discussions quant à ce projet d'écriture, tu es une vraie coach de vie. Merci également de m'avoir initiée aux joies de remplir des paniers de commande sur Internet sans jamais les valider, je ratais vraiment quelque chose.

… pour ma douce Emeline pour ces belles soirées Tupperware avec lentilles et toutes ces années traversées ensemble. Nos discussions profondes sont un « shoot » de bonheur, bien mieux que les fameux cookies de la salle d'escalade.

… pour Ophélie, ma tendre amie qui a toujours compris ma carrière ratée d'éléphant de mer. Promis, un jour on ira téter ensemble des bouteilles d'huile figée au pôle Nord par –25 °C, et sans aucun doute ce sera l'éclate absolue.

… pour mes jumeaux préférés qui ont été les piliers inébranlables de mes années sombres. Malgré notre silence sur mes déviances, votre bonne humeur à toute épreuve et nos interminables révisions m'ont permis de penser à autre chose qu'à mes sodas light.

… pour ma sœur que je retrouve aujourd'hui. Vivre à des milliers de kilomètres l'une de l'autre ne nous a probablement pas aidées à communiquer, mais sache que j'apprécie énormément les vidéos de chien et de chat que tu m'envoies régulièrement et que je vais bien, pour de vrai.

… pour mon père qui ne souhaite que mon bonheur malgré ses maladresses. Tu étais probablement à mille lieues de t'imaginer le quart du tiers de la moitié des événements racontés ici, mais ne t'en fais pas, je suis heureuse aujourd'hui (et je suis toujours aussi nulle en mathématiques).

… pour ma mère qui a fait de son mieux et qui a toujours voulu que je sois heureuse. Peut-être que ce témoignage te montrera quelle a été ma vérité, même si ce n'est pas celle que tu souhaites entendre.

… pour les professionnels de santé qui ont cherché à m'aider. Merci d'avoir eu la patience de m'écouter parler pendant des heures des épluchures de légumes qui me servaient de repas.

Sans oublier le chien de la fameuse soirée qui a léché toutes ces mains innocentes pendant que je me cachais derrière un rideau pour observer la scène, mi-cramoisie mi-amusée.

Je terminerai enfin par remercier mon corps, mon formidable petit corps qui continue à me porter dans mes rêves et qui (j'espère) m'a pardonné toutes ces années de maltraitance. Merci, merci, merci d'être en pleine forme, de m'accompagner tous les jours dans des aventures rocambolesques et de me supporter envers et contre tout. Sachant que contre tout veut dire beaucoup chez moi. D'ailleurs, je me fais un bisou sur le bras pour ça, parce que je pense bien le mériter !

BIBLIOGRAPHIE

Ouvrages abordant les troubles du comportement alimentaire

Apfeldorfer Gérard, *Mangez en paix!*, Odile Jacob, Paris, 2008.

Apfeldorfer Gérard et Chozen Bays Jan, *Manger en pleine conscience*, Les Arènes, Paris, 2013.

Apfeldorfer Gérard et Zermati Jean-Philippe, *Dictature des régimes. Attention!*, Odile Jacob, Paris, 2008.

Apfeldorfer Gérard et Zermati Jean-Philippe, *Mensonges, régime Dukan et balivernes*, Odile Jacob, Paris, 2012.

Bourbeau Lise, *Écoute et mange – STOP au contrôle!*, Les Éditions E.T.C., Québec, 2009.

Hansen Kathryn, *Brain over Binge: Why I Was Bulimic, Why Conventional Therapy Didn't Work, and How I Recovered for Good*, Camellia Publishing, Birmingham, 2014.

Nardone Giorgio, *L'Amour et la haine de la nourriture – Ou comment résoudre rapidement les troubles du comportement alimentaire*, Éditions Enrick B., Paris, 2017.

Rigaud Daniel, *100 idées pour se sortir d'un trouble alimentaire*, Tom Pousse, Paris, 2015.

Zermati Jean-Philippe, *Maigrir sans régime*, Odile Jacob, Paris, 2002.

Zermati Jean-Philippe, *Osez manger, libérez-vous du contrôle*, Odile Jacob, Paris, 2019.

Le GROS (Groupe de Réflexion sur l'Obésité et le Surpoids) : https ://www.gros.org/

Pour en savoir plus sur le cerveau

Aimelet-Périssol Catherine, *Comment apprivoiser son crocodile*, Robert Laffont, Paris, 2002.

Houdé Olivier, *Apprendre à résister*, Éditions Le Pommier, Paris, 2014.

Karila Laurent et Lowenstein William, *Tous addicts, et après ?*, Flammarion, Paris, 2017.

Sablonnière Bernard, *Le Cerveau - Les Clés de son développement et de sa longévité*, Odile Jacob, Paris, 2015.

Les formidables sites Internet :

– La Fédération pour la Recherche sur le Cerveau : https ://www.frcneurodon.org/
– Le Cerveau à tous les Niveaux : https ://lecerveau.mcgill.ca/avance.php

Le podcast « La Méthode scientifique » de France Culture

Quelques « bibles » du développement personnel

André Christophe, *Trois minutes à méditer*, L'Iconoclaste, Paris, 2017.

D'Ansembourg Thomas, *Cessez d'être gentil, soyez vrai !*, Les Éditions de l'Homme, Paris, 2014.

Desseilles Martin et Mikolajczak Moïra, *Vivre mieux avec ses émotions*, Odile Jacob, Paris, 2016.

Duhigg Charles, *Le Pouvoir des habitudes*, Flammarion, Paris, 2016.

Elrod Hal, *Miracle morning*, First, Paris, 2016.

Midal Fabrice, *Foutez vous la paix ! Et commencez à vivre*, Flammarion, 2017.

Pons Nelly, *Choisir de ralentir*, Actes Sud, Arles, 2017.

Schuster Tara, *Achète-toi toi-même ces p*tains de fleurs*, Jouvence, Genève, 2021.

Tolle Eckhart, *Le Pouvoir du moment présent*, J'ai lu, Paris, 2010.

Le podcast « Grand bien vous fasse ! » par Ali Rebeihi sur France Inter

Les conférences TED et TEDx sur Internet

NOTES

1. Réplique figurant dans la rubrique *Une heure dix avec…* parue en 1939 dans le n° 61 de *L'Os à moelle*, magazine satirique créé par l'humoriste Pierre Dac.

2. Puisqu'on parle des dégustations au supermarché, j'aimerais bien que les hôtes et hôtesses arrêtent de nous supplier pour qu'on mange pendant qu'on fait nos courses. C'est vrai, ils nous énervent à la fin ! Je suis venue pour acheter du démaquillant et un stylo noir et me voilà la bouche pleine d'acras de morue alors qu'il est à peine 9 h 32 !

3. *Binge eating:* le fait de manger de manière compulsive et irrationnelle.

4. Enquête de l'Inserm de Rouen datée du 7 octobre 2014 parue dans la revue *Translational Psychiatry*.

5. Centre médico-psychologique. Service de psychiatrie public où je me retrouvais entourée de personnes aux pathologies graves dont je me sentais complètement étrangère avec mes problèmes d'alimentation.

6. Cette phrase ne veut absolument rien dire, alors surtout ne tentez pas l'expérience à la maison !

7. Albert Einstein.

8. Rigaud Daniel, *100 idées pour se sortir d'un trouble alimentaire*, Tom Pousse, Paris, 2015. Idée 31 : « A-t-on idée de ce qui se passe juste avant le début d'un TCA ? »

9. Nardone Giorgio, *L'Amour et la haine de la nourriture – Ou comment résoudre rapidement les troubles du comportement alimentaire*, Éditions Enrick B., Paris, 2017.

10. Laborit Henri cité par Nardone Giorgio, *L'Amour et la haine de la nourriture…*, *op. cit.*, chapitre 3.

11. Nardone Giorgio, *L'Amour et la haine de la nourriture –...*, *op. cit.*

12. Houdé Olivier, *Apprendre à résister*, Éditions Le Pommier, Paris, 2014.

13. Goodman Aviel, Addiction : definition and implications, *British Journal of Addiction*, 1992.

14. Karila Laurent et Lowenstein William, *Tous addicts, et après ?*, Flammarion, Paris, 2017.

15. *Ibidem.*

16. Nardone Giorgio, *L'Amour et la haine de la nourriture – Ou comment résoudre rapidement les troubles du comportement alimentaire*, Éditions Enrick B., Paris, 2017.

17. *Ibidem.*

18. Petit clin d'œil à Nietzsche. Il faut aller au-delà des notions de « bien » / « mal » et laisser de côté tout jugement sur la nourriture.

19. YOLO ou « *You Only Live Once* » est une expression qui signifie que l'on ne vit qu'une fois (j'ai des talents de traductrice, je sais). Il faudrait donc en profiter à fond, quitte à avoir des comportements excessifs. C'est d'ailleurs souvent une excuse utilisée pour faire n'importe quoi.

20. Molière, *L'Avare*, acte III, scène V.

TARA SCHUSTER
Achète-toi
toi-même
ces
p tains
de fleurs
GRAND PRIX du BIEN-ÊTRE marie france
Déjà 100 000
lecteurs conquis
#sans filtre
des Éditions Jouvence

Tara Schuster

*Achète-toi toi-même ces p*tains de fleurs*

Et autres rituels pour prendre sa vie en main.
Par quelqu'un qui est passé par là.

Proche de la trentaine, Tara Schuster avait un poste de rêve : directrice d'émissions télévisées d'une chaîne convoitée, elle avait accumulé les succès retentissants. En apparence, elle semblait maîtriser tous les aspects de sa vie. Mais **derrière cette réussite manifeste se cachait un être complètement déboussolé** et souffrant d'anxiété chronique. Tout le monde ignorait que son parcours, jusqu'à l'âge adulte, avait été émaillé d'épisodes de dépression, d'anxiété et de honte. Ce n'est qu'après avoir découvert sur son répondeur les messages paniqués de sa thérapeute à la suite d'une folle nuit d'ivresse que Tara prend conscience d'avoir touché le fond. À travers **ce guide pratique, hilarant et d'une franchise bouleversante**, suivez l'histoire de la rééducation personnelle de Tara (mais aussi la vôtre ?), devenue une « ninja de l'amour de soi ».

464 pages • 22,90 €

AMANDINE ISSAVERDENS
Sophro-analyste
HIPPOLYTE MAUREL
Interne en psychiatrie
Comment ça va aujourd'hui ?
BIENVENUE EN THÉRAPIE
#sans filtre
des Éditions Jouvence

Amandine Issaverdens et Hippolyte Maurel

Comment ça va aujourd'hui?

Bienvenue en thérapie

« Comment ça va aujourd'hui ? » est la première question qu'Amandine et Hippolyte posent dans leurs consultations respectives pour ouvrir le lien thérapeutique. Découvrez quels sont leurs outils pour accompagner troubles anxieux/du comportement, états dépressifs, traumatismes et dépendances... Dans chaque chapitre, retrouvez le récit d'une consultation, un encart scientifique, le regard du psy (son interprétation), votre regard à vous (des pages à noircir pour vous livrer) et une pause-café (un exercice thérapeutique et/ou introspectif).

224 pages • 16,90 €

FSC
www.fsc.org
MIXTE
Issu de sources responsables
FSC® C104608

Dépôt légal : février 2022
Achevé d'imprimer en janvier 2022
Imprimé au Danemark par Nørhaven